U0896714

绝知此事要躬行

——新时代大学生真情传递、明晰意见与感悟使命

JUEZHI CISHI YAO GONGXING
——XINSHIDAI DAXUESHENG
ZHENQING CHUANDI MINGXI YIJIAN YU GANWU SHIMING

主　编○刘富胜　陈　松　王仕勇
副主编○邬　勇　杨小红　赵晓曼　罗　琼

西南财经大学出版社
Southwestern University of Finance & Economics Press
中国·成都

图书在版编目(CIP)数据

绝知此事要躬行——新时代大学生真情传递、明晰意见与感悟使命/ 刘富胜,陈松,王仕勇主编. —成都: 西南财经大学出版社, 2019.4
ISBN 978-7-5504-0739-8

Ⅰ.①绝… Ⅱ.①刘…②陈…③王… Ⅲ.①大学生—思想政治教育—中国 Ⅳ.①G641

中国版本图书馆 CIP 数据核字(2018)第 300241 号

绝知此事要躬行——新时代大学生真情传递、明晰意见与感悟使命

主　编　刘富胜　陈　松　王仕勇
副主编　邬　勇　杨小红　赵晓曼　罗　琼

责任编辑:李晓嵩
助理编辑:涂洪波
封面设计:何东琳设计工作室
责任印制:朱曼丽

出版发行	西南财经大学出版社(四川省成都市光华村街 55 号)
网　　址	http://www.bookcj.com
电子邮件	bookcj@foxmail.com
邮政编码	610074
电　　话	028-87353785
照　　排	四川胜翔数码印务设计有限公司
印　　刷	四川五洲彩印有限责任公司
成品尺寸	185mm×260mm
印　　张	12
字　　数	277 千字
版　　次	2019 年 4 月第 1 版
印　　次	2019 年 4 月第 1 次印刷
书　　号	ISBN 978-7-5504-0739-8
定　　价	78.00 元

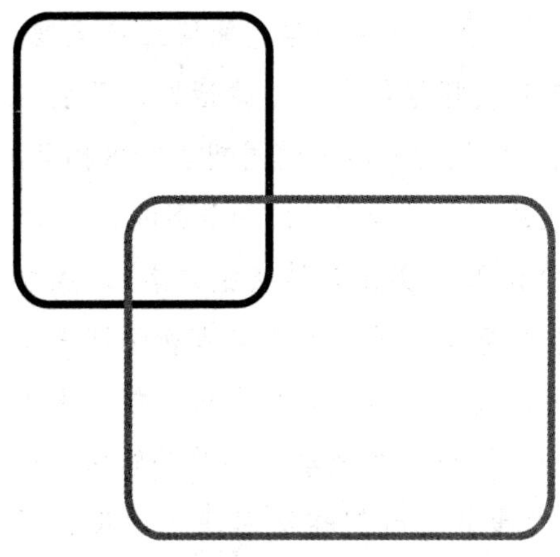

总　序

一代人有一代人的责任，一代人有一代人的使命。要把当代大学生培养成为中国特色社会主义事业的合格建设者和可靠接班人，培养成为能够担当民族复兴大任的时代新人，需要坚持习近平新时代中国特色社会主义思想，需要真正做到“因事而化、因时而进、因势而新”。

思想政治理论课是高校思想政治工作的主渠道。思想政治理论课既有理论教学也有实践教学。理论教学是基础，实践教学是拓展。实践教学是要解决用理论教学方式难以解决的问题，是要解决理论教学中的重点和难点问题。思想政治理论课实践教学是“思想政治理论”与“实践教学”的综合体，即用“思想政治理论”来指导实践教学，用“实践教学”来深化学生对思想政治理论的理解和认同。

重庆工商大学长期以来高度重视思想政治理论课实践教学。早在1998年，我们就在“思想道德修养与法律基础”这门课程中开展了“家长学生两地书”活动，让学生在校期间给父母写一封信，感谢父母的养育之恩；让学生为父母算一笔账，清楚知道父母为培养自己所付出的心血。“家长学生两地书”活动收到了很好的效果，学生、家长都非常喜爱这种情感交流的活动形式。这种实践教学也产生了广泛的社会影响，中央电视台《新闻联播》和《实话实说》栏目都对此进行了相关报道。

2012年，我们在“毛泽东思想和中国特色社会主义理论体系概论”这门课程中划出16个学时，采用“集中和分散”相结合的方式，进行项目制社会实践。集中实践就是学院联系实践教学基地，由每个班级遴选代表组成实践教学小分队到基地进行实践，而分散实践则是每个同学都要参加。课程组根据年度特点拟定社会调研方向，随后学生将这些调研方向细化为社会调研项目，并在申请通过后在教师的指导下利用周末或假期完成。同学们通过参与社会实践，和教师的交流增多了，对思想政治理论课的认同度提升了。

此外，“马克思主义基本原理概论”课程的部分教师一直坚持指导学生阅读经典文献，要求学生写读书笔记；“中国近现代史纲要”课程的部分教师组织学生编排话剧，开展红色文化参访等活动。部分思想政治理论课教师还组织艺术学院的同学创造思想类艺术作品。这些活动激发了同学们对思想政治理论课的学习热情，但这些活动是零散的和个别的。

2017 年，学校通过了《重庆工商大学思想政治理论课综合实践教学实施方案》，成立了思想政治理论课综合实践教学中心，让重庆工商大学思想政治理论课的实践教学迎来了发展新阶段。我们把分散在各门课程中的实践教学统一起来，从各门课程中划出数量不等的学时，设置了48个学时、3个学分的“思想政治理论课综合实践教学”公共必修课，要求所有本科生都要学习这门课程，不及格的学生要进行重修。我们在这门课程中设计了“六大模块”和“十大环节”。所谓“六大模块”，就是“体认自信”“品味经典”“传递真情”“明晰意见”“激荡理性”“感悟使命”；所谓“十大环节”，就是在“六大模块”的基础上，增加了“实践导入”“实践分享一”“实践分享二”和“实践总结”四个课堂上完成的环节。学校拨出专项经费构建了“思想政治理论课综合实践教学平台”。从运行情况来看，该平台基本实现了让领导放心、让教师认同和让学生满意的效果。

我们以“绝知此事要躬行”为题，出版了这套丛书。这套丛书呈现的实践教学成果，既包括2012 年“毛泽东思想和中国特色社会主义理论体系概论”课程开设社会实践教学以来的部分成果，也包括2017 年“思想政治理论课综合实践教学”课程开设以来的部分成果。这套丛书虽然仅仅是一个开端，但我们相信这将是一个非常美好的开端。

这套丛书的出版受到了重庆工商大学马克思主义学院、重庆工商大学市级重点学科——“马克思主义理论”学科、重庆工商大学习近平新时代中国特色社会主义思想研究院的大力资助。同时这套丛书也是教育部示范马克思主义学院和优秀教学科研团队项目“习近平总书记系列重要讲话精神融入‘马克思主义基本原理概论’课程教学研究”（编号：17JDSZK054）、重庆市高校思想政治理论课教学科研示范团队“重庆工商大学思想道德修养与法律基础教学科研示范团队”、重庆市教育委员会“高校思想政治理论课‘问题导向型’实践教学模式研究”（编号：SZKZY2015005）、重庆市高等教育教学改革重点研究项目“高校思想政治理论课‘三支撑’教学体系创新研究与实践”（编号：172019）、“互联网 +”环境下高校思想政治理论课实践教学“三结合”模式探索（编号：19JDSZK128）等项目建设的阶段性成果。

我们深知，课程建设和教学改革都需要耗费大量精力，而且都需要在历史长河中接受检验；我们始终坚信，只要坚持以学生为中心的发展方向，就一定能够做到让思想政治理论课充满活力，就一定能够增强学生对思想政治理论课的获得感。

编者

2019 年 4 月

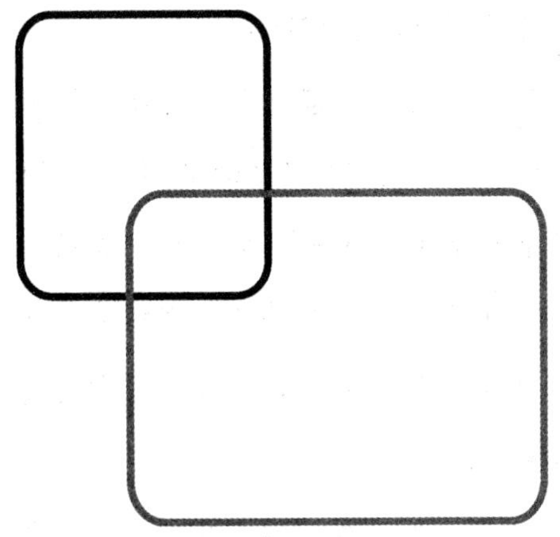

序　　言

本书主要选编了重庆工商大学思政课综合实践课程“真情传递”“明晰意见”“感悟使命”环节的优秀学生作品。

一

“真情传递”活动环节来源于重庆工商大学长期开展的传统思政实践活动——“家长学生两地书”。

“家长学生两地书”主要是通过家长学习投资成本分析的方法，计算国家、家长和个人在学习上的经济投入和投资回报，通过“算一笔账”“写两地书”的形式，对学生进行爱国励志教育。

从 1998 年我们首次在学生中开展“家长学生两地书”活动开始迄今，我们坚持活动 20 年，共计有 15 万以上的家长和学生参加了该活动。从浓浓的亲情中，读懂父辈心，坚定报国志，成为“家长学生两地书”活动的主题。不少学生通过“家长学生两地书”活动，提高了对世界观、人生观和价值观的认识，进入了热爱祖国、热爱人民和立志成才的新境界。

“家长学生两地书活动”对学生产生了良好的教育效果。2003 年，该活动成果集《当代大学生品德行为的经济分析——家长学生两地书》（重庆出版社）正式出版面世。2004 年，该书被列入中宣部、教育部、文化部、科技部等九部委联合主办的“知识工程推荐书目”。2005 年，中共重庆市委宣传部、中共重庆市委教育工委两部门专门下达《关于在全市高校开展“读两地书、写两地书”活动的通知》（渝委宣〔2005〕121号）。

2005年3月27日，中央电视台《新闻联播》对重庆工商大学“家长学生两地书”活动进行了介绍。《国内动态清样》（第604期）、教育部《工作简报》（2005年4月第71期）、新华社等媒体都进行了详细的报道。2005年，“家长学生两地书”系列教学成果荣获重庆市人民政府颁发的优秀教学成果一等奖。2005年，该活动入选中共中央宣传部宣传教育司、教育部社会科学研究与思想政治工作司、共青团中央学校部主编的《加强和改进大学生思想政治教育优秀实例选编》（中国人民大学出版社）。

2014年，“家长学生两地书”实践活动成果集《沟通的桥梁，成长的路径——家长学生两地书》（西南师范大学出版社）出版。这本书收录了2004年以来重庆工商大学的学生和家长信件的优秀作品。作为2010年重庆市高等教育教学改革研究重点项目“高校思想政治理论课实践教学体系及内容改革研究与实践”（编号：102307）和2012年重庆市教委人文社会科学研究思想政治理论课专项“高校思想政治理论课实践教学评价体系研究”（编号：12SKSZ31）的研究成果，该书面世，得到了社会的好评。在当当网、亚马逊网、京东网公开销售，发行量超过了5 000册。

深厚的积淀和丰硕的成果，使“真情传递”环节面临继承和创新双重压力。因此，一方面，我们力求保持“家长学生两地书”活动的传统；另一方面，我们也力求采用现代信息技术中出现的微信、微博、QQ等方式，使“家长学生两地书”永葆魅力。

我们发现，学生和家长之间仍然选择了纸质的信件作为“真情传递”的首选表达方式。众所周知，目前纸质信件邮费贵、传递慢。但是，大部分学生和家长采用纸质信件写作，然后拍照用微信、QQ传递的方法，巧妙地解决了这个问题。看到学生和家长信件照片上的字迹，看到学生和家长字里行间透露出的浓浓的亲情，我们感觉到写信这种方式，真的不是“快餐式”“碎片化”的即时通信形式能够替代的。

为了方便大家阅读，我们按照“回归亲情”“亲恩导航”“励志成长”将入选的20封信件进行了分类。在编辑这部分内容的时候，我们专门请入选的同学写作了“导言”和“感悟”，力求帮助读者全面地了解学生活动中的收获。

本书“真情传递”部分，我们还收录了“正能量”传递的优秀学生作品。众所周知，网络是亿万网民的精神家园。习近平同志说：“网络空间天朗气清、生态良好，符合人民利益。网络空间乌烟瘴气、生态恶化，不符合人民利益。”① 传播网络正能量是大学生的责任。为了提高同学们的网络素养，在“真情传递”环节，我们鼓励同学利用微信、QQ 等现代信息技术，传递社会正能量。本书中我们收录了 12 篇“正能量”传播的作品，分为“爱国篇”“社会篇”两个部分向大家推介。

二

如果说“亲情传递”实践教学活动环节是让我们充满幸福感的“心灵鸡汤”的话，那么，“明晰意见”实践教学活动环节则是磨砺批判意识刀锋的砺石。

批判是科学研究的重要方法，正确的社会批判推动着人类历史的进步。习近平同志在纪念马克思诞辰 200 周年大会上讲话时引用列宁的经典论述说：“马克思的科学研究，就像列宁所说的那样，‘凡是人类社会所创造的一切，他都有批判地重新加以探讨，任何一点也没有忽略过去。凡是人类思想所建树的一切，他都放在工人运动中检验过，重新加以探讨，加以批判，从而得出了那些被资产阶级狭隘性所限制或被资产阶级偏见束缚住的人所不能得出的结论。’”②

如何提高批判意识，使同学们明辨是非，坚定共产主义和社会主义理想信念，认同和自觉拥护党的理论方针、政策，拒斥虚假、诈骗的一切伪科学呢？网络给我们提供了很好的演习场。

互联网对世界发展的推动有目共睹。目前，智能革命正成为助推中国“弯道超车”的动力。但是，互联网的迅速发展也出现了网络空间的道德失范现象。有的人口头上挂着“在互联网上，没有人知道你是一只狗”的名言③，在网络中肆意妄为。各种恶意谩骂、造谣诽谤横行，各种诈骗、黄色、暴力信息泛滥……这使网络监管变得非常必要。

目前，大数据时代快速增长的海量信息，使得网络监管有不小的难度。2014 年，网站安全和内容分发公司 Incapsula 统计了世界上 2 万个每天至少有 10 次点击量的网站，在统计了 90 天 150 亿次访问数据后，它发布了一项统计数据：56%的网页浏览量由爬虫机器人贡献。其中，盗取内容爬虫、各种黑客工具、垃圾邮件等，占互联网总浏览点量的 29%。④

网络空间既是国家主权空间，也是思想政治教育应该积极占领的阵地。我们利用网络

① 习近平. 在网络安全和信息化工作座谈会上的讲话［N］. 人民日报，2016-4-26（2）.

② 习近平. 在纪念马克思诞辰 200 周年大会上的讲话［N］. 人民日报，2018-5-5（2）.

③《纽约客》杂志 1993 年 7 月 5 日刊登的一则由彼得 · 施泰纳（Peter Steiner）创作的漫画的标题。

④ 李彦宏. 智能革命［M］. 北京：中信出版社集团股份有限公司，2017：242-243.

空间信息真实的案例，让学生运用马克思主义辩证唯物主义方法，分析网络热点事件，引导学生得出正确结论。

“南阳中学公开销毁学生手机”“抢救病人医生反被索赔”“柯洁九段 VS 阿尔法狗”“中印洞朗边境事件”“2017 年美国拉斯维加斯枪击案”……这些刚刚发生的热点事件刺激着学生思考。而“明晰意见”环节也使得学生必须在“快餐”化、“碎片”化的纷繁网络评论中，告别“吃瓜群众”的看客心理，回到马克思主义经典和思想政治理论课课堂学习的知识中，运用马克思主义基本原理和党的路线、方针、政策，深入思考，比较辨析，客观表达。

“纸上得来终觉浅，绝知此事要躬行。”习近平总书记说：“学习就必须求真学问，求真理、悟道理、明事理，不能满足于碎片化的信息、快餐化的知识。”① 事实证明，学生在老师引导下参与热点事件评论，成了上述热点事件的追踪者。随着各个热点事件逐一尘埃落定，学生也必然会更加坚定对马克思主义和习近平新时代中国特色社会主义思想的认识。

三

“感悟使命”环节实践教学活动是要求学生对红色景点参观访问。

重庆工商大学所在的重庆有丰富的红色资源，学校主校区所在的南山有南山抗日遗址博物馆、空军坟等一大批抗战文物和遗迹，有蒋介石、马歇尔、孔祥熙、三毛等一批历史人物和文化名人留下的遗迹，甚至连学校正门所在的学府大道也是抗战时期著名的“史迪威公路”的一部分。

红色资源是大学生思想政治理论课的重要依托。习近平总书记多次访问革命圣地和历史遗址。2014 年 12 月 14 日，他在参观南京军区军史馆时，特别叮嘱部队领导，要把红色资源利用好、把红色传统发扬好、把红色基因传承好，教育官兵学传统、爱传统、讲传统，始终保持老红军本色。② 2018 年 6 月，习近平来到甲午战争博物馆陈列馆，参观甲午战争史实展。习近平听取了威海市依托红色资源打造党性教育基地情况介绍。习近平语重心长地说，我一直想来这里看一看，受受教育。要警钟长鸣，铭记历史教训，13 亿多中国

① 习近平. 在北京大学师生座谈会上的讲话［N］. 人民日报，2018-05-03（2）.

② 曹志，李大伟. 贯彻全军政治工作会议精神　扎实推进依法治军从严治军［N］. 人民日报，2014-12-15（1）.

人要发愤图强，把我们的国家建设得更好更强大。①

在“感悟使命”环节，我们要求学生组成小组，参观访问红色景点，用自己的相机将红色景点的内容记录下来，用自己的笔将心得体会写出来，用 PowerPoint 幻灯片将红色景点参观访问的经历和同班同学进行交流，再使用微信、微博、QQ 等将红色景点的正能量扩散出去。

红色山城没有辜负学校和老师们的期待。红岩村、渣滓洞、白公馆、曾家岩 50 号、三峡博物馆、中国民主党派历史陈列馆、解放碑、重庆大轰炸遗址……这一系列耳熟能详的名字和它们饱含的厚重历史信息，通过“感悟使命”环节实践活动，进入思想政治理论课体系中，使同学们进一步了解了国史国情，深入理解“历史和人民为什么选择马克思主义”“历史和人民为什么选择社会主义道路”“历史和人民为什么选择中国共产党”“历史和人民为什么选择改革开放”。在对我国人民的艰难抗争的鲜活史实的学习中，同学们破除了历史虚无主义，激发了发愤图强、努力学习的动力，增强了同学们的道路自信、理论自信、制度自信、文化自信，坚定了全面建成小康社会，实现中华民族伟大复兴中国梦的信念。

下面，我们分享一位同学的文章，请大家从她优美的文字中体会红色历史资源教育的效果。

你的故事那么长，我的人生那么短

2016 级国际营销（1）班　文秀

庄子说，一只鸡被束双翅，还能走，但是走得不快。而文化就是鸡翅，物质就是鸡腿。博物馆是凝聚了人类历史和文化的场所。Jean-Clair 说：“博物馆就是当诸神、诸灵和死者失去神圣性之时，将其雕塑化。”当你踏进博物馆，会有一种时光滞留于此的感受。博物馆记录了数千年以来人类作为大自然孕育的其中一个物种在地球历史上留下的印记，无法用脚步丈量的世界，不曾感受过的时光洪流，在这里都会有迹可循，在时间的长河中，我只是一粒微不足道的砂石。

亲眼看着这些文物陈列在眼前，感受着自己民族的繁衍、发展、兴起、强盛、衰落到复兴，才知道“文化自信”不是凭空出现的，它后面必然有一个大大的“因为”。因为我们的文明历史悠久，因为我们发达的经济，因为我们积淀的知识财富，因为……每一件文

① 切实把新发展理念落到实处　不断增强经济社会发展创新力［N］. 人民日报，2018-06-15（1）.

物都是一个故事，每一件物品都在提醒自己，保持敬畏。

有人说历史都是由当政者打扮的小姑娘，只有这些流传的文物，才能让我们目睹和感受古老文明的辉煌。即使“君生我未生”隔着历史的长河与重山，可是我们却仿佛依旧能够面对面素心以对，在丰富的文物背后，读到的只有两个字：中国。因此，不管海峡两岸国际形势政治风云如何变幻，它就是一个证人，以文化的名义，守护那一份血脉，那一份DNA，这么一想，就多了一份踏实。①

当然，我知道这份踏实是因为有人替我负重前行，如比基尼岛的灾难、枪杀案的恐惧、女性夜不敢出门的治安问题让我庆幸我拥有的岁月静好。当我走到博物馆的时候，这种安稳放心的情绪更加得以满足，因为每一件文物都是一棵树、都是一个时代的映射、都是文明一个一个的印记、都是时代的选择。

作为理科生的我，历史给我留下的印象就是枯燥的年代，还有晦涩难懂的文言文，冷冰冰的，走到博物馆，每每看见泛黄泛黄的书本还有铜器的时候，脑海里就会出现一个目光炯炯的老将军，手抚摸着一把沧桑但锋利的刀坐在门槛上给小孙儿讲述他的戎马生涯。历史这时候变得有温度、有情感起来。

我想，人为什么要去博物馆？大概就是想了解我们的过去。数千年以来的积淀，数千年来的机遇选择，我不能带走些什么，没有改变些生命，更没有留下些什么，可是以后的故事会更美更迷人。

时代洪流浩浩荡荡。进入中国特色社会主义新时代，大学生思想政治理论课不断向前延伸。我们将沿着党中央指引的正确道路不断探索，在新时代大学生成长、成才、成功的道路上继续前进。

编者

2019 年 4 月

① 周兵. 台北故宫［M］. 北京：时代华文书局，2015：3.

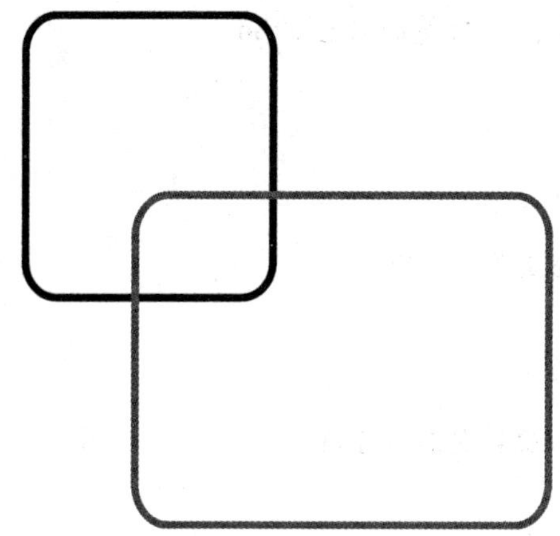

目　录

第一部分　真情传递

第二部分　明晰意见

第三部分 感悟使命

第一部分　真情传递

第一单元

家长学生两地书

回归亲情

1

“北堂幽暗，可以种萱。”[①]“顾篝灯坐对，或默默然无一言，或嘻嘻然言非所宜言。”[②]千百年来，国学中对于家的意象是“堂前萱草”“围炉夜话”，无须粉饰，无关构建。“一间茅屋何所值，父母之乡去不得。”儿时口中的简陋和厌烦，换一种表达方式大概是熟悉和舒适。那是和远方永远对立的地方，是一片和我血脉相连的热土。那里有一起度过漫长的岁月，熟悉我的所有，和让我舒适和安心的人。他们似乎不喜欢远行，喜欢待在那个被无限时光造就了温柔和熟悉的地方，陪伴和保护着心中所爱，生根发芽。

时光的渡轮载着我，回到思念的土地。推开一扇木窗，对褪色的记忆回望，没有对焦好的照片渐渐澄明。冬日清晨，妈妈递给我温热的牛奶，我接过牛奶时碰到了和她的脸一样通红的略微扎人的冻疮；爸爸在寒风中骑着摩托车，后面是躲在他肥硕大衣帽子下吃着热腾腾的早点、赶着去上学的我；周末黄昏的下午，爸爸在喝茶看报，我在看闲书。而在一旁剥着花生的妈妈，她的眼里是整个世界……

我小心翼翼地舒展开时光年历的每一页下角的褶皱，轻轻将它们折叠、保护好，在阳光洒进的那一刻，融化为属于我的会长大的幸福，还有未说出口的感恩。

现在，让我把这些珍藏悄悄地打开——

亲爱的爸爸、妈妈：

你们好吗？都说“见字如面”，这算是我第一次以提笔写信的形式给你们说说话。上周二我向你们随口提了几句，说“在食堂点的铁板烧牛肉带有腥味，很想吃家里的肉”。周六你们便给我通话说，妈妈已买好了一只鸡，准备做好拿手的凉拌鸡来学校看我。在电话一头

---

① 朱公迁. 诗经疏义［M］. 北京：北京师范大学出版社，2013.

② 王永彬. 围炉夜话［M］. 北京：中华书局出版社，2014：1.

的我既诧异又感动，但担心你们往返奔波太劳累，便以国庆回家为由婉拒了你们。

一晃20载，下月我将满20岁。我曾在《朗读者》中听到这样的声音："我们最终都要远行，最终都要与稚嫩的自己告别，告别是通向成长的苦行之路。"虽然现在的我，当妈妈您给我说中肯的意见时我还会一言驳回，当爸爸您教育我不要丢三落四时我还要嘴硬不承认，可每一天，我都真实地感受到自己在长大。我，是矛盾的我，会害怕长大。有时，我希望时光慢些，我站在翻山越岭的尽头正当年少，而你们也能绕过岁月的痕迹永远不老；可有时我也多渴望自己是强大的生命体，能够再勇敢、独立一点，希望角色可以快点互换，多陪陪你们。但无论是被约束着不愿长大，还是被约束着一定要长大，我都愿意面对真正的自己，与你们分享成长的喜怒哀乐。

记得高三这一年，你们在校门口为我租了房子。当时我每天最期待的便是中午和晚上与你们吃饭的时光。高考结束，一夜忘了十年寒窗。在高考志愿填完后，我放声大哭了。觉得这样的结果辜负了你们对我的期望。当妈妈您对我说"你尽力了"的时候，一阵鼻酸涌上，穿透我的毛孔。只有我清醒地知道，我没有用尽我的力气。

在外上大学一年多了，虽然就在重庆，但回家的次数屈指可数，和你们也只有微信聊天、周末通话。我深知自己要独立前行，但我还是愿意通过语言的传递像以前一样依赖你们。多少仓促的通话是一接通就麻烦妈妈给我寄来"临走时落在家里的电脑充电器和书本"，让爸爸帮我准备"某个比赛需要的材料证明"。而你们，仍旧牵挂着我鸡毛蒜皮的小事和在学校的一切。我上大学了，妈妈您仍会每天在深夜给我的微信行走步数点赞，似乎这样您才能安心，也可以满足地想象"今天的我又去做了什么"或"今天的我也有好好运动"；爸爸您给辅导员编辑一条放假回家短信，如同在完成一件重要的任务；你们也总会突如其来地莫名担心我"钱不够花"，像可爱的充满稚气的孩子。

爸爸、妈妈，你们不用担心，在上大学的这一年多里，我感觉自己各方面状态还挺好的。生活也有了一个个小目标，指引着我稳步、专注地前行。不论是学习、生活，还是我的所思所想，每一天的我都在努力地朝着积极、乐观的方向靠近。君子慎独，我希望我可以成为那样的人。

情之厚如斯，百世不足还。① 世间千年，"谢谢"二字有时太轻易，有时却深沉得是所有情感里的一切。爸爸、妈妈，我想对你们说声："谢谢你们，我爱你们，只愿你们一生平安、健康、幸福。"

今天是9月的最后一天。夜已深，国庆将至，回家心切。明日回到家中，我们一起坐在沙发上聊聊我们最近的生活。

妈妈，我想吃您做的凉拌鸡了。

---

① 李真. 对不起，妈，我生病了［J］. 中国医学人文，2007（10）：67-68.

爱你们的女儿：漆书晴

2017 年 9 月 30 日 深夜

亲爱的晴儿：

来信收悉。说实在话，晴儿长这么大，你还是第一次给我们写信。因为从你上幼儿班一直到高中，你从来没有离开过家、离开过我们。当我们一口气读完你的来信后，作为父母，我们甚感欣慰，我们为有你这样的女儿感到非常骄傲和自豪。一生足矣。

晴儿，说心里话，从小到大，你一直都是个懂事、乖巧、有礼貌、学习勤奋的孩子。在我们的记忆里，从小学到高中，在学习上你都非常勤奋、努力、自觉，我们很少为你的学习操心、担心，你总是有一股不服输、勇往直前的干劲。老师和同学都非常喜欢你。你又喜欢帮助别人，同学们都愿意和你交朋友。

晴儿，你马上要满 20 岁了，已步入人生最重要的时期——青年时代。这是人生中最美好、最值得珍惜和回忆的时光。所以，你要珍惜大学四年的黄金时期，每天要过得充实、开心，每天都要有新的收获与进步。首先，你要树立正确的人生观和价值观，要学会为人处世的基本道理；其次，你要学好自己的专业知识和技能，为今后就业打下坚实的基础；再次，你要广泛汲取各种知识，多读书，多向老师和书本学习；最后，你要保持良好的心态，积极、乐观地面对各种困难和问题。此外，你平时还要经常参加各种户外体育锻炼以及学校组织的各种社会实践活动。

总之，爸爸、妈妈希望你做一个德、智、体全面发展的好学生、好孩子、好青年，今后在工作中做一个对社会、对国家有用的人。我们做父母的当好你的坚强后盾。只要你能健康、快乐地成长，我们再苦再累也是值得的。

好了，就说这么多。

最后衷心祝你：身体健康！平平安安！学习进步！

永远爱你的爸爸、妈妈

2017 年 10 月 3 日 亲笔

感悟：

文字本身不是灵动的，它静默而微小。以家为轴心，一纸家书牵引着父母和我之间不可描述的情感，小小的文字穿越时间的重量，散发心底的无限温柔。很多时候没有转角的回眸，也没有无声的等待，而是陪你长大的、从未离开过的、一直追逐的目光和满眼的目送。

近期读完蔡崇达的《皮囊》，几度让我落泪。“我知道那种舒服，我认识这里的每块石头，这里的每块石头也认识我；我知道这里的每个角落，怎么被岁月堆积成现在这样的光景，这里的每个角落也知道我，如何被时间滋长出这样的模样。”“原谅我，父亲，从你生病开始我就一直忙于在外面兼职赚钱，以为这样就能让你幸福，但当我看到我给你的唯一一张照片，被你摸到都已经发白的时候，才知道自己恰恰剥夺了我所能给你的最好的东西。”① 他也悔恨和痛苦于未曾真正了解过他因疾去世的父亲和父亲的人生。

我不愿意我在父母的生命中留下像《皮囊》中那般伤痕累累的印记。“蒲公英种子从远处飘回，聚成伞的模样。”我可以蹲下来，成为他们的伞，偶尔会有倾斜的雨零星地洒进来，也会有炽热的强光透过伞面，但这次可以换我陪伴他们，慢慢前行。

2016 级会计（6）班　漆书晴

指导教师：刘朋

2

父母是我们人生中最重要的人之一，从小我们就被教育要感恩父母。直到现在，对父爱母爱的歌颂，尊敬父母、孝敬父母的文章是数不胜数，这不仅是中华民族的传统美德，也是做人的根本。可是，现实并没有想象的那么美好。很多人知道要感恩，但是并没去感恩，甚至很多人连感恩的意识都没有。在我看来，这些人是很遗憾的，他们没有体会过感情流露后的愉悦。

父母赋予了我们生命，并且含辛茹苦地把我们养大，这足以让我们感恩一生。他们对我们的爱是无条件的，我们对他们的回报也应是无条件的。可是，父母要的根本不是我们给他们的回报，他们要的可能只是一句关心、一句问候，我们健康幸福才是他们最大的快乐。

时常听年长的人说，只有自己当了父亲或母亲才能真正体会到做父母的不容易。所以，很多人对父爱母爱的感恩总是后知后觉，可是时光不等人。父母一天天的老去，我们为何不让我们的感恩来得更早一些？

我最亲爱的父亲：

一直想给您写封信，纵有千言万语想对您讲，可提笔又不知道从何说起。

不知不觉，我已经 19 岁了，您也老了。以前我总是希望自己快快长大，我就能无拘无束地干自己喜欢的事，就不用什么都听你们的。但是，现在我发现我错了，我就是那只依偎在你们怀中的小鸟，果真有一天独自飞行，才发觉我的世界里不能没有您，离开了您，我是多么的无助。我开始害怕，害怕您一天天老去，害怕我有自己的生活不能时常陪伴在您身边，害怕您的身体不再健康。您时常说您很年轻，我每次都应和着您，“是是是，您很年轻”，可当我看到您已有白发时，心里特别的难受，您在我心中是那么的年轻有活力，可您还是老了，我之前从没有想过您老去的模样，我不敢更不愿去想，那已经超过了我的承受范围，我不怕生活多艰难，不怕世态多炎凉，就怕您和妈妈不开心，怕你们有一天会离我而去。

---

① 蔡崇达. 皮囊［M］. 天津：天津人民出版社，2014.

我不是一个好女儿，从小到大我都不太听话。我渐渐明白以前老师隔三岔五叫您去学校您的无奈，明白您在同事面前的没有颜面，可您从来没有因此骂过我，您说您只希望我过得开心、快乐，平凡就平凡吧，伟人不差我一个。我是有多么幸运能有您这样的父亲，您一直都是我的骄傲。我会给别人说我的父亲就如同我的朋友，我们无话不说。您会陪我去唱卡拉OK，陪我去吃好吃的，我会手挽着您散步，您会和我如朋友般开玩笑，您从不因为我叫您何明忠同志或何叔叔而生气，哪怕在外人看来那是没有家教。您支持所有我认为对的决定，哪怕一开始您是反对的，可最后您还是选择支持。每次我向室友们谈起您，她们都羡慕我有您这样的父亲。您知道吗，我当时心里乐开了花。

大学生活根本没有我所想象的那么惬意，每天满满的课，成堆的作业，睡不醒的觉，无休止的孤单。每次很累的时候就会特别想家，想您。每次打电话回家我知道您每天还是开心地去打羽毛球，一切安好，我所有的委屈似乎都没有了。每次打电话我都想告诉您我所有的不开心，可是我又怕您会担心。您可能会认为大学生活不会像我讲的那么辛苦，我知道我也可以放松一点，对自己要求不那么高。但我想只有成绩好了，让您看到我的成就了，您才会开心。

我不想把所有的感谢用言语表达，因为那根本不够也没用，所以我每天都很努力，只是希望有一天换我来让您开心快乐。我时常对您说“我爱您”，在您看来我是为了哄您开心，让您满足我的愿望，实际上我只是想换种不那么尴尬的方式表达我的爱。我爱您，可以说是超越了我的生命。

请您相信，我爱您。我会加倍努力让您幸福，等等我，照顾好自己。

爱您的女儿

2017年9月25日

我最亲爱的女儿：

你好，你的来信我已收到。夜虽深，但心难静。从你降临到这个世界开始，我们就多了一个期待，多了一份责任，当然也增添些许快乐。想想你小时候，白天一个人在宿舍或去操场玩耍，似乎让我觉得我们没有尽到父母陪伴的责任，现在看来这种做法也有一定道理。你的独立个性可能就是这样从小培养起来的。

童年的时光美好但短暂，不满6岁我就让你过上了本该快乐却是苦恼的日子，背上小书包，独自步行3千米路程去上学。从小活泼好动、看似聪明伶俐的你，上学放学按部就班，从不偷懒，可学习真的不怎么样。尽管我是老师，可我也总是顺其自然，只问不管，让你也养成了不悲观、不自卑的心态。现在想想你那么小，我们却没有在学习上给予你一定帮助，也是挺不负责任的。如果要是多关心、多辅导一下你，你是不是还可以考一个清华或者北大呢？以你的聪明这也不无可能。想想高中三年，你忙碌的身影，奔波在学校与家之间，学习压力倍增。但你不断地努力，不断地进步，让我们看到了希望。我一直相信你不是庸才，看似平凡但不平庸。我相信你的能力，只要你努力，目标就一定能实现。

不要只想到我们会怎么样，我们会照顾自己，只要你过得好。你有什么事要给我们说！我们是一家人，何况分享也是一种幸福。加油！我们的宝贝女儿。

此致

爱你的何叔叔

2017 年 9 月 26 日

感悟：

通过此次写信，让我表达出了内心的想法，同时也让我更加坚信了父亲对我的爱，我也同样爱着他们，不加任何修饰，我甚至想让全世界都知道我爱他们，从无抱怨和指责。在这个世界上，没有任何人能像父母那样爱我们，不同的父母在表达对我们爱时有不同的方式，有的时候我们可能不能理解他们，可能他们的表达方式不是我们想要的，可是这是他们能给我们的全部，我们更多的不是去责备、嫌弃，而是去理解。有的时候我们看到的只是父母对我们的严厉，而没有看到严厉背后他们的心酸，我们快乐时他们更加快乐，我们伤心时他们在伤心的同时还得给予我们安慰。我们慢慢有了自己的朋友圈，我们的世界不再只有父母，我们在自己的圈子里不断前进，我们看到了更多有吸引力的新事物，我们花很多的时间去尝试那些我们虽然从未接触过但又感兴趣的事物，渐渐的我们陪伴父母以及和父母沟通的时间越来越少。父母在家等待我们的电话，他们想知道我们的近况，就是这么一个简单的要求在我们看来似乎变得很难。我想我们应该时常反思自己，反思我们和父母的关系，反思我们对他们的行为和态度。我们和世界的关系从我们和父母的关系开始，要处理好其他关系，我想我们必须先处理好和父母的关系。在我们还能够陪伴他们的时候多陪伴他们，和他们多交流沟通，同时努力让自己变得更好，这才是真正的感恩。世界再大，也不及父母之大，他们等待着我们回家。

2016 级会计（5）班　何异

指导老师：秦筱萌

3

大一匆匆过，大二悄然临近。新的学年里，我们正式开始了思政课的学习与交流。在“真情传递”环节，面对的是给父母写信或通过自媒体传播正能量的选择，我毅然选择了前者。作为“95 后”的我，虽然接受的是现代文明的教育、信息时代的洗涤，但作为中国人，骨子里的羞涩难以抹去，无法像西方国家那样，爱意在心口常开。且我在儿童时期，留守老家，所以与父母的关系，虽然亲密，但从未真正开诚布公地交谈过。这次也算是一个机会，让我能在暑假刚刚结束不久、离开父母时间不长的时候，好好地静下心来，给父母写一封信，表达对他们的感谢，也希望他们能更多地了解我的大学生活、我的成长与变化。

亲爱的爸爸、妈妈：

近来可好？

在离开你们的第16个日子里，甚是想念，你们也一定很想我吧。最近我们有个思政作业——给身边的人写一封信，我想了很久，最后还是决定写给你们。或许出于害羞，从我出生以来，就没有和你们说过几次我爱你们。所以，希望能借这次机会，用这种稍显古朴的方式，给你们寄去一封信，表达我内心满满的感恩与爱！

在我走过的19个春秋，你们都在为了我辛苦的工作，每次看着你们天不亮就起床，凌晨才回家，爸爸的背因为送家具越来越驼，妈妈的手因为煮饭洗碗越来越粗糙，而我却帮不上什么忙，真的感到愧疚。在农村，我作为一个女孩，你们不但没有重男轻女亏待我，而且把我当成掌上明珠，没有让我干过重活累活，爱我宠我。

小时候，你们外出打工，尽管我留守在家，却并不孤单，经常都能接到你们关心的电话。每次你们回家过年，尽管没有赚到多少钱，但是总会想办法给我买各种好吃的。还记得有一次你们去投资做生意，亏了很多钱，把家里的房子也卖了，但还是要给我买各种好看的裙子，把我打扮得漂漂亮亮的。每次你们要出门前，都会因为我软软的一句请求而多留一天。

我自己有很多不好的地方，从小理所当然地享受你们的宠爱，懒惰、脾气大。连高考自己失利的时候，也胡乱怪到你们头上，但是你们也还是无限的包容我，细心地给我讲道理，疏解我心中的压抑。

进入大学，你们又担心从没离开过家去过集体生活的我不适应，和室友相处不好。还好我遇见了一群很可爱的同学，她们教会我洗衣服、叠被子、铺床单，我们一起生活、一起上课、一起考证刷题、一起在期末挑灯复习。每天都生活得很开心，也希望你们不要为我担心。

大学的学习和生活已经过去了一年，我的学习成绩和生活能力也有了很大的提升，脾气也改了不少，能懂得体谅别人。

当最后一片树叶飘落时，它不会忘记哺育过它的树根；当最后一只雏鹰飞出巢穴后，它心中仍然刻着家乡和父母；当最后一只小鱼游进江河时，它不会忘记小河里带大它的母亲……只要有生命，就会有亲情。世界上最深的海也不会有父母的爱深。真的很感谢你们赋予我生命，辛苦养育我长大，给了我满满的爱。

我一定会成为你们所期望的每天都过得开心的人，成为自己想成为的人。希望我能快快地成熟起来，有自己的工作，能好好地报答你们；同时，希望你们慢慢地变老，在岁月的河流里慢一点，再慢一点……

祝万事如意！

永远爱你们的小女儿：李俊霖

2017年9月16日

感悟：

我写信之前，感觉自己有很多的话想对爸爸、妈妈说，肯定会洋洋洒洒一大篇。可是，当自己真正动笔时，却发现，表达出来的其实很少。过去的一年里，自己的变化真的很大，身边的人也都说我越来越会关心他人了。与父母的交流更多，与室友相处更融洽，学习等也能安排得井井有条。

写信之前，我也没有想到父母会这么开心。虽然我当时收到回信的时候，并没有感觉到他们有多惊喜。但后来给爷爷、奶奶打电话时，才知道父母因为这件事提了很多次，由此我感到很高兴。两代人之间的沟通和交流真的很重要。

写信之前，我想过用很多华丽的辞藻，下笔时，才发现其实有时候，越深的感情，那些越想说的话，往往都那么平淡。但我们在生活里，却很少能说出口。其实在这方面，我们真的不应该那么羞涩，要敢于向爸爸、妈妈表达谢意、爱意。

我自己特别喜欢看悲剧，尤其喜欢日本东野圭吾的著作，常常为他笔下那些或惨烈或诡异的故事而忧伤深思。有时我会想，悲剧于我的意义究竟是什么？或许，是让我学会感谢现在的生活，感谢自己在这样和谐的家庭出生，在爱的环境里平安健康的长大，有坚如大山的父亲，有柔若和风的母亲，有和蔼慈祥的爷爷、奶奶。过去，我任性妄为过，让家人操心过、难受过，但他们都包容我，引导我一步步走到今天。父母也从未将他们自己的梦想强加给我，只希望我能开开心心，成为自己想要成为的人。家人永远是我一切动力的源泉，怀揣着自己的梦想，我必将用心过好每一天，对自己负责，才能不辜负任何爱我的人。

晨光熹微，清风霁月，逐梦的少年人，一起加油向上吧！

2016 级会计（4）班　李俊霖

指导老师：罗琼

4

高中时，爸妈在学校旁边租房陪我读书，我们一起为了梦想努力。然而，时光如白驹过隙，我渐渐长大高过我爸妈了，岁月却在爸妈身上留下了深深的烙印。爸爸的头发渐渐变白、脊背有点佝偻，已经不能让我“骑马”了；妈妈的脸上开始长皱纹。我意识到父母开始变老了，我内心也很抗拒，我害怕我跑不过时光，我怕我还来不及变得强大他们就变老了，我害怕“子欲养而亲不待”，所以我写了这封信。“你们陪我长大，我陪你们变老”。我也想以这封信警醒自己、不断地努力，未来由我来支撑我们的家。

亲爱的老汉①：

哈哈，很少这么叫您。其实我们都是很含蓄的人，很多话都不会说，这么多年来，我

① 编者注：川渝部分地区对父亲的称呼。

知道您很辛苦地支撑着我们的家。我和哥哥有时候叛逆不听话，让您操了很多心，感谢您一直的包容。您点滴地付出，我看在眼里，感动在心里。

在我高中三年，每当我失落和不如意，您都会安慰我、鼓励我，让我一次又一次从绝望中爬起，继续强忍着往前走。在高三最后一段时间，我的状态很差，我考试好几次排名在200名以后，我失落我痛苦，我在电话里哭泣，那段时间我真的是在崩溃的边缘，您对我说别给自己那么大的压力，自己尽了力就好。高考结束我的梦也碎了，高考成绩刷历史新低。我真的好怕您对我失望，当我把我的成绩告诉您的时候，我看到您似笑非笑、牵强纠结的表情。您强忍着悲伤安慰我，说没关系，可我明明就从您的眼神中看出您巨大的失落。我心里真的很难受。对不起，是我让您失望了。

现在，我上大学了，我凡事都努力做到最好，我努力提升自己各方面的能力来弥补我高考的遗憾。成绩是专业第一、拿到了奖学金、得了很多奖，我所有的努力都是为了让你们更开心，可以为我骄傲，同时也可以证明自己。在未来，我一定更加努力，不断充实自己，让自己更优秀，实现我的愿望。请您放心，也请您照顾好自己。

爸，这么多年，感谢您和妈妈一直的陪伴和爱护，将来我一定竭尽全力来回报你们。你们陪我长大，我陪你们变老。您喜欢旅游，您说过您以后想轻松背包出去游览祖国的大好河山，您的梦想由我来实现，我一定尽力给您和妈妈更好的生活。

祝您和妈妈一切都好，平安健康快乐！

爱你们的女儿：梅本渝

2017年9月30日

本渝：

收到你的来信，我很感动！

作为父母，送你读书，这是我们应尽的责任和义务；至于你谈到高考有些失误，那已经是过去的事了，只要自己努力了，就不必再内疚。人生一辈子成功和失败是经常伴随着的，你要经受得起考验，有成功就会有失败；你要相信自己。

人生要树立起远大的理想。现在上大学了，你要更加珍惜宝贵的学习时间，学好专业知识，培养各方面的应对能力、为将来的道路做好坚实的铺垫，道路会越走越平坦。

好了，我就说这么多了。祝你在大学里顺利成长，实现自己的梦想！

爱你的爸：元安笔

2017年10月1日

感悟：

写了这封给我爸的信，重新梳理了一遍我们之间的思绪，回忆起心底最深处的柔软。我自己写着写着就哭了，不仅感慨一路走来父母的艰辛，也唤醒自己对表达爱的决心。是的，爱就要说出来，让父母知道他们的付出没有白费，子女能够理解他们应该就是对他们的肯定。

我写这封信时，回忆起我们曾经一起经历的酸甜苦辣，往事历历在目。虽然时光无法倒流，我们再也回不到那或许快乐、或许无忧无虑、或许夹杂着点滴痛苦的岁月，但是就像我爸在回信中说道：只要自己努力了就不后悔。

通过这封信，我觉得收获很大，写下我心底最想说但又不敢说的话，也再次得到我爸爸精神上的鼓励。我觉得这是我前进中的一大动力。

2016 级市场营销（2）班　梅本渝

指导老师：赵军峰

5

冈察尔说，母爱是永远不会枯竭的。

我想，我们一生从一个小小胚胎到迟暮老年，母爱伴随一世，即使我们变老时母亲不在了，母爱仍化作春风细雨漫洒四周，永相随。

时光催人老，母亲的变化印刻在我的脑海中：她从一个年轻时风华正茂的女孩模样慢慢在生活的蹉跎中变成了眼角爬满皱纹的中年妇女，她从一个年轻时眼睛犀利的青春模样慢慢在岁月的洗礼中变成了需要戴上老花镜的中年妇女。这都是因为要撑起一个家！

树欲静而风不止，子欲养而亲不待。我害怕这样的情景出现。因而我希望在母亲的后半生里，一句话、一封信或一个拥抱，都能让我用以表达我对母亲同等的爱意。

希望母亲能在收到满载情感的信件后，明白她的女儿那忐忑而又希冀的心情，明白其实她的付出正在得到回报。

相信，爱无限。

致母亲：

岁月流淌过您的容颜，您的音容笑貌，您的黑发，留下了几道迷人的皱纹。

时光一直在旋转，记忆弥留。

您还记得吗？我小的时候，有时您要到楼上去晾衣服，我撒娇要赖要您背我上去。您答应了，我趴到您的肩上，风正好，把您的发丝吹到了我的脸上，痒痒的。

您还记得吗？小学的时候，有男生欺负我，您跑到那条河边去对那些男生威胁说不许再欺负我的女儿了。河边的水冲刷，水滴飞溅，凉凉的。

您还记得吗？高中的时候，每个周末您送我去学校，我俩在尘土飞扬的路上聊天，那个时候，我恨不得去学校的路上能再远点再远点，这样我和您就能多说一句话。阳光一路照，暖暖的。

您还记得吗？大学开学第一天，您送我去学校，我们一起坐了二十几个小时的火车。在火车上，您睡在我的对面，您在对面跟我讲话，心里也充满了对未知城市的胆怯。火车滚动在铁轨上的声音，呜呜地。

我还记得小的时候，我惹您不高兴了，您抽打在我身上的鞭痕。

后来，越长越大，您不再那样了，反而变成了依赖我的样子。

从什么时候开始，我们之间的角色互换了。从前，您是我的引导者，带着我、护着我向前；现在，我是您的保护者，带着您、护着您四处转。

高中毕业的时候，我跟您出去玩，别人都说，女儿都比您高了。

暑假的一天，我说我帮您拍照，您说不要了吧，您穿的衣服不好看，我说没关系，来吧。拍完照了后，我说，不许您看噢，我来帮您修改一下。然后我慢慢地帮您涂掉了您眼角的皱纹，偷偷地在心里酸痛了一下。最后我把修改的照片给您看。我说，妈妈您看，您多漂亮啊，真美，您用来做微信头像吧。您说好啊。

过了几天，您不用了，我说为什么啊。您说，我觉得这个看起来好像不真实。心酸，无止境地。

前几个周，有一天晚上，您拍了一张照片给我，我问那是什么。您说，这是老花镜。后来您还说，戴上去看得很清楚，语气兴奋得像个小孩子。

我亲爱的妈妈，您也曾有风华正茂的时候，您也曾有志向远大的时候，您也曾有青春年华的时候。可是现在，您的眼角慢慢浮现出了皱纹，您的身形开始慢慢变得矮小，您的视线开始慢慢变得模糊，您不再年轻了。

家里有一本相册，里面有您的一张照片，照片里的您，穿着你们那个年代的衣服，新潮而又美丽。

时光转瞬即逝，岁月洗礼，您的容颜也沉淀了。但是我仿佛看到，十几年前，您穿着你们那个年代的衣服，撑着一把伞，站在相机前，定格的那一瞬间，您真美。

火车呜呜地开，您不曾远去。我爱您，妈妈。

您的女儿：梁苑如

2017年9月28日

致我儿：

展信安！

从你出生到现在，看着你长大，看着你由稚嫩变得成熟，妈妈心里满是高兴。

很多事情妈妈都不太记得了，但是你竟然还记得这么清楚。每一个妈妈对她的孩子都是充满感情的，她的举动也只是下意识去做。

爱你，是妈妈需要做的最永恒的事情。

有了你的导航，妈妈也会更加欣喜。

希望我的女儿在未来的路上更加幸福，更加快乐！

妈妈

2017年10月5日

感悟：

在和母亲的相处过程中，我一直都带着一些别扭，明明心里很爱她，但是面对母亲的时候又有一些难以说出口，所以采用书信来传达情感。冈察尔说，母爱是永远不会枯竭的。这是既准确又概括的言语。我相信，母亲懂我羞于说出口的感情。

我爱母亲，母亲也爱我，而这是我们之间不言而喻的秘密。

乌鸦反哺，羊羔跪乳。在未来的日子里，我希望能够靠自己的双手，让母亲度过一个安详而又幸福的晚年，以回报她的养育之恩。

2016级社会工作（1）班　梁苑如

指导老师：陈丹妮

6

在过去的20年里，我说了许多的“谢谢!”，对着各种各样的人，也曾张嘴就是“爱你”。但是那费尽苦心引导我说出第一句话，不顾一切默默地为我付出，深深地爱着我的两个人，却从来都无缘听我说起，他们是我的父母。

这是因为那所谓的“尴尬”，也或许是我潜意识里的“理所应当”在作怪吧！认为他们理应为我付出一切，理应爱我如生命。直到后来我看到这句诗——“树欲静而风不止，子欲养而亲不待”，我才知道我在害怕什么了。害怕自己会后悔，害怕自己来不及报答生我养我的父母，害怕来不及对他们说一句“这些年你们辛苦了，谢谢你们!”和“爸爸、妈妈，我爱你们!”因此，我想要好好地来爱他们，来为他们付出，就像他们对我那样，让他们也感受一下何为理所应当。

今天，我要打破那个可笑的“尴尬与害羞”，为这两个教会我写第一个字的人儿，亲笔写一封专属于他们的信，给他们说一说这迟到多年的话。

亲爱的爸爸、妈妈：

你们好！

光阴似箭，日月如梭。转眼间我已双十年华，青春年少，风华正茂；而反观在我身后默默付出的你们呢？已不知不觉中，鬓染霜华，皱纹爬上脸颊，被岁月压弯了身躯，被病痛吞噬着健康，不得不说这是一件令人心酸的事情。在这20年里，你们为我付出了太多太多，不论是物质上的还是精神与感情上的，都是我难以回报的。因此，在这里我想对你们说一声：爸爸、妈妈，辛苦了！我很感激你们长期以来对我的关心和爱护。

妈妈：你是一个平凡的妇女，没有太高的文化水平，没有什么创举；但你又是一个伟大的女人，因为你是一个母亲。你总是竭尽所能地把你所知道的一切教给我们，在生活上事无巨细的关心我。同学们总是很羡慕我。你也会像所有的母亲那样，喜欢唠叨个不停，虽然有时我会很烦，但这些唠叨总是我孤独无助之时的力量源泉，给我温暖，给我动力。

爸爸：你从来不会表达什么，只会以行动来表达你的爱。你会在我咳嗽时，问我要不要加衣；你会在我离开与回来时，询问我是否需要你的接送……谁说，男人就是粗枝大叶的，其实当一个男人成为一个父亲时，他也能心细如发，因为他深深地爱着他的孩子。

爸爸、妈妈，你们是我这20年生活里的阳光，给我温暖；是雨露，滋润着我成长；是港湾，收容着我一切的懦弱与不坚强……真的很感谢你们。为了报答你们，我在学校一直学习很认真，力图不辜负你们的期望。大一期间，我的成绩一直位于班级前几名，也从来没有过违纪或挂科的现象。在以后的时间里，我也会继续努力的。

祝你们福如东海，寿比南山，永远健康、快乐。

你们的女儿：贺敏

2017年7月5日

敏敏：

爸妈的好女儿，当我们看了你的信后很是感动。你知道父母的付出都是为了让你和弟弟能够过得好一些，能尽可能多读一些书，多学一些文化知识，为你们今后步入社会打好基础。

爸妈没什么文化，再加上你妈妈又体弱多病，靠下苦力挣钱维持家庭生活以及你和你弟弟的学费与生活费，很是不易。有时候，我真的感到很累，但只要一想到你学习很努力，我们就轻松了很多。我们心里就想，只要你在学校好好学习、积极向上就是对我们最好的回报，再苦再累，我们也不能让你们挨冻受饿。

敏敏，你现在是成年人了，是大二学生了，很快就要步入社会，你应该有你自己的理想，有辨别是非的能力。你要做什么就大胆地去做，只要是正确的，爸妈都支持你。人生路上会遇到很多意想不到的事情，你要想办法解决。你如果有处理不了的事情，要多与同学、老师和家人等沟通，共同解决。

最后我还是要说：你现在是学生，要以学习为主，认真完成学业，争取三年以后以优异的成绩走出校园。

爸爸笔

2017年7月5日

感悟：

当我读完爸爸的回信后，各种感情交织缠绕着我，使我的内心久久不能平静。感动，因为他们对我的爱。它让我意识到父母也只是一个凡人而已，也有着他们的不如意。我想全天下的父母都是这样的吧！他们用最真挚的感情爱着他们的孩子，将孩子当做他们生命中不可缺少的一部分。而孩子回报父母的又是什么呢？因此，我想对每一个孩子说“当你遇到困难，坚持不下去的时候，想一想那爱你如生命的父母吧！那样你就会再一次有了动力与希望。”同时，我也希望同学们能学会感恩与爱父母。父母是很容易满足的，不要为自己的人生留下遗憾。

2016 级策划（2）班　贺敏

指导老师：杨华

7

“慈母手中线，游子身上衣。临行密密缝，意恐迟迟归。谁言寸草心，报得三春晖。”深挚的母爱沐浴着每一个儿女的成长。我们在渐渐地长大，她们却在逐渐老去，时光总是流逝得太快，快到我们无法停留下来想一想。正应了龙应台《背影》中的那句话：“所谓父女母子一场，只不过意味着，你和他的缘分就是今生今世不断地在目送他的背影渐行渐远。你站在小路的这一端，看着他逐渐消失在小路转弯的地方，而且，他用背影默默地告诉你，不用追。”

长大之后，我越来越明白父母的付出有好多，并且这种付出是不求回报的。我觉得他们的付出是我此生都无法报答完的。我想借写书信的机会把我内心留存太久的话说出来。如今我的生活还需要父母来支撑，但是我相信终有一天我会让他们幸福的。我现在的努力都是为了将来能有更多的选择，选择和他们一起生活，选择更多的时间去陪伴他们，选择和他们一起旅游……

给父母的信

尊敬的爸爸、妈妈：

你们好！这是我第一次给你们写信。我们从未用书信的方式交流过，总会觉得有点煽情，见了面又会尴尬。

首先，我很感谢你们把我带到了这个世界，让我享受着人间百味，经历着酸甜苦辣。爸爸、妈妈，是你们给了我生命，然后含辛茹苦地把我养大。妈妈您总是把家里的事打理得很好，并把我和哥哥带大，一直陪伴在我们身边，让我们的童年不孤单。

其次，家里最辛苦的便是爸爸。其实我和哥哥都很少叫爸爸，都是喊老汉，我们觉得这样很亲热。老汉就是我们家的顶梁柱，家里的经济来源全靠他。我家以前每年都过得比较辛苦，但是你们从来没有抱怨过，凭自己勤劳的双手把这个家撑起来。你们总是把最好的东西给我和哥哥。你们辛苦了！

最后，我想说的是，我一定会努力学习。希望时光能走慢些，让我能够慢慢地孝敬你们。待我事业成功之日，便是你们享福之时。爸爸、妈妈，我爱你们！

写信人：你们的女儿

亲爱的女儿燕[1]：

学校要求家长给孩子写信。其实，即使学校不要求，爸爸、妈妈也一直在记录着你的成长历程，也打算在你进入大学、开始大学生活之时，写这封信作为礼物送给你。

光阴荏苒，日月如梭。1998 年 5 月 17 日那天，你来了，把父亲和母亲、哥哥的称号和最温柔的爱给了我们。自从你来到世界的那一刻起，我们就对你倾注着无限的爱。从你牙牙学语到上幼儿园的哭闹，从小学胆小怕事到初中的叛逆举动，从教你识字到背诵唐诗，教你唱歌、画画到现在的知书达理，一幕幕情景都浮现在我们的眼前。回首过往的时光，我们有太多的故事、太多的感叹、太多的欢乐，还有太多的酸甜苦辣。是你和你哥哥让我们品尝到了做父母的幸福快乐，也体会到了做父母的艰辛；是你和你哥哥使我们收藏了许多美好的回忆。高中后到现在的大学里，你对周围的人和事有了自己的思考和见解，从幼稚走向成熟。

女儿，你进入了大学，你拥有让爸爸、妈妈羡慕的机会，你拥有优越的教育条件、享受良好的教育资源，你有你的梦想，高中时需要拼搏，现在同样也需要拼搏，更要学会坚守，学会独立面对寒风冷雨。高中时，你没有时间去欣赏春天的鸟语花香、时间匆匆，付出了汗水和艰辛；大学生活，你同样也要珍惜踏入社会之前的这段宝贵时间，克服惰性、勤奋苦读、不耻下问，抱有必胜的信心。

女儿，进入了大学，你要学会承受。让自己经得起成败，坦然面对得失。每一次挫折对你来说都是一次挑战，坦然面对今后有可能遇到的挫折。坚持自己的梦想，父母怀抱里的温馨永远锁不住女儿展翅翱翔的羽翼。你要永担责任，要对家庭负责、对工作负责，对所有经办的事情负责，也要对自己负责。女儿，怀揣着你的责任心，好好地去面对生活吧。

女儿，带着我们的期盼，迎着你的梦想起航吧！我们会一直默默地支持你，愿你梦想成真。

父母笔

感悟：

通过此次书信来往后，与父母有了一次新的交流机会，这也是我们彼此之间第一次以书信来往。

有时候爸爸、妈妈总是会说没给我穿好的衣服、吃好的东西，但是我从来不在乎这些，他们虽然在物质上不能给我最好的，但是在精神上给了我最大的支持。父母的一言一行中都潜移默化地影响着我，使我懂得了感恩、孝顺，要做一个积极向上的人。

都说沟通是心灵与心灵的桥梁，亲情需要交流。以书信的方式向对方诉说心里话，平时不是矫情的人，也可以通过书信的方式来表达自己的情感。父母和孩子有时候以这种方式来相处也是挺好的，父母平等地与孩子对话，而不是以一种教育者的姿态来交流，我们

---

① 作者注：曾用名。

会发现，其实会收获很多。

2016级社保（1）班　刘世钰

指导老师：罗琼

8

高科技时代，我们不得不需要跟上时代的步伐以免落伍。但在追求进步的同时，我们对于人与人之间情感的宣扬、社会正能量的宣传开始被淹没。

自从在外学习以来，我和家人之间的联系也越来越少。这次“真情传递”提醒了我——我应该重新审视自己的行为，重视我的家人，巩固我们的感情。像成年人一样思考，而不是幼稚得以自我为中心，不去承担在成长中我们应该肩负的责任而整天沉迷于网络。因此，我选择回归亲情的主题，给父母写信，让自己重新找回初心。

亲爱的妈妈：

难得在这个高科技时代还手写一封信给您，不过这有一种很正式的感觉。以前都是在电话上给您讲讲我的生活情况，今天认真地写封信告诉您我在学校的情况以及我对这十几年你们的养育之恩的感谢。

首先，我想讲述一下我的近况以及对上一年的总结。最近，我忙于竞选助理且也有了结果，我得到了自己既喜欢又可以锻炼自己的工作。我很高兴，也想当面和你分享。

过去的一年，自己有做得好的方面：认真学习，正确处理人际关系。同时，自己也存在很多不足之处：没有制定学习目标；没有主动去获取相关的专业信息；错过一些竞赛、等级考试；为下一学年增加了负担……希望自己继续发扬长处，及时弥补不足、改正错误。

其次，现在的我更加成熟、生活经历更加丰富、思想层次有了提高。借助这次作业我反复思索“感恩养育”这个话题，我认真回想生活中的点滴、重新思考你们的劝诫、重新审视我们的关系。我发现得到的结果和以前相差甚远。现在我认为你们的每一句关心的话、每一个意见都是自己亲身实践过的，确实对我有百利而无一害，是真实的。因此，我想借这封信正式且认真地再对您说：“您辛苦了，您在我的心中是一个伟大的人。”

最后，我想告诉您：“妈妈，我爱您”。我不在家的时候您也要开开心心的，不要只是为我担心，多想想自己，我会每一天都想您的。

您的孩子：余晏娇

晏娇吾女：

收到你的来信，我倍感惊喜，但更多的是感动。

说实在的，每个假期享受你煮的饭菜，习惯你料理家务……每当开学，我都有好长一段时间不习惯，还真有点舍不得你。

你上大学已经一年有余了，回顾你的成长过程，历历在目。现在看到你懂事了、成熟了、取得了一定的成绩，妈妈感到非常欣慰。

在学校，你要尊敬师长、团结同学、互帮互爱、和睦共处、多参加课外活动、多去图书馆看书。只有学到知识、专业过硬、身体健康，才能有所作为。切记：千万不要沉迷于玩手机和打游戏。

家里一切都好，希望你不要担心。只要你好，学业有成，就是对我和你爸的最大的回报。

有时间就回家，我们都很想你。

爱你的妈妈

感悟：

借助这次实践机会，我和我的妈妈有了一次真情交流，这是我们以前不曾有过的心与心的交流。妈妈很强势，她总是不服输，年轻气盛的我也不会让着她。慢慢地，很多事情我们为了避免再次发生冲突而选择沉默。我们的交流越来越少，对彼此的了解也开始模糊。

上了大学一段时间，我觉得自己发生了较大的变化，发现很多时候妈妈的意见都是对的，而我的那些想法却很幼稚。我发现妈妈变得越来越理解我、支持我。然后，借助这次机会我们又有了更深一步的交流，我们开始变得越来越亲密。我感觉到我们的关系像朋友。我知道妈妈为了我改变了自己很多，想变得和我像朋友一样，更多地去了解我。

妈妈，很开心是您的女儿，也希望未来的我不会让您失望。

2016级经济统计（2）班　余晏娇

指导教师：钱晓东

亲恩导航

1

来到大学这个“小型社会”从生活到学习一切都需要自己来打理——衣服需要自己洗、床单需要自己换、学习没人来督促、遇事没人帮忙处理、生病没人嘘寒问暖、饿了也吃不到父母煮的家乡菜……

因此，我选择“感恩父母”这一主题来进行分享传递，一是独自一人远在他乡深切地感受到了父母于我而言的重要性，想借此抒发我对他们的思念之情；二是自己在外两年深深体会到了父母的辛苦，想借此机会表达我对他们的感谢之情；三是在大学我做了几次兼职才知道挣钱的不易，体验到父母的负担和压力，想以此来答谢父母的养育之恩；四是我想通过写信的方式跟父母沟通，说一些平时不好意思说出口的话，也想把这段经历分享给大家，让同学们多替父母考虑，自己独自在外多给家里打电话报平安，多关心父母，学会感恩。

亲爱的爸妈：

这封信大概少了些母女间的小秘密，也没了那些父女之间的小情话。如今快要迈入“2”开头的年纪的我，已然在大学里生活了一年，但回想起初、高中那段疯狂的日子仍是历历在目。

当启明星刚开始在天边闪烁而太阳还未苏醒时，我却早已坐在冰冷的板凳上朗读那一些恼人的课文，而另一边，你们为我准备了既丰富又营养的早餐；当太阳烘烤着大地而所有人都在午睡的时候，我还在攻克那些板砖厚的课本，而另一边，你们却在为我洗衣、做饭；当繁星点点，明月高悬，四周一片宁静的时候，我还睁着“熊猫眼”浴血奋战，与那一摞摞的习题斗争，而你们始终陪伴着我，与我并肩，成为我最亲密的战友和最坚强的后盾……每一天我很辛苦，你们同样也很累。

好在难熬的时候总有幻想装点着生活。大学生活的美好，便是我高中时的终极梦想！上大学后不用每天起早贪黑，不用披星戴月，不用再牺牲我的睡眠时间去题海中战斗。

我大学入学报名时，你们一路陪同，从昆明到重庆，十多个小时的车程，领床上用品，铺床，整理，置办物品……看着你们为我一一办妥，心中尽是温暖，感谢和深深的不舍。“家”这个字的含义，是我走进大学，离开了生活18年的家乡后才深刻体会到的。中国人的含蓄或许使我们错过了很多表达感情的机会，但长大后的我却深深地感受到，对待至亲的人，我们每个人心中都有两个肺腑之词：“爱”和“感恩”。

无论身在何时、处在何地，家，永远都在心里。在我的理解中，家是带着一身的疲惫回来时，有一桌热腾腾的饭菜在等着；家是一觉醒来，总有散发着太阳味道的衣服摆在床前；家是在外面有了烦恼，可以尽情倾诉的地方；家可以没有很多钱，但一定要有一根线把彼此连接在一起，永远也剪不断、拆不散。当我生活在其中时，我没有太深刻的体会。但在离家的日子里，仰望满天的星辰，我却深深感受到，一家人，即使平淡如水，但能细水长流，能永远在一起，就是最幸福的事！

回顾走过的19个岁月，你们对我的爱我一直记在心头，走过的日子我也历历在目。我一直坚信，我有世上最好的父母，你们虽然没有很高的学历，却拥有很广的知识面，教会我许多知识；你们虽然有时脾气很大，但大多时候都那么温柔慈爱，为我开导，解开心结；你们虽然也会像一般大人一样要求教导我，但更多时候是我的朋友……一幕幕，忘不了，忘不了的，是你们的好；忘不了的，是你们对我的疼爱和关心；忘不了的，是你们的辛劳。

大学是一道坎，陌生的环境，陌生的人，陌生的课程和那些陌生的规矩……你们告诉我，要去看看外面的世界，或许看了以后会觉得外面的一切都不如这个有你们的小窝；或许外面的夏天很难熬，冬天比家里冷太多；或许外面的天空没有家乡的这么蓝、空气没有家乡的清新；或许一切的一切都不如我们温暖的家。但我需要长大，需要学会独自面对事情、独自承担责任，需要学会照顾好自己。我明白，只有经历了这些我才能照顾好你们。

当最后一片树叶飘落时，他不会忘记哺育过它的树根；当最后一只雏鹰飞出巢穴后，他心中仍然刻着家乡和父母；当最后一只孵化出来的小鱼游进江河时，他不会忘记河湾里带大她的母亲……只要有生命，就会有亲情。

一切，我只想告诉你们，不要担心我，我明白自己该做什么、不该做什么，我知道自己想要的未来是怎样的。无论在哪里，我都还是我，不是外界能够轻易改变我的。无论做什么，我都是你们的女儿。而你们，只需要对自己有信心，对你们精心培养的我有信心。

最后，过去的便是结束，结束便是新的开始。现在，我看到了前所未有的阳光直射进我的生活、我的心，而我会将它变成灿烂的“日不落”！

爸爸、妈妈，谢谢你们。我都懂。请放心，我很好，我爱你们！

你们的女儿：李卓珂

2017. 9. 26

亲爱的女儿：

很久没有提笔写信了，非常感谢老师布置的这次作业，给了我们与你沟通的机会。

你的来信，爸妈看了好几遍，看后既高兴又欣慰，高兴的是女儿的成长进步，欣慰的是女儿的乖巧懂事。信中字里行间都透露出你对我们的感恩，我们一次又一次被你感动。你在父母眼中一向是比较乖巧懂事的，从小到大，学习和生活上的事，都让我们很少操心。虽然你在班上不是最优秀的学生，但你在我们眼中是最优秀的女儿。

父母既然赋予你生命，就应该赋予你成长的土壤和营养。我们尽最大的能力在物质上满足你，也尽最大能力在精神上与你吻合。

孩子，现在你已经上大一了，我们不能在学习上给你一些具体的帮助，只能给你几点建议：

一是要有一颗平常心，我们改变不了环境，但是我们可以改变自己；我们改变不了过去，但是我们可以改变现在。总之，要不断调整自己的心态，适应学习、生活，适应当今社会。

二是要有持之以恒的学习态度，学习贵在坚持。

三是要正视自己的优点，弥补自己的不足，希望你不要惧怕。首先你在心理上要战胜自己，相信你能攻克这道难关！

四是要学会与人沟通，多参加集体活动，培养自己的社会交往能力。你是一个内向的女孩，希望你多与同学、朋友沟通，别死读书。

亲爱的女儿，不管在哪儿，不管什么时候，不管遇到什么事，你都要记住：父母永远是你坚强的后盾，家永远是你温馨的港湾！

愿你永远健康，永远幸福，永远快乐！

爱你的父母

2017年9月30日

感悟：

这次的“真情传递”让我深深地体会到我国历史文化的悠久，用书信写作既包含着丰富的礼仪内容，具有中华民族浓厚的文化色彩，也能表达自己平时不好意思说出口的情感，更加与父母亲近。

在这次用特殊方式与父母沟通过以后，我不仅表达了自己对他们一直以来的感恩之情，抒发了自己对他们的思念之情，也感受到了他们对我的爱。

现在回想自己刚进大学的时候，父母帮我收拾整理好了一切准备回家时，我匆匆跟他们告别并没有将他们送到机场，大概是应了一首歌的歌词：“走的那天装作匆忙，怕看见你湿了眼眶，本该留在你的身边……你说人要有理想，我说不会让你失望，我不要沙滩小岛和车马城堡，我不要五光十色灿烂辉煌的灯光在闪耀，我只想有一天，你能为我骄傲。”

父母对孩子的付出与孩子对父母的回报大概永远都不会对等，只愿能知父母心，不要有“树欲静而风不止，子欲养而亲不待”的境况。

2016级社会学　李卓珂

指导教师：田妍

2

老师布置了和父母进行书信或者微信交流的作业。当我收到妈妈给我发来的信息后心情很复杂，既有感动也有自愧不如。感动是因为妈妈的这封书信承载了太多的爱，既有对远在千里之外女儿的思念，也有对自己的学业、交友方面的教导与期望，还有安全等方面的担忧与叮嘱；自愧不如是因为妈妈做事的态度与自己的态度形成鲜明的对比。妈妈用的是笔画输入法，她将这一封信一笔一画地输入微信中给我发送过来，最为关键的是一个标点符号都没有错误，她对待这件事情的态度深深地感染了我。

当思政课老师布置了“真情传递”这个环节的作业后，我立马就想利用这次机会，给爸爸、妈妈认真写一封信，以弥补上次思政课的遗憾。此封信既表达了我对父母这些年对我辛勤付出的感激之情，也向父母汇报了这一年自己的学习情况，让他们也能参与到我的成长中来。最后表达出了我对父母身体的担忧与关心，希望她们能够保重身体。这封信我没有使用华丽的语言，因为我觉得对待父母就应该用最质朴和真诚的语言去和她们沟通。

上大一时母亲对女儿的思念、期望与叮嘱，上大二时我对父母的感激、反馈、关心，将这两封信紧密联系起来就是我的真情传递！

亲爱的女儿

你好!

你长这么大，妈妈第一次用书信的方式跟你交流。感觉心里有千言万语要对你诉说，但一提起笔又感觉无从说起。常言道“儿行千里母担忧”。的确是这样，现在你和你哥在外面，我们无时无刻不在牵挂你们的身心健康和安全。每当闲暇时刻，脑子里都回想着你们的容貌以及喜怒哀乐。但是我也深知，你们长大了就必须有自己的理想和追求。

人的一生虽然漫长，但也挺快的。像我们一晃都到了中年。现在妈妈以过来人的身份给你提醒，千万莫虚度年华，珍惜现在的时光，抓住机遇，实现你的梦想，展翅飞翔!

在学习上要不耻下问，“三人行必有我师焉”。要虚怀若谷，不要自以为是。学会用巧劲，提高学习效率。学习别人的优点，取长补短。其实在这些方面你都做得挺好的，尤其是你不屈不挠、勇于进取的精神，我一直引以为豪，以你为荣!

同时，要和同学搞好关系，说话做事多动脑，不要一时冲动，说不该说的话，影响团结。常言道“在家靠父母，出门靠朋友”! 不过，在交友方面也要慎重，要交品学兼优的人。近朱者赤，近墨者黑嘛!

最后，安全问题就是我们最担心的了。你一定要提高警惕，有事多和老师、同学商量，听取大家的意见，把风险降到最低! 出校门时，一定要和同学结伴，人多力量大。带好自己的东西，注意人身安全! 说了这么多你是不是嫌我啰唆哟! 可怜天下父母心，没办法老是担心你们!

最后祝你前途无量，心想事成!

爱你的妈妈

2016 年 12 月 10 日晚

亲爱的爸爸、妈妈:

你们好!

时隔一年我再次提笔给你们写信，记得上次写信是在刚上大学的时候，妈妈用心回复的信感动了我好久。

求学生涯中最难忘的就是高三备战高考的那年了，难忘那年不仅仅是因为高强度的学习，还有你们俩给予我的支持与温暖。忘不了在一个寒冬的下午，妈妈匆匆忙忙地坐上公交车经过一个多小时的颠簸，赶到我租住的小房子里给我做了一顿丰盛的晚餐。第二天早上很早起床，将我的午餐一切准备好，让我能够在中午放学后热一下就能享用，然后又坐公交车去工作。我不知道的是，母亲有时候会在寒风中等待公交车很久。而爸爸那边也增加了很多工作量与压力，再加上每天吃饭不规律，身体消瘦了很多。这样的生活如果换作别人，有可能一个月也坚持不下来，但你们却足足坚持了一年。其间你们心中只有一个信念，在孩子求学路上你们要尽最大的能力去支持。因此在这里说一声“爸爸、妈妈，这些年辛苦你们了!”

以前很少出过远门的我，每次看到学校前的铁路上经过的火车时，心里总是对远方、对大学充满了无限地向往。2016年9月自己如愿从甘肃来到了重庆读书，这一年的大学生活让我发现远方和大学并不总是像诗歌那样美好。还记得刚刚上大学的时候，自己因为英语听力和计算机操作能力和别人有太大差距而失落，也会因为节假日在寝室独自一人而感到孤独，更会因为想念家人偷偷哭鼻子……但就像妈妈所说，我应该用一种勇往直前的精神去对待挫折和困难，经过一年的锻炼，自己已经成熟了很多。

大一上学期自己在认清和他人的差距之后，上课认真听讲，课后及时总结。功夫不负有心人，自己在期末考试中取得了较好的成绩，那次的成绩给了自己较大的信心。大二下学期我利用周末的时间去肯德基兼职工作，那段时间忙碌且充实。现在的我比之前更加沉稳，也学会了如何合理地去分配时间。请你们放心，你们的女儿不会让你们失望。

生活交友方面，妈妈也不要担心。自己一直牢记您的教导，真诚待人接物，团结同学。在这一年多的大学生活中，自己从未和同学或者室友发生过矛盾与冲突，也结交了好几个生活中的朋友，大家在平时的生活与学习当中互相帮助，共同进步。安全方面自己也会提高警惕与自我防范能力，不让你们为我担心。

接下来也说说你们。前段时间爸爸给我在微信上发了一张他在几十米高的电线杆上工作的照片，让我很是担忧。这几年因为我和哥哥都在上大学，所以你们的负担很重。但希望爸爸、妈妈在平时的工作中一定要多注意身体，不要过于劳累，你们身体健康才是对我们最大的支持。

在外求学，聚少离多，愿我能够不断变成更好的自己去面对你们。最后遥祝爸爸、妈妈身体健康、工作顺利、万事如意!

爱你们的女儿：玲洁

2017年9月28日

感悟：

我的家庭是个很传统的中国式家庭，大家在平时从来都不会去主动谈心或者表达感情，把爱和感恩都埋藏在心底。很感激这两次真情传递课程，通过书信，加深了我和父母之间的感情。

当我处在低谷时，细细阅读妈妈给我写的那封信，会给身处异乡的自己很多无形的力量，让我更加坚强地去面对挫折和困难。虽然母亲只有初中学历，但这封信让我对她扎实的文学功底肃然起敬。后来我把这封信给我的几个挚友看，她们也同样惊叹于母亲的写作水平。因为这次机会，让我更加了解母亲，了解她身上平时所看不到的亮点。

当我以一个大二学生的角色去给父母写信时，思绪会很自然地回顾过去，有些事情不去回顾就会随着时间的流逝而不自觉的淡忘。当生活没有了动力记得看看之前走过的路，别忘了为什么出发，自己以前的努力不就是为了来到更大的平台，变成更好的自己吗，所以在充满诱惑的时代不要迷失自己。

父母看到我给他们写的信也会对我的大学生活有更多的了解，无形之中给了他们在子女身上的存在感。像“爸妈，你们辛苦了”这类话我们在平时的生活当中肯定不会主动去表达，而在书信当中就可以很自然地去流露。现在微信等聊天软件越来越普及，但我总觉得比起书信还是缺少了很多仪式感，如果以后可以拿上钢笔一笔一画的去书写与父母之间的家书，那是最好不过了。

写一封书信，致最爱的您！真情传递让我们继续。

2016级人力资源管理（3）班　张玲洁

指导教师：张寒梅

3

我的妈妈是一名人民教师。教师这个职业薪酬不高，却受人尊重。她桃李满天下，令人羡慕。我的爸爸是政府的公职人员，兢兢业业，踏实本分。为响应国家大政方针，他驻村扶贫，在极度艰苦的环境下，生活了一年半。他们对我的教育一直是身教胜于言传的。在我心里，我的父母一直是我人生中的榜样，我一直以他们为豪。曾经，我最大的目标就是希望有朝一日能够让他们也能以我为傲。但是时至今日，我才真正意识到，父母从来不奢望我能够富贵显赫，我平安健康，便是他们最大的心愿。想到这些，我便觉得，何为真情传递，就是即便在遥远的家乡，他们也能够通过我的信件感受到女儿对他们浓浓的爱。

亲爱的爸爸、妈妈：

请原谅我苍白的文笔，但是我的情感是真挚的。

现在是9月，我来到重庆读书已经有一年。现在的我，是一个大二的学生，不再是去年那个想家的小丫头了。我的大学生活过得挺好的，一点也不枯燥，每天有好多事情要做，虽然忙碌，但也很充实。不过，正因为如此，我已经很久没有给你们打电话了，恳请父母原谅。

我过得很好，自己能够照顾好自己，也请你们不要担心、不要牵挂。不知道你们在家里过得怎么样，想必即便不好，你们也会因为怕我担心而不会和我说的吧。其实20年来，你们一直是我的骄傲。

2016年中考的时候，妈妈的学生考了全区状元，妈妈给我打电话的时候，我高兴得好像自己考了状元一样。您常说，教师这个职业是个良心活，完全可以应付了事地度过40分钟，但是既然家长们愿意把他们的掌上明珠交给自己，那么就不能辜负他们的信任。因此，在您从教的20年，您一直用心对待每个学生，反而少了对我的陪伴，所以您总觉得对我有愧疚。其实并不是这样的，在学生心里，您是温柔、耐心的老师；在我心里，您是贤惠、美丽的妈妈。哦，不对，应该是幽默、开朗的朋友，是最好的倾听者，是榜样，又何谈愧疚。

暑假的时候，我去了爸爸扶贫驻村一年多的村子，起初我很惊异，爸爸是一名政府的公职人员，常年在办公室里工作，居然真的能在如此简陋的村里生活！但是后来，我见到村民们在村子的小路上遇到爸爸时候的那种热情，那种感激，甚至拉着我给我讲爸爸为村里做了哪些好事，怎样帮助他们脱贫致富，我当时真的觉得很感动。就像政治书里说的那样，政府的工作人员不是用来当摆设的，而是人民的公仆。

有你们这样认真负责的父母，我没有理由不努力学习，没有理由不热爱生活。请你们相信，不久的将来，你们一定会因有我而自豪。在我心里，你们永远是最好的父母。我真的希望你们能够注意身体，工作不要太拼命，你们是我最爱的人。爸爸、妈妈，我爱你们！

望一切安好！

女儿卓然敬上

2017 年 9 月 25 日

亲爱的女儿：

你的来信，让父母在惊喜的同时，更多的是感动，感动我的宝贝女儿真的长大了，她真的能够感受到父母的爱了。你一直是爸爸、妈妈的掌上明珠，你聪明、调皮，是一个纯真、善良的女孩子。你在那么远的地方学习、生活，爸爸、妈妈希望你一定要照顾好自己，家里一切都好，你不必挂念。希望你努力学习，别浪费时间，别荒废青春。愿你一直快乐下去。

爸爸、妈妈

2017 年 9 月 25 日

感悟：

我们很多人不太擅长表达情感。我们有诗词歌赋，有五千年的传统文化，但是有的时候，我们连一句“我爱你”都不愿意和最亲近的人说。在忙碌的现代社会里，表达爱有些时候甚至是难以启齿的。很多人觉得，父母和子女之间的爱是不言而喻的，但是我们都能够善待这个社会，为什么不能把对父母那种最深最纯的爱表达出来呢？当我真正将爱大声地说出来的时候，我才发现，原来表达爱并不难，相反，我感觉到了温暖。

在给爸爸、妈妈写信的时候，我发现我有好多好多话想对他们说，但一时又不知从何说起。在我成长的过程中，不管遭遇什么，他们总是在第一时间出现。也许有人把父母的爱当作天经地义，甚至当作自己碌碌无为的本钱。但是在我看来，世界上唯一无私的爱，就是父母对孩子的爱，我们不但不应该对此置之不理，相反，我们应该真正学会感恩。

收到母亲回信的时候，我泪流满面。母亲的话虽短，但是句句都流露出对我的关心，要我健康，要我快乐，要我好好学习。这些看似平淡不过的话语中，隐藏的是这个世界上最伟大的东西——母爱。一个人在外读书，一个人在外生活，很多学子都是这样。但是，一想到千里之外的家里，还有两颗炽热的心装着对我的爱的时候，就觉得生活阳光普照，晴空万里。

2016级审计（1）班　黄卓然

指导教师：黄伟

4

感恩是人类最崇尚的美德之一。人活在世间，于父母而言有生育之恩，于师而言有启蒙之恩。父母是将我们带到这个世界的使者，若没有他们，我们就看不到这个绚丽多彩、日新月异的世界。无论何时何地，他们总是无微不至地照顾我们，让我们能够健康快乐地成长。他们永远是我们最坚强的后盾。常言道："羊有跪乳之恩，鸦有反哺之义。"鸟兽尚且如此，何况人类还是万物中的智者，更应懂得感恩父母。

中国人一向含蓄，羞于表达。在这个技术飞速提升的时代，感恩更是发于心而止于口。爱要说出口，感恩更要说出口。因此，我选择感恩父母作为真情传递的主题。一方面我想借此机会表达我对父母多年的养育之恩；另一方面我想借此机会告诉现在的青年们，要勇敢地说出对父母的爱。子欲养而亲不待，我们的成长是以父母的衰老作为代价的。趁着父母还在，一定要向他们表明自己的感恩之情，不要留下遗憾。

《诗经》有言："哀哀父母，生我劬劳。"我们的生命是父母给的，父母将我们抚养成人，过程是何其艰辛，何其不易！如此这般，若不知感恩，那其他的情不说也罢，这世间也是枉来。我希望通过这个主题能够让广大青年认识到自己身上的责任，明白父母的良苦用心，更要懂得常怀感恩之心。唯有如此，方能成为真正的人才。

亲爱的老爹：

不知道您的身体可还像之前那么硬朗？还会不会加班到晚上12点？厂里的工作还忙吗？对了，妈妈的身体还好吗？前几天打电话给她的时候，听她的声音好像并不是很好。我和宝林都没有在你们身边，你们一定要照顾好自己。你们忙了大半辈子，一直在为这个家默默地付出。很快，我和宝林就可以接下你们的重任，撑起这个家，让你们享福。

在我很小的时候，爷爷、奶奶就去世了。对于您来说，那无疑是一件悲痛的事。我记得有一次您喝醉了，把我和宝林叫过去，说起了爷爷、奶奶。您说您很后悔没有及时尽孝，他们就走了，您和妈妈独自撑起了这个家。这中间的各种艰辛和不易，您到现在都还记得。那次您说了多少我已经不记得了，但我深刻地记得您最后说的话，您问我们，有没有想过哪天您突然走了我们姐弟俩该怎么办？说实话，我也不知道怎么去回答这个问题。我不敢想象有那么一天，甚至觉得那一天不会到来，您会一直陪我们走到最后。那次我强忍着眼泪没回答，默默地看着您。我明白您说这句话的意思，您是希望我们姐弟俩能够独立自强，有生存下去的能力。作为一个长期在外打拼的男人，您深知在外打拼的艰辛。也正是因为如此，您一直强调要我们好好读书，不要过着和你们一样的生活。我们家本就不富裕，您和妈妈常年都在外面打工，我们寄住在亲戚家。我是家里的长女，身上背负的不仅仅是我的理想，还有你们的期待。

您从来不担心我的学习，因为您知道我不是那种贪玩的孩子。上了大学之后，我凭着自己的努力，获得了优异的成绩。咱们家世代为农，我想改变这种命运，我想为弟弟做好榜样，让他知道读书是最好的出路。我深知要走的路还很长。

爸爸，您的教导我会一直铭记在心。我长大了，会照顾自己了，不要担心我。

爱您的女儿

2017 年 9 月 10 日

亲爱的女儿：

收到你的来信，老爸有点惊讶，但更多的是高兴，你长大了。看到你学习成绩这么好，爸爸感到无比自豪。你真的长大了。你是爸爸、妈妈的骄傲。

爸爸嘴笨，不会和你讲很多道理，更不怎么会表达自己的爱，我想这可能是多数爸爸的心声。你不用担心我们，我们很好。你是我们村第一个大学生，爸爸无论走到哪里，别人都投来羡慕的目光。我很欣慰。你在大学里要学会独立，要努力学习。

女儿，我想告诉你，爸爸一直爱你。就写到这里吧！你自己要注意身体，见字如面。

爱你的爸爸

2017 年 9 月 19 日

感悟：

隔了快半年了，我再次读这两封信，心里还是暖暖的。

我家住在贵州一个偏远的少数民族寨子里，受传统思想的影响，寨子里的很多女孩子初中还未毕业就结婚了，甚至有的家庭不让女孩子读书，觉得女孩子读书浪费钱。我很庆幸我爸爸没有那么认为，他反而觉得女孩子更应该读书。

成长的意义就是责任的转移和继承。对于父母，我纵然有千言万语也无法表达我的感恩之情。每年回家见到父亲，总觉得他又老了许多。记忆里的爸爸总是很高大、很强壮的，时光让我成长，却让父亲衰老。我不奢求爸爸可以陪我多长时间，我只是想在有限的时间里陪着爸爸。说什么不想长大，说什么长大烦恼多，人只有长大了，才能明白生命的意义在于责任的传递。

2016 级人力资源管理（3）班　贺显燕

指导老师：张寒梅

5

梁凤仪有言：“恐惧时，父爱是一块踏脚的石；黑暗时，父爱是一盏照明的灯；枯竭时，父爱是一湾生命之水；努力时，父爱是精神上的支柱；成功时，父爱又是鼓励与警钟。”

幼时丧母，我恐惧恐慌，父亲安抚我：“不要怕，我会好好供养你们，你们好好学习就够了。”高中三年，我身处迷茫看不到未来，父亲劝诫我说，“成大事者必有静气。你好好地做，只要竭尽全力就好”。而现在的我已经不再是个孩子，每次与父亲探讨问题的时候，他却会说：“你长大了，你可以自己做决定。”

是的，我长大了。从母亲逝世的2009年到如今的2018年，9年过去了。这9年，有颠沛流离的日子，有艰难困苦的日子，这些日子都是父亲带着我走过。在父亲的教育下，我成长为一个能对自己负责任的积极向上的青年。我现在才明白父亲的爱是如何润物细无声的影响我的。这次，我给父亲写这封信，虽然对父亲的感激之情实在难以用语言表达，但还是想向父亲传达来自女儿的不曾言说的爱意和感激。

亲爱的父亲：

您好！

近来可好。血压有没有再降下来一点？上次你还跟我说现在跑五千米都不是问题，就觉得这次血压应该能降下来吧。没想到您的血压还是低压110、高压160。唉，看来只能通过吃药来降血压了。但是，你还是不能喝酒、吃太多肉。

不知道你和妈妈是哪年结婚的，从亲戚的只言片语中了解到您和妈妈经历了一些波折才走到一起。不管怎么样，1998年，你和妈妈的第一个结晶——我，诞生了。

很不好意思地说，我觉得我的诞生似乎给您添了很大的麻烦。唉，现在我教育弟弟的时候都会觉得心累。为了他的健康，为了他的成绩，我都担心不已。想想这几年来，您不仅要挣钱，还要教育我们，一定是更累了。

妈妈去世时，您一定觉得天都塌下来了。我始终记得那个时候奶奶骑着电瓶车带我回老家，刚到村口，就远远地看到自己家院子里搭建起来的一个棚，奶奶就开始大声哭了起来。我小声地问奶奶：“怎么了？”等看到妈妈安详地躺在那里的时候，才有她已去世的实感。当时，幼小的弟弟躺在您怀里，黏着您不撒手。现在回想起来，那时候真让人心酸。

妈妈去世的时候，我才12岁，我还是个孩子。我不懂失去妈妈意味着什么。在成长的磕磕碰碰中我明白了，在长大后看着别的同学跟妈妈一起逛街的时候，我懂了。我也懂了失去妈妈对您来说意味着什么，从刚开始您每日午夜梦回时被泪水浸透的枕头中懂了，从您低头吃饭时细碎的胡茬和逆来顺受的眉眼中懂了，从您日复一日地熬夜工作中懂了。

那次，您来学校看我，我们在附近吃面，讨论着家长里短，我抱怨这世道干什么都难。您只是笑，也不说话，低着头吃着面。您看不到我的目光，但这却是我能回忆起来的最心酸最难受的时候了。有什么比看着自己的亲人变老更让人难受的呢。

现在，我终于长大了，我终于上大学了。我是我们大家族里第一个上大学的人。您骄傲吗？我希望您能为我骄傲。因为您是我父亲，您是我从不将情绪和爱意挂在嘴上的父亲。从小到大，我从您那得到过最大的夸奖也无非一句“可以”。但我仍然要感谢您，是您让我保持了谦虚和脚踏实地的作风、豁达开朗的态度和磨难中始终积极向上的心。

现在是晚上11点31分。您或许在开车送货的路上，或许有那么一点点幸运地在睡觉。这么多年，可能到我这个年龄的同学都会明白，生活就是在路上。从白昼到黑夜，从崎岖到平坦，车窗外有渐行渐远的风景，也有渐行渐近的光亮。感谢您，父亲。您辛苦了。弟弟的学校组织旅游时，您曾戏说什么时候您才能像他们一样悠闲地出去游玩。我相信，这一天不会太远的。

亲爱的女儿：

看到你给我写的这封信，我心里百感交集。爸爸的学历不高，有很多话想对你说又不知道如何开口。

你长大了，从小时候因为剪头发而哭闹的小女孩，到如今事事有自己看法的大女孩，你确实变了很多。你能理解爸爸的苦楚，我很开心。在你的少年时代，由于距离遥远，条件限制（你们学校也不让用手机），都让我的忧心隔在了千里之外。而且那个时候是我们家里最困难的时候，除了专心挣钱，我别无他法。希望你能够理解我。

你妈妈的去世确实给我带来了很大的打击，这个不需要说你也明白。对于我来说，她是我的爱人，是我的妻子，是我的生活伴侣。没有她，我干很多事情都感觉力不从心。

说说你吧，你从小就很懂事，学习方面很少让我担心过，后来你成为咱们一大家子里第一个考上大学的，为此爸爸感到很骄傲。你说我对你的评价总是“可以”，其实爸爸是希望你明白“满招损，谦受益”这个道理。

你长大后就会发现世界如此复杂，但是即使在复杂的环境中，爸爸也希望你能内心充满阳光。世界是美好的，要用包容的心来看待这个社会，学会倾听，学会容忍，学会克制，学会不抛弃、不放弃。

很多人说，当下的中国人是没有梦想、没有信仰的一代，未来没有希望。但我认为只要有正能量的梦想，就不会偏离方向。“梦想有多大，舞台就有多大”。你如果能真正领悟前面5个字，即便你的梦想是成为富豪，爸爸也不会觉得你胸无大志。因为我相信你会合理运用手中的财富去帮助更多的人。

我相信，这只是一个开始，让我们在未来的日子相守共勉！

爱你的老爸

感悟：

我给父亲写信时，回忆起这十多年来的时光，写着写着就热泪盈眶。感念父亲这些年来对我的抚养和教育。这些年来父亲一个人经历的辛酸苦楚，越回忆越清晰。我也越来越体谅父亲每日每夜的辛劳。现在，我已经长大，已经是个能对自己负责的大学生了。在以

后的生活中我要多为父亲分忧，多跟父亲交流自己的看法。父亲对我来说，更是良师益友。我希望以后不仅能在生活中为父亲分忧，也能在思想上跟父亲交流。

2016 级国际营销（2）班　任雅慧

指导教师：范建明

6

漫漫人生路，爸爸、妈妈伴随着我成长。爸爸、妈妈是我人生中最好的老师，他们从我一出生起就无微不至的关爱我。当我牙牙学语时，是爸爸、妈妈在身边陪伴着我；当我初入学堂时，是爸爸、妈妈陪着我走入学校；当我远走他乡时，是爸爸、妈妈送我到火车站……

爸爸、妈妈在我人生的道路上引导着我前进与成长，但时光静悄悄地从他们头上的银丝划过，从他们指间的缝隙中溜走，在我逐渐长大时他们也在变老。羊有跪乳之恩，鸦有反哺之义。现在的我也应承担起一份责任，就像小时候他们大手牵着我的小手一样引领着我成长，现在的我也要牵着他们的手带着他们过上幸福的生活。

亲爱的爸爸、妈妈：

你们好吗？光阴似箭，岁月如梭，转眼之间我就要满 20 岁了。爸爸、妈妈也辛辛苦苦养育了我 20 年，我一直都有好多话想对你们说。

学习方面我从未让你们担心过，经过大一这一年的洗礼与沉淀，我更加深刻地理解了大学之道。在大一短暂的一年中，我已经通过了英语六级考试，也获得好几个奖项，学习方法上也有了改进，希望自己的内心能一直保持“不忘初心，追求卓越”。日常生活上，妈妈总是特别为我操心。记得开学的时候，我所有的床上用品都是妈妈一针一线亲自缝制而成，妈妈回去的时候还提醒我要早点睡觉。身为家里的独生子，我受到了你们无微不至的关爱。你们放心，我会谨记你们的叮嘱，学会照顾自己。

感谢爸爸、妈妈这么多年的付出与坚守，在吃穿上从未亏待过我，在教育上从没抛弃过我，在生活中一直保护着我，能够不计较我的任性，能够理解我的想法。仍记得高中中午回家时总有热腾腾的饭菜，仍记得冬天晚上睡前妈妈总要给我两个热水袋，仍记得出去玩的时候爸爸嘱咐我要注意安全……那一件件琐碎的小事，那一次次简短的对话，犹如绵绵不断的细雨，滋润着我成长。我不是一个在言语上爱表达感情的人，爸爸和妈妈这些年的辛苦与付出、关爱我都记在心上。

再过几个月，我就要满 20 岁了，20 岁意味着人生一个新阶段，以前的我总有你们的陪伴和呵护，而现在的我要学会自己去闯。即将年满 20 岁的我很迷茫，但我知道我必须要前进，也必须勇敢地承担起一份责任。未来的日子里，我要确定自己学业、事业上的目标与方向并努力奋斗。作为家里的一分子，我明白自己未来的责任重大，也明白你们这么多年一直承受着压力。我希望再过不了多久，能够分担你们一部分压力最后接过你们的重担。相信你们的儿子能行。

爱你们的儿子：崔森
2017 年 9 月 24 日

亲爱的森仔：

妈妈收到了你的来信，感到十分欣慰。儿子你长大了，懂事了，妈妈轻松了不少。

妈妈想给你说一句话："在你还拥有青春，最该奋斗拼搏学习的日子里，切莫荒废。"我要求你用功读书，不是因为我要你与别人比成绩，而是因为我希望你将来会拥有选择的权利，而非被迫谋生。

森仔，妈妈相信你，努力奋斗吧！

永远爱你的妈妈
2017 年 9 月 26 日

感悟：

父母对我无条件的关爱与照顾，在我人生的道路上不断指引着我成长。翻开记忆中的旧照片，当年的爸爸、妈妈还是容光焕发，而如今头上已经满是银丝，当年那个小男孩如今也已经长大成人。爸爸、妈妈将自己这 20 年的时光大都投入在我的身上了。

古语有言，百善孝为先。爸爸、妈妈也是这样从小这样教育我的。他们辛苦工作，孝敬老人，哺育子女，希望将这份孝心一直传承下去，这份重担现在又即将落在我的身上。想起父母多年的教导与关爱，我就更觉得自己应当感恩父母、回报父母。

励志成长

1

我在家和爸爸一般是属于零交流，都是自己做自己的事，多数情况下都是不会相互过问的，基本无话可说。不过，碰巧的是，我和我爸还是同一天的生日，可以说这也算是父女间的一种缘分吧。也可能正是由于这一点，使得我们俩性格太过于相像，都不善于交流，不喜欢相互倾诉。而这种距离感在相处时真的很让人头疼和无奈，所以我想跨出这一步，打破这种关系，通过写信来表达我内心的一些真实感受。

爸爸：

这是我第一次拿笔给您写信。

在现在这个信息高速发展的时代，写信已经渐渐地淡出了人们的生活，而手机则成了人们日常交流的工具。但在我看来，写信其实更能传递人们之间的真情实意，所有的情意都体现在了字里行间、一笔一画里，也能说出一些不敢当面说的话。所以，借此机会，我想到了用写信的方式来跟您谈谈我的一些想法。

我今天想和您说的就是我们俩之间一直存在的一道“障碍”——生疏。我也不知道为什么，从我有记忆开始，我就和您不亲近，有一种莫名的距离感，我们父女俩从来没有过所谓的闲谈，我们俩在家的关系真的就像萧亚轩的一首歌的歌名那样——《最熟悉的陌生人》。我的很多事情、想法我都会选择跟妈妈说，却不愿意和您分享，因为我真的不知道该怎么和您开口，不知道该怎么和您交流，不知道该怎么打破我们之间的这种尴尬气氛。

在这之前，您和我之间唯一的话题就是我的学习，除了询问我的学习情况、帮我解决一些学习上的困难之外，我们之间就再也没有其他多余的话了。每次放假回家我也试着主动找点话题和您聊聊，和您聊聊学校里的日常琐事，可还是说几句话之后就变得沉默。可能是因为我们俩都是不擅长交流沟通的性格，也可能是我们以为足够了解彼此却又不真正的互相了解，还可能是因为前十几年的空白期，我们之间已经习惯了这种定性的相处模式，不是轻易就能改变的。

但是，我知道其实您也有很多话想对我说，因为有时在过节您喝了酒后，也会和我谈很多，讲我小时候的一些趣事，往往这时候才是我们相处最融洽的时候。

我也知道即使平时我们之间没有过多的话语，您也在默默地为我做很多事。您会在每次我放假回家的时候亲自下厨给我做好吃的；您在对我的生活花费上也非常大方，而自己却不舍得买些营养品之类的东西补补身体；生活中的很多小事您都会帮我打理好，有困难您也会尽力去帮助我解决，在妈妈责骂我时您也会帮我说话……总之，您给我的关心、付出我都看在了眼里，虽然没有真实表达过，但我还是想在这里对您说一声：“爸爸，谢谢您，您辛苦了！”

您的女儿：黄林玉

女儿：

爸爸收到你的来信很惊讶，没想到你会给我写信，还会对我说出你心里的这些想法。爸爸从来不知道你心里有这么多的烦恼，是爸爸不够了解你，以后爸爸一定会多和你沟通。爸爸相信只要我们多交流就不会有你说的那种感受了。

爸爸还想给你说，爸爸有时对你严格，会因为你的一点小错误就责骂你，这是爸爸的错，这可能也是造成我们之间的关系不融洽的原因之一。爸爸以后会注意的。以后爸爸一定会多听你的意见，也希望你能谅解爸爸。

你一直是爸爸心中的乖女儿，爸爸对你一直很放心，相信你未来一定会过得很幸福。加油，女儿！

爱你的爸爸

感悟：

这次给爸爸写信，在写之前我其实都想了很多，但在寄出信的那一刻我心里就仿佛落下了一块石头。因为有些话憋在心里久了真的会很难受、很压抑，当你用一种适当的方式表达出来后就有一种豁然开朗的感觉，这时也不会去在意结果是怎样的了。

这次之后，回去面对爸爸时其实还是有点尴尬。不过，经过这次沟通后，我们之间的关系还是有所缓和，至少我们多了些交流，彼此之间不再像之前那样沉默寡言。这证明我的选择是对的，也提醒我以后还是要和父母多进行深入的沟通交流，用自己的陪伴和真情来回报他们。

我一直很喜欢一句话“你养我长大，我陪你变老”，其实父母和儿女之间的感情不就应该这么简单吗？父母是最疼我们的人，是我们最坚强的后盾。我们长大了，成年了，独立了。我们不再依靠父母来解决所有问题，逐渐地脱离父母的庇佑，也面临和父母的分离。这时候，我们是否会时常和父母联系？是否会因为忙而经常忘给父母打电话聊家常？是否会慢慢地忘记了父母其实也需要我们的陪伴而疏忽了他们？我们最需要做的就是像小时候父母陪伴我们成长一样去陪伴他们，因为他们要的也很简单，就是我们时常的陪伴和交流。

2016 级国贸（1）班　黄林玉

指导教师：胡万钦

2

我作为一名当代大学生，基本上一学期就回家一两次。大概是平时见面太少，所以父母偶尔也会给我打电话。由于自己从小就很独立，和父母的交流也比较少，所以常常是说了那么一两句之后就不知道说什么了。父母也是那种不善言谈的人，所以每一次的通话基本都是在最后的沉默之中挂断的。其实自己明明心里面很思念父母却不曾在电话里面说一句，“我想你们了，你们还好吗？”

这次真情传递，恰好给我提供了一个很好的机会，让我可以完成自己的小小心愿，好好地给爸爸、妈妈表达一下自己一直不敢表露的感情，真真切切地告诉爸爸、妈妈，女儿是真的很想念你们。也希望通过这次书信交流，拉近彼此的感情，让我们都明白，即便时光变迁，父母与孩子之间的感情始终亘古不变。

亲爱的爸爸：

您好！

见字如面，最近过得好吗？好久不见了，很想您。

除了想念您之外，还是要好好说说您，知道您很爱抽烟，但是抽烟对身体不好，您要照顾好自己的身体，身体是革命的本钱，要好好珍惜，我希望您每天都可以快快乐乐的。

您和妈妈也离婚几年了，之前我在家还可以帮忙做一些事情，如给您做饭、洗衣服等。如今，如果不是节假日，一般情况下我也没有回去，留在学校学习或者干一些其他事情。爸爸您老爱吃速冻食品，要不就是一直在外面的餐馆吃饭。我知道您上班很累，但是速冻产品是没有多少营养的，也不能保证是否干净、卫生。您要好好地照顾自己，我很担心您。

平时，我们偶尔会打一下电话，但每次的聊天时长都只有几分钟，感觉很陌生，没有太多的话要讲，就问一下吃饭了没有，然后就没有话说了。而我，或许和您一样不善言辞，不知道如何去表达自己对您的感情。

知道您喜欢打牌，但是每次都打到深夜，第二天又很早要去上班。这样对您的身体真的不好，作息一定要有规律。也知道您爱抽烟，但是抽烟对身体伤害很大，女儿希望您能少抽烟，爱护自己的身体。

很想您，记得照顾好自己。

爱您的女儿：苏渝

2017 年 9 月 14 日

妹儿，晓得你是为了我好，但是我已经养成了这么多年的习惯，一时半会是改不了了，以后我会注意的。你也别太担心我，照顾好自己。以后我尽量少抽烟、少打牌。

爸爸

亲爱的妈妈：

您好！

见字如面，我很想念您，您最近过得好吗？您是不是还那么省吃俭用。

时光飞逝，今年的我就满 20 岁了。

在这 20 年里，我知道您过得特别苦，特别的不容易。为了养活我，让我过得好一点，像别人家的孩子一样吃饱穿暖，您真的付出了太多太多，以后我会好好报答您的。妈妈，我爱您。

您自己身体本就不好，却还是要省吃俭用省下每一笔钱，一分钱、一分钱地为我攒下来。您比以前瘦多了，我很心疼您，您要照顾好自己。

妈妈，您担心学校的同学看不起我，觉得我家贫困。我常常对您说：“您真的不用担心我，同学们都很友善，没有看不起我，而且我自己也在努力学习，一切都会慢慢地好起来的。”您也常常担心我会被同学排挤，因为我是单亲家庭的孩子。其实，妈妈，真的不用担心我，同学们不会排挤我，我们相处得十分融洽。

虽然我经常会给您打电话，问您过得怎么样。可您老说，我很好，不用担心我，自己在学校好好照顾自己。但是我怎么能不担心您，您一个人在家，为了省钱，不舍得吃、穿。您要照顾好自己，不要担心我，不要想得太多，我会好好照顾自己的。

我很想念您！

爱您的女儿：苏渝

2017 年 9 月 13 日

女儿，妈妈永远是你最坚强的后盾，你不用担心我。你在学校要好好照顾自己，努力学习，也要多吃点，你太瘦了，在学校也要开开心心的，不要担心我，我在家很好的。

妈妈

感悟：

这是我长这么大以来，第二次给父母写信表露自己的想法，距离第一次写信已经过去了许多年，再次提笔写信，心情仍旧是许久不能平静。

写信的时候，我静静地坐在椅子上却思绪万千，脑子里面一直都是父母和自己在一起的种种画面，眼泪总是控制不住一个劲地往下掉，再看看现在的自己，孤身一人，才突然发现，好像自己已经有段时间没有和父母联系了，也不知道现在的他们怎么样了，过得好不好？开始深刻认识到自己平时和父母的交流实在是太少了，在家的时候忙于学习，上大学离开家以后没有那么忙碌了，却变得害羞起来，不愿意、不敢去表达自己的感情，总是把自己对爸爸、妈妈的爱和思念之情压抑在心里面，真的是太不应该了。爸爸、妈妈给我打电话也肯定是想我了，可我却总是三言两语之后就开始变得沉默。以后，自己一定要经常给爸爸、妈妈打电话或者发短信，和他们聊聊自己在学校发生的事情，让他们知道我每天都在干吗，过得怎么样，不让他们担心在外上学的女儿，同时也要不忘说一句：“我很想你们，记得照顾好自己。”从来没有听到过我讲这句话的他们，突然从电话中听到了，应该是很高兴的吧。

父母已不再年轻，我应该好好珍惜和他们相处的时间，好好地爱父母、关心父母，让他们不感到孤单，开开心心的。

2016 级国际市场营销（2）班　苏渝

指导教师：范建明

3

时间是公平的，它在使你成长的时候，也在让你的父母变老。因此，孝顺，应当从现在做起，从当下做起。

小时候的我，幼稚且不懂事，只知道向父母索取，从未想过为他们付出些什么，也从未懂得他们面容下隐藏的辛酸和苦累，反而因为他们不能满足我的情感需求而抱怨，现在想来，当真是可怜又可笑。懵懂无知的我，以年龄为武器，心安理得地伤害着他们，因此，我想借着这封信，在这里，向他们说声抱歉。

随着时间的推移，我的年龄在慢慢增长，我的心理在慢慢成熟。看着他们越发密集的白发和皱纹，瞧着时间在他们的身上留下岁月的痕迹，我急在心里。因此，我想借这封信，传达我内心的愧疚和我对他们的感情，消除我们之间的隔阂以及不理解，从而实现自我救赎。

这封信，是我表达对父母感激的起点，也是我跟父母关系亲密的转折点。从这封信写下的那一刻起，我也将从现在起、从当下起去孝顺他们。

敬爱的母亲：

您好！请原谅我以前的任性和不懂事。由于您外出务工的原因，我从小就渴求您的关心和爱护，但更因为您在我成长路上的缺席，我曾经运用言语和行为对您进行攻击。在此，我为我以前对您的任性、抱怨、误解郑重道歉。

在我小时候，您便外出务工了，把我交给外婆抚养。刚开始的几年，您都不曾回家。每次过年，我看到别的小朋友们高高兴兴地迎接他们父母回来，看到他们在父母的怀里撒娇。您不知道，我也多么渴求您能够回来，我们能一起吃一顿团圆饭，我能够在您怀里撒撒娇。还记得您第一次回来，过完年之后要走的情景吗？我当时泪流满面，紧攥着您的衣袖，哭喊着不让您走，现在回想起来，还是有一些伤感。后来我渐渐长大，我能够很好的控制我的情感，虽然每一次我都舍不得您离开，但我不会再哭闹。随着您一次次地离开，我对您的怨恨也逐渐增加。有时候，我会想，您为什么要让外婆抚养我，而自己却外出务工；您对我到底有没有感情，难道我只是一个您想甩掉的包袱。现在想来，我那时应该是想通过这种幼稚的行为向您表达我对您的怨恨和想得到您关爱的渴求吧。

现在，随着年龄的增长、心智的成熟，我能够逐渐体会到当初您的心境。当初，我的出生对本就不富裕的家庭来说，又增加了一笔开支。您为了维持家庭，选择了外出务工，也是迫不得已。天底下没有哪个父母不爱他们的子女。这几年，您不但要承受工作压力，还要承受我的抱怨。现在，我能够逐渐地体会到您的感受，去感受您一言一行中那深藏的关爱。随着我的长大，您的白发和皱纹也变得密集起来，我不想以后因为“树欲静而风不止，子欲养而亲不待”而流下悔恨的泪水，希望我们以后能够互相体谅，像朋友那样开心快乐的相处。

祝：开心快乐，幸福美满！

您的女儿：唐玉珠
2017 年 9 月 26 日

亲爱的女儿：

收到你的来信，我既激动又开心；读完你的来信，我又生出几分懊悔。自从我开始在广州务工后，由于种种原因，我们母女之间的联系越来越少，逢年过节的时候，我也不是都能够回去的，这便使我们母女之间的距离越来越远，我们之间的感情也越来越淡薄。

你的来信，让我明白，在你成长的这几年，由于我的缺席，让你承受着怎样的孤独和渴求的煎熬。但让我高兴和感动的是，现在的你，能够理解我们作为父母的苦心了，能够明白没有哪个做父母的不爱自己的孩子，并且不再像以往那样抱怨我们在你成长过程中的缺席。你在信中对我们的体谅，让我觉得这几年在外务工的辛酸和苦累都是值得的。其实，在外务工的这几年，我也十分想念你，每次和你通话，都让我倍感珍惜。但由于我们之间的隔阂，我们每次通话的时间变得越来越短，通话的次数也越来越少。你知道吗，面对这样的情况，我也只有干着急，每次都只好旁敲侧击地从别人那里了解你的情况。

女儿，通过你的来信，我知道了我们之间的相处存在些许问题，我也懂得了你是多么渴求能感受到我对你的关心和爱护。你放心，今后我一定会注意这方面的问题，我们一定可以像朋友那样开心快乐的相处。

爱你的母亲

2017 年 9 月 29 日

感悟：

通过大学生思想政治理论课实践教学的真情传递环节，让我有理由写下这封期盼已久的信件。经过我与母亲信件的互动，我们之间的隔阂得以消除，我们之间的关系得以好转，我们之间的感情得以升华。

这封我期望已久的信件，以另一种方式记录了我与母亲关系的转变。通过这封信，我终于说出了我藏在心里的话，信中提及了我小时候对母亲的抱怨，对母亲情感的渴求和长大后对母亲的体谅。母亲的回信中，字里行间都流露着缺席我成长过程的内疚以及对我深深的关心和爱护。这种与母亲思想层面的交流是从未有过的，也许正是因为这种思想层面的交流，才使得我与母亲的关系越来越好，才使得我与母亲的感情越来越浓，年龄、思想、行为，都不再是我们之间的沟壑，把生养之情、感恩之情幻化成纽带，连接我们彼此，拉进心与心之间的距离。

这封信是我和父母关系转变的开始。在他们余下的时光中，我会心怀感恩，不让行为和时间成为将来后悔的理由。我也会站在他们的角度，去理解他们的无奈，从他们的一言一行中寻找那包裹着的层层的深深的爱。

这只是开始，在余下的时光中，我们一定会幸福快乐地生活在一起。

2016 贸经（3）班　唐玉珠

指导教师：陈松

4

我是一个快满20岁的大人了，我心里时常也有不如意——因为我是一个十足的“留守儿童”。我的父母在我四岁的时候就外出打工了，留下我在老家和爷爷、奶奶以及一个堂妹一起住。

因为堂妹的爸爸、妈妈也出去打工了，所以我欣然接受了这种只有暑、寒假才能见到爸爸、妈妈的生活。可是没过两年堂妹也被她的爸爸、妈妈接走了，从那时起我开始觉得我是一个不被父母疼爱的孩子了。印象最深的是，有一年暑假，从爸妈打工的地方回到老家，我非常想念他们，每天都因为想爸爸、妈妈哭得厉害。由于我哭个不停，奶奶甚至还找了做法事的人，结果我还是一样不顾一切地哭。奶奶实在没办法了，就给妈妈打电话叫她回来看看我。妈妈推辞了好几天，最后还是回来了。可是，我的表现并没有想象中那么激动，没有直接扑到妈妈怀里撒娇，可能是我被妈妈的“推辞”伤害了。之后，我再也没有那样哭过。

我叛逆、敏感。我没法和父母亲近和交流，甚至有些责怪他们。这次思政作业对我来说，是一个契机，我可以好好和父母吐露心声了，还能以必须要交的作业为由，听到他们想说的话了。我想用我和父母的这一段故事告诉大家——叛逆的我们终究是需要爱父母和被父母爱的。

爸爸、妈妈：

你们好！

从来没有给你们正式写过一封信，也许我们一家人都属于不会表达情感的人。特别是我，既没有言语上的也没有行动上的，为此我感到很抱歉。

我不知道我如果发生什么事情我的父母会不会赶来，或者会请某一个亲戚去处理这件事，事实是此种事情会常常发生。比如我一直住在别人家里，再比如你们很少参加我的家长会。因此，我要求自己不能发生什么事情，毕竟让亲戚去处理我的事情会更加丢脸。由此，我常常缩手缩脚，受了很多委屈。我很清楚地知道你们没和我生活在一起主要是因为工作。请原谅我的不懂事。

尽管19年的生活有些不如意，我仍然感激你们带我来到这个世界上，让我能够体会世间百态，感受人生精彩。你们辛苦了！

这么多年我一直要求自己做一个争气的孩子，小升初、初升高都可以说是没有遗憾。上的大学虽然不是第一志愿，但是我也慢慢接受了我的专业并且在努力学习。在大学里我也没有放松、懈怠。我做义工、参加辩论赛、写策划书……忙得停不下来。当然，这些付出也都是有回报的，这一年里我也得了很多奖，如新生入学奖、“会计杯”辩论赛季军、“爱英语”演讲比赛二等奖、军训优秀学员等。最近，我又被评上了校级优秀学生干部和综合优秀三等奖学金，平均综测成绩班上排名第六。我会继续努力，争取得到更多的荣誉！

洋洋洒洒写了一堆真情的文字，希望得到你们的回复。

你们的女儿：何燕廷

2017年9月16日

小女：你好！

我们从你四岁就开始出来打工，你哥哥那时开始读高中。你爷爷、奶奶都有病你是知道的。我们在外这么多年心里每时每刻都牵挂着你一切。每年过年回家时，看到的都是你从学校里拿到的“三好学生”“优秀学生”奖状等，我们的心情是多么的高兴，是多么的骄傲。

转眼你就19岁了，你已是一个合格的大学生了，现在也叫一个成年人了，家里的一切事情你是知道的，爸爸、妈妈在外面的情况你也可能了解。为什么我每天都要去给你爸爸洗衣服？是因为你爸爸基本上每天都要加班到晚上的深夜，太累了。而我有时晚上也是加班到深夜，你说这是为什么？从我的角度来看就是没有文化。

所以，我们的辛苦希望换来你们的幸福。我们再苦再累心里也是高兴的。古人说，人的一生是命中注定的。现在这个社会就不是了，指的是只要你自己去拼搏，命运是可以改变的。希望你努力学习，放松心情，走出一条美好的人生路。女儿，爸爸、妈妈是永远爱你的，不管做什么事情，爸爸、妈妈都是支持你的。加油吧！我们的好女儿！

爱你的妈妈

感悟：

一封书信，并不能解决我和父母之间十多年的问题，通向彼此心里的路还很漫长，但是这次作业让我进行了一次深刻的反思。天底下的父母都是爱自己的子女的，如果不是有万不得已的苦衷有哪位母亲愿意离开自己的女儿呢？我是不是有的时候处理事情的态度不够好了呢？我是不是应该主动靠近他们去尽一份孝心呢？于是我决定开始采取行动了。

当然了，刚开始做一些事情的时候是有些尴尬的。比如我想给妈妈按摩，不知道怎么开口，我就说：“妈，我同学教我按摩了，你要不要试试?”

我的父母文化水平不高，也不会表达，他们这一辈子勤勤恳恳地工作都是为了他们的孩子可以过得和其他孩子一样好；作为“90后”，在我为祖国和社会做出我的贡献之前，我必须先为我的家庭做出我的贡献、孝顺我的父母、建设我的家庭，这才足以支撑我去做一个为祖国的繁荣富强奋斗的新时代青年！

所以，叛逆的我们终究是需要爱父母和被父母爱的。

2016级会计（4）班　何燕廷

指导教师：罗琼

5

在我印象中，爸爸是一个严厉且不会表达情感的人，而且爸爸目前在外地工作，一年我们也见不到几次面，即使见面了许多想对爸爸说的话也不太能说出口。这个真情传递的作业正好让我有机会把我说不出口的，把我对爸爸的关心和曾经因为不懂事而犯的错道歉等的一些话，通过写信的方式给我爸爸看，让他知道女儿的成长、女儿的思念、女儿的关心。很希望通过这次真情传递，能让我和我爸之间的一些隔阂消失，让我们的关系变得更加亲密，让我们平时能有更多的交流。

我的爸爸：

我们大概已经有一个多月没见了吧，挺想您的。这是一个思政作业，也是我第一次给您写信。原谅我这个不称职的女儿，平时很少关心您，也没有经常和您聊天。其实我也一直想说：对不起，爸爸。

我小时候不懂事，很多时候都没考虑到您的感受。您的甲亢病越来越严重，您也越来越瘦……这些我都没有注意过。平时我也很少和您聊天，但您在离开这个家之前语重心长对我说的话，我至今还记忆犹新。您说“叫我听妈妈的话，好好学习，说以后生活得不好随时可以来找爸爸……”说得您这个大男人也红了眼。但是，您离开家之后，我都没有对您说一些关心的话，一些对不起的话也再也说不出口了。

后来我叛逆，不听话，很是伤了您的心。我记得我初中从妈妈家跑出来，突然和您说我想和您住在一起，您也是放弃了当时去成都工作的机会，让我和您生活在了一起。那时候您每天工作回来那么累，我却依旧和阿姨吵架，和您吵架。我每周末回来都玩电脑，晚上偷偷玩手机，这些都让您生气，让您失望。对不起，我的爸爸。

后来，我又和妈妈住在一起了。这时您去成都工作了，只有每次过节才能见到您。每次见面您都会和我聊一些有关生活、学习上的事，教育我要好好学习知识，长大以后做一个对社会有用的人。

我记得有一次暑假和堂妹一起去成都找您，周末休息两天您都陪着我们去我们想去的地方玩，我却依旧耍脾气，还和您吵架。

我看到您和阿姨生活得开心，我也很开心的。我知道您很在乎我、关心我，我却只能隔很久才能见您一次，每次看到您越来越瘦，越来越苍老，仿佛我一天天长大，那个曾经高大的爸爸，已经随着时间慢慢变老，不禁有些心酸。您曾经问过我，您老了之后就去农村种菜、锄地，问我有空会不会去看您，我却说不会。当时您有点伤心，我也没怎么解释我说这话的意思。其实，我是因为并不想您生活在农村。农村虽然远离城市，生活比较轻松，但是，农村的医疗条件等方面相对城市要差一些。所以，我想以后等您老了，我给您在那种舒适安逸的地方买一小房子，您偶尔去住住。我希望您住得离我近点，可以让我经常去看您。这些当时我应该说出来的。对不起，我的爸爸。

我想让您慢些变老，让我有更多的时间来陪您、照顾您，让我做一个称职的女儿。现在我也上大学了，在学习上我还拿到了奖学金，虽然钱不多，但也算是我靠自己挣到的第一笔钱。我也知道如何照顾自己了，所以爸爸您不要担心我。此外，您工作不要太辛苦了，少抽点烟，少喝点酒，有什么烦恼和开心的事都可以在微信上和我说，要经常联系哟。我爱您，我的爸爸！

您的女儿：伍彦霜

女儿：

爸爸回来认真地看了你写的信，很是感动！

我的女儿其实早就长大了、懂事了，只是爸爸不知道，爸爸以为女儿还是贪玩、没有目标、做事没有恒心、没有意志力的小孩子脾气，是爸爸错了。但爸爸知道女儿考上大学完全是自己努力的结果，今天知道女儿还得了奖学金，知道那也是你坚持不懈的努力学习才得到的。女儿也要坚信努力终会有回报！

原谅爸爸没有给你一个圆满的家，也没有给你更多关心。

女儿，放心吧！爸爸还年轻，也知道照顾自己。希望今后女儿多给我讲讲你日常生活、学习的情况，父女之间能有更多的沟通。好了，今天就聊这么多吧。晚安！

爸爸

感悟：

这次真情传递，我把之前所有想说的心里话都写在了信里面，为曾经的一些误会和不懂事向爸爸道了歉。爸爸看了信后非常感动，为女儿长大了、懂事了而感到非常欣慰。

父爱如山，这种无形的爱我现在才深深地体会到。我小时候不懂这种爱的方式，觉得父亲不关心我、不爱我，所以才让我和父亲之间的关系越来越疏远。但是血浓于水，我们之间的感情是不会被时间和一些误会而冲淡的。

这次真情传递让我们父女之间的关系更加亲密。现在我和爸爸经常通电话，而且我们见面的时候也会有许多话题可以聊了。希望大家都可以把自己想说却说不出口、想表达却表达不出来的爱和关心，都通过文字传递给自己的亲人和朋友。

2016 级金融数学　伍彦霜

指导教师：杨娟

6

有人曾问我责任是什么?

遥望历史长河，责任是顾炎武“天下兴亡，匹夫有责”的忧民意识，责任是杜甫“安得广厦千万间，大庇天下寒士俱欢颜”的担当，责任是范仲淹“先天下之忧而忧，后天下之乐而乐”的家国情怀……

立足当代中国，责任是屠呦呦“呦呦鹿鸣，食野之蒿。我有嘉宾，德音孔昭”的坚守，责任是王珏“碧草之芬，幽兰之馨”的助人精神，责任是卢永根夫妇“种得桃李满天下，心唯大我育青禾”的奉献情结……

责任并不空洞抽象、深不可测。责任就在我们身边，它像涓涓细流，浸润着生活的点滴。责任是对父母的承诺，是对学习、工作一丝不苟的态度，是对家庭的关怀和对国家繁荣富强的祝福。

习近平在全国青联十二届全委会和全国学联二十六大上提出：“当代中国青年要在感悟时代、紧跟时代中珍惜韶华，自觉按照党和人民的要求锤炼自己、提高自己，做到志存高远、德才并重、情理兼修、勇于开拓，在火热的青春中放飞人生梦想，在拼搏的青春中成就事业华章。”①这是国家领导人对我们的期许，也是我们义不容辞的责任和担当。

当代大学生理应主动担责，承担起历史和国家的使命，不辜负父母和老师对我们的期望。让责任的光芒熠熠生辉，让勇于担责蔚然成风!

一、给笔友阿七小妹妹

亲爱的阿七：

你的大学生活也开始一阵子了吧！作为你的小学姐，今天首先我想和你分享探讨的话题是关于担当和责任，关于理想信念！

我知道对于很多大一新生来说，大学意味着“天堂”“游乐园”，刚从高考枷锁中挣脱出来的你们，渴望自由和独立，以所谓的“解放”编织着自己向往、憧憬的大学梦。我也道听途说过许多关于大学是如何成就或摧毁一个人的故事。但是，今天在这里我只是想以一个过来人的身份和你聊聊理想与责任、信念与担当，以及对如何“经营”好你自己的大学生活的建议。希望这些不只是苍白无力的说教，而是真的可以让你有所感悟、有所收获。

林肯说过：“每一个人都应该有这样的信心：人所能负的责任，我必能负；人所不能负的责任，我亦能负。如此，你才能磨炼自己，求得更高的知识而进入更高的境界。”当然伟人的思想总是那么崇高，我不奢求你去承担你本不能负的责任，但我真心希望当代大学生都可以承担起努力发展自我的责任。阿七，你要明白：你大学生活的开端就是你以成

① 习近平. 习近平致全国青联十二届全委会和全国学联二十六大的贺信［N］. 人民日报，2015-07-15（1）.

年人的姿态面对这个世界的第一步，大一生活总是掺杂着未知与惊喜（当然也有可能是惊吓）。我希望你可以合理地规划你的闲暇时间。例如：加入学生会，结交一群志同道合、可以互相激励的朋友，拓展你的人际圈，提升你的社交能力；加入一两个自己感兴趣的社团，坚持做自己喜欢的事情、培养自己的兴趣爱好是一件很享受的快乐的事情；如果各方面条件允许的话，可以尝试参加志愿者活动，传递温暖的同时也可以感动自己。渐渐地，你会为自己的存在和帮助他人让别人的生活更加美好而感到由衷的欣慰。你会因为自己小小的善举而收获满满的认同感和收获感。另外，我建议你可以多读书、读好书，不断丰富自己的内涵，因为“好看的皮囊千篇一律，有趣的灵魂万里挑一”，我希望你可以做一个自带“书香气”的女孩。最后，我希望你可以热爱生活，坚持锻炼身体。因为你有责任和义务为你的家人和未来的家庭以及你自己保持身体健康。我希望你可以承担起这份责任，善待自己，充实而愉快地度过每一天。

其次，我想和你谈谈你的专业。你曾向我抱怨，父母不支持你填报新闻专业，觉得该专业就业率低、前景不明朗。其实，没有绝对的专业对口，现代社会需要的是综合型人才，看重的是你的组织能力和综合素质。不论你学习什么专业，我都希望你可以“博学”，扩大自己的知识面。专业课程一定要认真学，不要抱着“及格万岁”的心态去敷衍了事。

阿七，欢迎你来到成年人的大学生活。我真心希望你可以培养良好的学习、生活习惯，以乐观向上的心态去面对未来人生道路上的风风雨雨。只愿你在这个擅长随波逐流的世界里可以勇敢地做自己，在这个习惯性逃避责任与担当的社会里可以勇敢地承担起本属于你的责任。

最后，只愿你可以成为那个“眼里长着太阳，笑里全是坦荡”的自己！

Fighting！Life is a journey to experience，to learn and to enjoy！

静曦（刘叶静）

2017年9月20日

亲爱的静曦：

虽然还未收到你的来信，但已感受到了你对我的迫切需要。于是，执笔在今晚为你写下这封充满情谊的回信——关于责任和担当。

曾经我是一个小学生、一个初中生、一个高中生，现在是一名大学生。虽然责任没变，但担当变了。

作为一个公民，我们也有自己的责任和担当。让社会变得更加文明，是我们的责任。有一位叫郝劲松的公民在地铁购物和使用收费厕所，因为没有得到发票，于是把铁道部、国家税务总局、北京地铁等单位告上法庭。他只是个普通的学法律的学生，却以“公民”的名义打官司。两年多，他打了七场官司。最后，他因对“打破行业‘霸王条款’起到了一定作用”而入选“2004年构建经济和谐十大受尊崇人物”。

“在强大的机构面前人们往往除了服从别无选择，但是我不愿意。”他说，“我要把他们拖上战场，我不一定能赢。但是，我会让他们觉得痛，让他们害怕有十几二十几个像我这样的人站出来，让他们因为害怕而迅速地改变。”

他说：“能独立地表达自己的观点，却不傲慢；对政治服从，却不卑躬屈膝。看到弱者知道同情，看到邪恶知道愤怒，我认为这才算是一个真正的公民！”

希望你我都能成为这样一个有责任和担当的公民！

阿七

2017 年 9 月 25 日

二、给笔友铭哲小弟弟的信件内容

铭哲小弟弟：

你好，今天我想和你分享的话题是关于责任、梦想、信念与担当。

有人曾问我：责任是什么？我记得我当时愣住了。因为我从未想过会有人这么突然地问我如此高深的问题，而我也一直为自己当时肤浅的回答而感到羞愧。我回答道：责任就是清楚明了地知道自己的历史使命，然后自觉又毫无怨言地承担促进这个社会和谐发展的一些事情。比如服兵役、无偿献血、给老人让座……

责任意识是一种传统美德，我国自古以来就重视责任意识的培养。“天下兴亡，匹夫有责”，强调的是热爱祖国的责任；“择邻而居”讲述的是孟母历经艰辛、勇于承担教育子女的责任；“卧冰求鲤”是对晋代王祥恪尽孝道为人子的责任意识的传颂。一个人，只有尽到对父母的责任，才是好子女；只有尽到对国家的责任，才是好公民；只有尽到对企业的责任，才是好员工。只有每个人都认真地承担起自己应该承担的责任，社会才能和谐与可持续发展。

关于你想去服兵役这个问题，你不止一次地询问过我的意见。我也一如既往地支持你。不怕你笑话，静姐我也曾有一个“军人梦”！所以，如果可以的话，你入伍也是帮我完成了梦想。

我一直都很敬佩解放军，他们上天刺苍穹，入海擒蛟龙，陆上猛如虎，保家卫国显峥嵘！我也一直很喜欢这两句话：你之所以看不见黑暗，是因为有人竭尽全力，把黑暗挡在你看不见的地方；哪儿来的岁月静好，只不过是有人在替你负重前行！的确，如今生活在和平时代的我们，更应该承担起各项责任，为早日实现中华民族伟大复兴的中国梦贡献出自己的一分力量！

静曦（刘叶静）

2017 年 9 月 18 日

我们，“90 后”能为社会做些什么？

俗话说：“当兵后悔两年，不当兵后悔一辈子。”我很赞同这一说法。作为子女，孝敬父母是我们应尽的责任；作为学生，努力学习是我们的责任；身为中华人民共和国公民，保卫国家服兵役更是我们应尽的责任和义务。在我大学毕业后，我也会响应国家号召，踊跃报名参军入伍。我曾以为，责任只是霍去病“匈奴未灭，何以为家”的戍边拓土之志；我曾以为，责任只是林则徐“苟利国家生死以，岂因祸福避趋之”的振国安邦之任……可我现在想说，不！责任不止这些。

是啊，责任其实很真实，像一条涓涓细流，在你我的不断担当之下，汇聚成江河，汇聚成大海。一次卫生的打扫，这是责任，你应该认真打扫；一天课程的学习，这是责任，你应该全力以赴、专心听讲、认真笔记……只要我们在喧嚣的尘世中静下浮躁的心，我们就会发现，责任就在身边，做好属于自己的事，我们就能成为一个有责任心的人。

向中国军人致敬，向在社会中承担责任的每一个公民致敬。

西安欧亚学院文化休闲服务系旅游管理1705班
许铭哲
2017年9月23日

感悟：

责任的确是一个经久不衰的话题，通过与两位“灵魂伴侣”——笔友的交流探讨，让我们对如何充实而有意义地度过自己的大学生活有了更加深刻的思考。

林肯说过：“该负的责任，逃得了今天，逃不过明天。”的确，只有勇于担责，我们才能够主宰自己的命运，也只有主动担责，我们才能够创造出更加光辉灿烂的未来。正所谓：天将降大任于斯人也，必先苦其心志，劳其筋骨，饿其体肤，空乏其身，行拂乱其所为，所以动心忍性，增益其所不能。

作为新时代的主人，我们理应为了实现中华民族伟大复兴的中国梦而奋力拼搏；作为当代大学生，我们更应该勤学笃实，将“工匠精神”运用于学习中，一丝不苟、专心致志。作为子女，我们应该主动关心父母，多让父母进入我们的世界，多多分享我们的想法、观点；作为普通公民，我们则应该自觉遵守国家法律法规，履行公民义务。

“士不可以不弘毅，任重而道远”，我们应当自立自强，在改革创新的时代浪潮中，争做奋进者、开拓者、创造者。

2016级社会工作（1）班　刘叶静
指导教师：陈丹妮

第二单元

正能量传递

爱国篇

1. 永远高举爱国主义的旗帜

正能量传递

五星红旗迎风飘扬，胜利歌声多么响亮，歌唱我们亲爱的祖国从今走向繁荣富强。

我的家乡与缅甸虽然只有一河之隔，但这短短的距离隔开的却是两个世界，在河的另一边正在饱受着战争、饥饿和贫穷的折磨。大多乡镇和城市经济发展刚有起色，一仗又跌落谷底。在我们大谈自己的梦想，天南地北去闯，夜夜安然入眠的时候，他们还终日惶恐何时才是真正的安定。我们的国家虽然还有不足，但她能为我们遮风挡雨，让我们有梦想可以去实现，我们应与她共进退，实现我们的“中国梦”“强国梦”。

正如鲁迅所说：“愿中国青年都摆脱冷气，只是向上走，不必听自暴自弃者流的话。能做事的做事，能发声的发声。有一分热，发一分光。就令萤火一般，也可以在黑暗里发一点光，不必等候火炬。此后如竟没有炬火：我便是唯一的光！”

感悟

我们这一代出生在和平年代并未真实体验到战争的残酷，每个人都已经习惯了安全的环境。

战争摧毁了无数人的家园，让肥沃的土地变得荒芜。我想以我们家乡那边的事情来告诉大家，我们不应该发动战争更不应该忘记战争，要永远记得我们现在的安定是因为有人为我们负重前行。更要以别国的事来讲一个中国故事，中国经历了多少风和雨才走到了现在，从一穷二白的人口大国走到现在的世界第二大经济体，没有像别的国家一样以杀戮堆积起来的财富。英国人自己说过，如果把大英博物馆的东西还给别的国家，那么大英博物馆也只是空馆一座。我想以自己微薄的力量传递给同学们——就算中国再不好，她也能为你遮风挡雨，可以公正批评，不要恶意中伤。

2016 级公共事业管理专业　段绍弘

指导教师：文敏

2. 中国梦，我们的梦

正能量传递

千年历史，兜兜转转；数年红色道路，铁骨铮铮。是男儿，就为她豪情万丈，就为她浴血奋战；是佳人，则为她如花美眷，则为她似水流年。她，永远的心事，祖国。

如今我们坚定着同一种信心——中国自信，秉持着同一种信仰——社会主义核心价值观，怀揣着同一种梦想——中国梦。中国梦，苦难作茧，梦化蝶。

苦难在历史中盘绕成为茧，这一份苦难做的茧，“韧如丝，无转移”。这一份苦难做的茧，我们一同承受着，这份国家的殊荣，这份国家的礼赞。未曾觉察，它不知何时何地，何人何因缘，已经悄悄开始羽化。

苦难作茧，梦化蝶。中国实则是沉睡的巨龙，盘踞在世界屋脊之下，但凡历史转折，但凡英雄人物出身，总伴随着天象而生，时而风雨，时而光彩异象。中国，在几十年风雨中，逐渐走向一片骄阳似火的远方，是巨龙的觉醒，但这巨龙“温而厉，威而不猛，恭而安”。

感悟

四大世界文明古国之一的中国，是唯一没有文明中断的国家。从三皇五帝到秦皇汉武，到三国两晋，再到隋唐五代，直至宋、元、明、清。从近代承受苦难到民族抗争胜利迎来新中国，中华儿女的每一步都走得铿锵有力，每一步都是汗水与智慧的结晶。在民族的历史上，我们既看得见兴衰起落也看得见辉煌与苦难。

我们总是热衷于追求更好的自己、更好的生活、更好的祖国，但成就美好的背后，是艰辛和苦难。这样一来，在历史的苦难面前，逐梦路上的坚韧和抗争精神就更加彰显了我中华民族愈发顽强的生命力。

正是这辉煌之后的苦难，才让中国梦的实现有着民族自信、民族精神、民族梦想的根基，让人不得不想去传递给他人，因为我们无时无刻不在被这样强大的精神力量鼓舞着，进而在这个时代创造属于祖国新的辉煌。

2016 级劳动与社会保障专业　付　敏

指导教师：罗琼

3. 关爱抗战老兵

正能量传递

抗战老兵，他们作为战士，保卫国家，抵御外敌。他们赢得了生前身后名，不少人却孤独终老，无人问津。“独在异乡为异客，每逢佳节倍思亲”。对抗战老兵来说，这种情绪尤甚。他们当年舍身赴死，为了中华民族的独立而付出青春，牺牲天伦之乐。有多少军人的倒下，有多少家庭支离破碎，他们作为人子、人父、人夫，抱着“丈夫许国”的献身精神，有着多少令人心碎的生死离别，也许这是最后一面，也许这是几年的重逢。

今年 95 岁的程峙爷爷 1936 年参军于南京战车三营，亲历南京保卫战，在丁家桥光华门一线传达指令。如今，那个骁勇的战士已成为白发苍苍的老者，后背佝偻着。“你们快坐，快坐。”程爷爷在病床上颤巍巍地坐起来招呼志愿者坐下。程峙爷爷虽已行动不太方便，但仍尽力挺直腰板向我们敬礼。

91 岁的郭学杨爷爷 1944 年上战场。他当年是通信兵，在湖南宝庆县架线时被鬼子的炮弹打中，左腿从膝盖下锯掉……然而，迎来抗战胜利的同时，郭学杨却永远留在了硝烟深处，形单影只的老人在酉阳大山一待就是 70 多年。老兵们回首当年沙场往事，无怨无悔，无所求，无所得，对自己当前的生活现状并没有怨天怨地。

曾经，他们是身经百战的勇士；如今，是暮日之年的老者。

曾经，他们的身上沉淀了满满的回忆；如今，他们的中秋没有故事。

曾经，他们浴血奋战争取了和平；如今，我们合家团圆共享幸福。

是什么让他们愿意失去天伦之乐的机会？是什么让他们愿意牺牲自己宝贵的生命？是什么支撑着他们勇敢前进不后退？是保家卫国的爱国主义精神，是爱好和平的爱国主义精神。

希望社会各界人士能腾出点时间给老兵们更多的关注、关爱、帮助和尊重。在有生之年，让他们体面一次、尊重一次、温暖一次。

感悟

此次的正能量传播，得到 QQ 空间 225 人点赞、微信朋友圈 12 人点赞、11 人转发、22 条评论回复。通过此次活动，我了解到当代大学生被抗战老兵的爱国主义精神深深折服。“苍老的是你们的容颜，不老的是你们对祖国的忠诚 ”的点评，“向他们致敬”最朴素的话语都能很好地表达出感动、尊重。通过此次正能量传播，我了解到大学生虽然参与度较高、志愿意识较强，但了解相关信息的渠道较少，减少了他们参与的机会。

罗曼 · 罗兰说：“只要还有能力帮助别人，就没有权力袖手旁观。”通过传播一篇又一篇的关于老兵的、真实的、图文并茂的爱心微信，爱心日记，爱心新闻的分享，做着细水长流的宣传，也能收获夏天的阵阵清凉，冬夜里的丝丝温暖。

原来，世界上还是好人比坏人多；原来，真诚不会因为它的渺小而被忽略；原来，强硬的话语也能因内心的美好而变得柔软。

有老兵，才有了我们现在；有团结，才有大爱。爱国主义精神汇聚成一束阳光，温暖着沉寂多年田野山间中的老兵。

我一直坚信——世界上最美丽的风景，就是你有一颗善良的心，散发着优美的磁场和魅力，走到哪里，温暖到哪里。不必仰慕别人，你就是最美丽的风景，阳光，善良，向上，走好自己的每一步！

不忘初心，方得始终！

2016 级城市管理专业 代 露

指导教师：何莉

4. 歌曲：没有共产党就没有新中国

正能量传递

有一种声音，这种声音有颜色、有形状、有温度——“没有共产党就没有新中国，共产党辛劳为民族，共产党他一心救中国……”。

伴随着这一首《没有共产党就没有新中国》，我们迎来了祖国繁荣昌盛的局面，党带领中国各族人民艰苦卓绝的奋斗，战胜了各种艰难险阻，获得了伟大成就。党——我们的母亲，是她带领我们一路走来，她带着新中国走向世界的舞台！

山城魂铸就执着，两江水激荡理想。飞夺泸定桥，长征路漫漫。我们的党——中国共产党，在世界反法西斯战争中抛头颅洒热血，用他们血淋淋的身躯换来了如此的中国乃至世界的和平；我们的党，带领着我们走进了新民主主义革命的胜利，带领我们走向了社会主义现代化的伟大建设中。

在《没有共产党就没有新中国》的歌声中也走出了不少有志青年，他们，我们，正确认识远大抱负和脚踏实地，珍惜韶华，把远大抱负落实到实际行动中，让勤奋学习成了青春飞扬的动力，让增长本领成了青春搏击的能量。

作为党的接班人，作为中华民族的接班人，我们肩负着历史的使命，逶迤磅礴的山城铸就我们独特的汉子气概，身处中国特色社会主义历史发展和伟大实践中，我们难道不应该以吹响理想的号角，用中国梦激扬青春梦吗？

嘉陵江激流涌荡，朝天门百舸争流。人生很长，作为在除夕街头即将放飞梦想的有志青年，年轻，就要有上路的渴望。鸟宿檐下，不如击翅风雨！

感悟

大路漫漫，其修远长，作为社会主义事业建设者和接班人，统筹学习社会主义核心价值观和社会主义文化并为之不懈努力是我们的必修课。让我们自觉做社会主义核心价值观的坚定信仰者、积极传播者、模范践行者。我相信，我们这一代一定能实现中华民族伟大复兴的中国梦！到那时，我们走遍世界的各个角落，富有激情地讲出：我是中国人！

2016 会计（4）班　毛茜玲

指导教师：罗琼

社会篇

1. 身残志坚的聋哑律师

正能量传递

唐帅，男，32 岁，重庆鼎圣（大渡口）律师事务所创办人、律师。唐帅出生在聋哑人家庭，小时候就掌握了娴熟的手语。为更好地帮助聋哑人，唐帅于 2006 年考取了手语翻译证，并开始协助重庆公、检、法部门沟通处理聋哑人案件。2012 年，唐帅通过了国家司法考试，成为一名律师。2016 年，唐帅拿出积蓄研发了一款免费的法律援助软件“帮众律师”，求助者只需几分钟就能获取全国各地的专业律师服务。目前，“帮众律师”软件下载量达到 4 万余次，其中有 1/4 的下载量来自聋哑人，帮助聋哑人解决法律问题千余起。①

精彩点评

1. 用自己的能力去帮助更多的聋哑人士，值得我们尊敬。

2. 心有所向，满足社会需要，值得钦佩。

3. 尽力帮助弱势群体，感人至深。

4. 一路前行，一心向善，为他点赞。

5. 感动！世间正是因为有了这样的人才能永远高举正义的火炬，他们是人间的普罗米修斯！

6. 用自己有限的能力行无限的善举。

7. 为无声的人发声。

8. 社会上需要更多像这样的弱势群体传声筒，让更多的人听到他们的“声音”。

感悟

我们所生活的这个世界，有着一些与我们不同的人——他们没有听觉、无法说话，他们甚至不能像我们一样轻易地认识这个丰富多彩的世界，他们唯一能与这个世界交流的东西只有他们的双手，他们是聋哑人。据统计，我国听力残疾人约有 2 057 万，居视力残疾、肢残、智残等五大残疾人群数量之首，占中国人口总数的 1.67%；其中 7 岁以下儿童约为 80 万人，每 2 000 万新生儿中就有 3 万听力损害的婴儿诞生。由于在日常生活中，聋哑人在外表上与常人并没有什么不同，所以如果我们不与他们发生任何交流，我们很难发现身边的聋哑人。他们看起来与健全的人毫无差别，所以常常会受到忽视。聋哑人这个庞大的弱势群体在无声中聆听着指引，在沉默中寻求着希望。他们需要我们给予更广泛的关注。

唐帅就是这样一个为聋哑人指引前路、带去希望的人。唐帅说：“帮助聋哑人解决法律问题，是我这辈子为之不停奋斗的夙愿。”在唐帅帮助聋哑人的过程中，他协助处理重庆各区县聋哑人士案件上千件，更自筹资金开发了一款基于移动互联网平台的免费法律支援 APP 软件——帮众律师，将法律服务、普法学法和“互联网+”相结合走向了全国。唐帅不仅是聋哑人的“法律代言人”，也是一座聋哑人法律援助的桥梁。他的所有善举，不仅为法治社会的建设添砖加瓦，也为和谐社会的构建锦上添花。

虽然我们无法切身体会聋哑人在日常生活中遇到困难时的无助，但我们能像唐帅一样，给予聋哑人最大的关注和帮助，在我们力量范围内去帮助我们所能帮助的聋哑人，让

---

① 重庆商报. 搜狐. 4 月“感动重庆”十大月度人物出炉［EB/OL］.（2017-06-09）［2018-08-07］. http://www.sohu.com/a/147293535_160231.

他们在无声的世界中看见光明，感受温暖。罗曼·罗兰说过，只要还有能力帮助别人，就没有权利袖手旁观。我们应该努力成为千千万万个“唐帅”，让世界听见聋哑人的“声音”，将帮助弱势群体视为己任，为构建和谐社会不懈努力！

2016级国际经济与贸易专业　罗然

指导教师：胡万钦

2. 身边的“一元理发师”

正能量传递

理一次发要多少元钱？小理发店10元左右理个平头，高档美发店上百元做一次头发护理，但在重庆市北碚天生街道奔月路社区有一家露天理发店，25年来理任何发型只收一元钱。

这个理发店的店主叫梁恩化。1993年退休后，他就在社区里搭了间木棚做理发店，为周围居民和慕名而来的居民理发。二十多年来，梁恩化理发从来都只收一元钱。2011年，他中风住院，但是仅仅调养了半年，他又重开了理发店，为居民们服务。

梁恩化回忆，当时理一次发大概需要5元钱，而自己和老伴一个月退休工资都有三四千元，家里并不缺钱。但社区周围却有不少困难居民，尤其是子女不在身边的空巢老人特别多，理发是笔不小的开支。于是，梁恩化决定为居民理发，无论男女老幼只收一元钱。

有一次，他给一位老人理发，理完发后老人摸出一把毛票给他。梁恩化一问才知道老人原来是低保户，儿女也不在身边。于是，梁恩化挥挥手说：“算了，不收你的钱。”从此，他给自己立下一个规矩：残疾人、低保户理发一律不收钱。

如今，85岁的他仍在北碚天生街道奔月路的露天理发店为居民理发，理任何发型都只收一元钱。他每天坚持早上6点钟起床、7点左右出摊。许多居民慕名而来，人多的时候还要排队。

二十多年来，即便物价上涨了数倍，但是梁恩化仍然坚持自己“理发只收一元钱”的承诺。他只希望自己能多活几年，再多一点时间为大家服务。我想他是平凡的人生做出了不平凡的事！

精彩点评摘抄

张艺淞：看了这个“一元理发师”，让我想到了我在沈阳公交车上的经历。当时我旁边坐着的一位大爷提着一堆美发产品热情的跟我聊天，他说自己开了家理发店，剪发一律三元，烫、染发绝对不超过20元。我一开始很鄙夷，就觉得他是个老骗子，现在物价上涨得这么快怎么可能有这种价位的店，但还是出于礼貌一直边听边点头。后来他说的一句话让我改变了想法。他说：“坚持了这么多年，不容易啊，只要街坊邻居还愿意来我这个小店，我就要坚持做下去。”车到站，我要下车了，老人冲我挥挥手说：“记得来我的小店看看。”我点点头。下车之后我感慨万千，现在社会真的还有这样一股清流一直在坚守自己的一方天地，那我一定会去看望这个老人的。如果有机会，我希望能给他拍一部纪录片让大家都知道他的故事。

王齐吁：他剪去的是头发，得来的是社会的温情。二十多年的坚持，二十多年的一元钱，二十多年的风风雨雨，二十多年的温情，二十多年的时光不老，虽然风霜刻在了脸上，但是善良的心永远不老。

张建：理发只收一元钱，而且二十多年没有涨过价，听起来真叫人难以置信。“一元理发师”正是因为“违背常理”，才显得如此可贵，没有一种对善良本心的坚守，任何人都是无法做到的。也许有人会说，现在是市场经济时代，人人追求报酬和效益，况且物价一涨再涨，梁师傅也太不“与时俱进”了，一元钱根本买不了什么，掉在地上都懒得弯腰去捡，梁师傅实在是太傻了。但是，说这话的人没有从梁师傅的“傻劲”里看出他善良的本心，忽略了他朴实的品格。放眼市场，反观生活，我们常常被低劣产品折磨得焦头烂额，甚至惶惶不可终日。毒牛奶、毒大米、毒豆芽、毒猪肉让我们吃之惊心，假保健品、假药、假食用油让我们服之寒心，强制消费、捆绑消费、消费陷阱让我们避之不及，“吃不起、交不起、付不起、买不起、坐不起、死不起”的怨言此起彼伏。正是因为善良和朴实的走失，才造成了“人心不古，世风日下”的现实。二十余年来，一把剪刀没有改变他一个“理发师”的身份和命运，但也没有剪去他乐于助人的快乐和满足。

刘芯灵：二十多年都坚持理发只收一元钱，这个老板根本就不想赚钱，他只是想为周边的邻居提供方便，为周边的邻居带来实惠。他的精神是我们很多人都没有的，无私奉献值得我们学习。

于宁涛：一元钱理的不仅仅是头发，而是温情、是感动。愿梁老健康长寿。

感悟

早上 6 点钟起床、7 点准时出摊，我们通过记者采访了解到，这样的退休生活伴随了梁恩化二十多年。面对他人的提醒，面对家人的劝说，梁恩化老人说：“只要不倒下，我就永远为大家服务！”

也没有考虑多少，也没有考虑多么复杂，就是想着只要有人还需要我，那么我就必须坚持下去。爱，不就是这样简单吗？社会大爱，不就是一件件这样平凡的事情积累的吗？

如果有机会，我想我会去看看这位老人。到底是什么力量让老人一下子就坚持了二十多年不曾动摇分毫，我想实地体验一下，在那充满爱的环境下人们都会有怎样的心境。我更想把老人的这份真情、这份正能量传递下去。我希望，有朝一日，这种温暖的人、温暖的事不再稀奇，而是一种每个人都有的习惯。

2016 级 ACCA 班　李王林

指导教师：范建明

3. 红丝带学校校长：风雨中张开羽翼的强者

正能量传递

“瘦弱的孩子需要关爱，这间病房改成的教室是温暖的避难所。你用 12 年艰辛，呵护孩子，也融化人心。郭校长，你是风雨中张开羽翼的强者！”在“感动中国”2016 年度人物颁奖典礼现场，中央电视台主持人是这样介绍临汾红丝带学校校长郭小平的。

临汾红丝带学校的诞生源于偶然。2004 年，时任临汾市第三人民医院院长的郭小平看到 4 名住院诊治的艾滋病患儿不能去学校接受文化教育，便专门腾出一间病房，和同事一起办起了“爱心小课堂”。后来，在这里上学的艾滋病患儿越来越多。在社会各界的帮助和支持下，2006 年 9 月 1 日，郭小平在临汾建立了全国首家专门接收艾滋病患儿的全日制学校——红丝带学校。学校学员从最初的 4 名，到 16 名，人数逐年增加，医院无力承受。在当地政府的支持下，另辟新址。如今学校占地面积 90 亩，环境优美，空气清新，给人以世外桃源般的感觉，现有学生 33 名，文化课老师 3 名、生活老师 4 名。就是在这样一个并不为许多人所知、白日里能听得到附近村庄鸡鸣犬吠、晚上能闻得到田野里泥土芳香的地方，郭小平为来自全国的艾滋病患儿建起了一个充满欢乐和笑声的温暖之家。

十多年来，郭小平对学校的每一个孩子都给予无微不至的关怀。除了忙于医院的日常工作外，即使再晚再累，他几乎每天都要到学校看看，孩子们吃得怎样？学习怎样？生活是否适应？每一个孩子的家庭背景和脾气性格，他都了如指掌；每一个孩子是哪天的生日，他也清楚地记在本子上。面对这些孩子们，郭小平扮演了一个“父亲”的角色。十多年如一日，郭小平一直坚持做好一件事情，他的劳动和付出得到了全社会的广泛认可。

在北京参加“感动中国”2016 年度人物颁奖晚会的录制时，郭小平穿的是一件十多年前的黄色西装，胸前别着一个用彩色纸做的红丝带。他说：“大家认不认识我无所谓，我只是想通过节目让大家认识我们学校的这群孩子。”“希望这所学校早日关闭，到那个时候，世界上所有的艾滋病人就不会受到歧视，都能够正常地生活。”

精彩点评摘抄

施雨欣：他们始终不改初心，这是为了什么？我知道！是那份真情！曾面对社会公众的质疑，他坚持自己的选择，用自己全部的爱来守护那些被艾滋病病毒感染的学生，为他们照亮道路。他是孩子们的天使，十几年来把全部的爱都放在这些一出生就遭遇不幸的孩子身上。他和这些孩子的故事让人感动。他将自己的爱全部奉献给了不幸的孩子们，让他们对生活重燃希望。我们在生活中也应当传递正能量给身边的家人和朋友，带给他们希望和快乐！

卢大顶：医者需仁术，更需仁心。在医患关系日趋复杂的今天如何做一名好医生更显重要。医院，是生与死的分割线，更是温情与冷漠的交界口。医者仁心。大爱中国为郭小平院长点赞！

杨晓涵：曾面对社会公众的质疑，他坚持自己的选择，用自己全部的爱来守护那些被艾滋病病毒感染的学生，为他们照亮道路。他是孩子们的天使，十几年来把全部的爱都放在这些一出生就遭遇不幸的孩子身上。他和这些孩子的故事让人感动。

郭鑫：希望孩子们能平安幸福，有一个好的生活，将来走向社会，一定要坚强，不要伤害别人，即使社会上还存在歧视，自己也要保持一个积极的心态，去面对社会，坚强生活。

杨泽群：瘦弱的孩子需要关爱，这间病房改成的教室是温暖的避难所。你用十多年艰辛，呵护孩子，也融化人心。郭校长，你是风雨中张开羽翼的强者！

感悟

随着医疗技术的发展，艾滋病病毒已经不像过去那么厉害了，而依然有一种病毒在我们身边肆虐，那就是歧视。但是，总要有人去面对它，要带领我们消灭它，而郭小平正是这样的一个斗士。医者仁心。为了这些艾滋病孩子，郭小平辞去医院院长的职务，成了他们的校长、“父亲”，抚平他们心灵上的创伤，让他们尽快自信起来，能够和正常孩子一样快乐地学习、生活。我被郭小平的事迹深深地打动了。希望借此机会，通过我的传播让大家认识这样一位伟大的校长，让更多人知道艾滋病孩子在身体上和心理上承受的双重压迫，并且呼吁大家少些歧视、多些宽容，让这些孩子能够过上正常的生活。

4. 没有团圆的年夜饭

虽然是在同一个客运站，两口子的工作岗位相距不过 20 米，可他们见面的时间屈指可数——一个在售票口，另一个在检票口，为保证无数家庭在除夕夜能够团圆，他们每年年三十都坚守岗位。

他们的儿子小时候也埋怨过爸爸、妈妈，逢年过节甚至放寒暑假都找不到爸爸、妈妈，可长大后却发现他们的付出和不易。如今，一家三口都成了铁路职工，在平凡的基层岗位上奉献并坚守着。

“我们这种铁路家庭对铁路工作的性质完全了解，要说不在乎过春节，那是假话。”梅洪说，父母也是铁路职工，夫妻俩都是铁二代，儿子是铁三代，两人在铁路工作了三十多年，忙是每年春运不变的主题，这一切早已习惯。

“每年几家亲戚聚会，我们家注定是到不齐的，爸爸和妈妈总有一个要值班。”提起春节，梅洪的儿子司沁松说了自己的感受，小的时候总觉得过年就是一大家人团圆，妈妈要加班来不了，已经是习以为常的事情了。但每年到了春节，总是渴望能和父母一起吃年夜饭、看春晚、听钟声。

梅洪 1984 年到铁路上工作，梅洪的丈夫司永林比她还要早三年，两人现在都在铁路上忙了三十多个年头了。

“再过几年就可以退休了，所有心愿都留到退休以后吧。”司永林和梅洪说，这几年不管是亲戚过年要来串门，还是朋友相约一起出去旅游，他们承诺最多的一句话就是“等退休以后吧”，退休后出去旅游，和朋友相约一起，把这些年没时间做的事情补上。梅洪说，等到那个时候，就能好好在家团年，补上一顿欠了几十年的年夜饭。

尽管如此，这一家三口对自己的付出看得很淡，他们最常说的就是“这些很平常，算不上什么”。梅洪说，有千千万万个为铁路工作、为每年春运付出的铁路家庭，他们最多算是有代表性的缩影，在铁路系统里，默默付出的人很多。

虽说今年除夕夜的晚饭还是要在火车站里吃，但按照今年一家三口的值班安排，大年初三那天，三口人可以有半天的时间同时休假。梅洪说：“到那天，但愿我们一家人有时间补一顿团圆饭。”

爱岗敬业、脚踏实地，默默奉献。正是他们身上散发出的正能量让无数的人发自内心地为他们传递、点赞、欢呼。正能量是正气、是温暖、是力量，是最无私、最纯粹的爱心，它是我们社会生活中不可或缺的精神给养。让我们将这些最纯粹的爱心通过网络传播再传播。①

精彩点评摘抄

评论：虽然只有半天，但他们感觉到的是幸福的，祝福他们一家人。

回复：默默的坚守，浓浓的温情，他们一家人给我们的不只是感动。

评论：平凡的岗位却做出不平凡的事，正是这样的无私奉献和爱岗敬业精神才让中国社会不断进步，让中华民族传统美德遍地开花。

回复：许多时候，伟大的事情不只有大人物才去做，小人物照样彰显大能量。

评论：平凡世界中的不平凡，让爱传递你我他，让爱充满社会。

回复：他们默默地奉献着自己的一份微薄力量，用实际行动践行着社会主义核心价值观。传播着社会正能量。真的，为他们点赞。

评论：没有他们的守护和奉献，就不会有我们的便捷与安全出行，为他们点赞。

回复：小人物体现出的大爱，都是对中华民族五千年优秀传统文化的传承，都是为实现中华民族伟大复兴的中国梦所急需的力量。

2016 级策划（1）班　胡翼

指导老师：陈刚

5. 医德仁心：关爱麻风病人的蒋威正、蒋朝辉父女

“32 年前，青春勃发的少年走进大山，用坚守和爱心滋润绝望的心田。多年以后，明媚善良的女儿也来到身边，共同守护‘大医精诚’的誓言。你们看的是病，治的是心，开的是药，给的是情——医德仁心。”这是 2016 年感动重庆十大人物致蒋威正与其女儿蒋朝辉的颁奖词。

---

① 李裕锟，徐焱. 从没团圆的团年饭［EB/OL］.（2015-02-07）［2018-08-02］. http://cq.cqnews.net/cqztlm/2015-02/17/content_33503264.htm.

蒋威正，一位62岁的皮肤科医生。32年前，他同9个热血青年一起来到当时的巴县皮肤病医院（后改为巴南区皮肤病防治医院）。麻风病作为一种古老的疾病，在几十年前医疗条件较为匮乏的情况下，治疗不当的中晚期麻风病人脚跛手残，神情痛苦。人们对他们避之不及，唯恐惹祸上身。蒋威正面对他人善意的“提醒”，却仍旧选择帮助这些病人。“那些病人有的脚没有了，有的手没有了，丧失了劳动能力。有的病人家属怕传染，不愿和他们来往，他们只能搬去村外独自住，非常可怜。”那些病人不堪的外表和遭受的歧视冲击着蒋威正的心，他想多做一点，再多做一点，让那些麻风病患者不再孤独无助……

蒋威正既当医生又当护理员，不仅要早起查房，为病人打针、敷药，还会抽空为他们提开水、打扫房间。除此之外，他还经常去各村进行调查，以便及时治疗新患者，同时为那些不愿接受治疗的病人做工作，为他们送药。繁忙的工作、简陋的条件、有限的工资……其他的同志由于种种原因选择了离开，而他，却选择留了下来。这一干，就是30多年。他毕生守护着麻风病人，践行着消除麻风病的誓言。

他的女儿——33岁的蒋朝辉为父亲作为医者的坚守动容，“病人总要有人治，爸爸年龄大了，医院需要人”。即使她的心向往着繁华的城市，但是她想到父亲日渐佝偻的背影和住院部病人对她的关爱，在重庆医科大学毕业之后，便放弃了优越的工作条件，毅然决然回到巴南区皮肤防治医院工作，接力父亲，将这份仁心传递。

她说，小时候经常在医院住院部围墙外玩耍，透过窗户看到父亲照顾病人，医院里的很多病人都是看着她长大的，现在她有了一定的能力，很想照顾他们。她们父女二人日复一日地照顾着病人，每逢春节，都会陪着大家过年，让那些麻风病患者不再感到孤单和无助。他们有的人在蒋家父女的帮助下找到了另一半并有了孩子，有的人回归了家庭找回从前的温馨，有的人找到了新的工作开始了新的生活……对于巴南区的麻风病人来说，蒋家父女的到来就像是他们原本灰暗生命里那一抹愈加闪耀的阳光，为他们逐渐驱散阴霾。是他们用实际行动告诉我们——医德仁心。

感悟

作为医生的他们，践行着“大医精诚”的誓言。蒋家父女的职业精神，在这个医患关系紧张、医患纠纷频发的时期，难能可贵。其实每个职业，都有着专属于它的“誓言”。恪尽职守，兢兢业业，是每个社会人在从事职业时应当有的一种风范。作为学生的我们，应当勤勉好学；作为老师，应当为人师表……在这个伟大的新时代，在实现中国梦的路途中，需要每一个人贡献自己的光亮，在自己的岗位上，发扬“工匠精神”。诚然，每个人都会在这个过程中面临无数的困难和挫折，面对取与舍，面对合与分……但只要我们不忘初心，坚守如一，在面对迷茫和诱惑时，才能够做出正确的选择，继续前行，苦尽甘来。

奥斯特洛夫斯基说过：“人最宝贵的是生命。生命属于人只有一次。人的一生应当这样度过：当回忆往事的时候，他不会因为虚度年华而悔恨，也不会因为碌碌无为而羞愧”。生命在于充实，人生的价值在于奉献。蒋家父女将自己宝贵的光阴奉献给麻风病患者，他们的生命变得更加充实，而那些他们倾心救治的麻风病患者，也成就了他们的职业光辉。他们是时代的榜样，也是我们的标杆，“江山代有才人出，各领风骚数百年”。相信未来的我们，也会如他们一样，在新时代中实现我们的人生价值，为中国梦的实现留下浓墨重彩的一笔。

2016 级国贸（2）班　邢宇

指导教师：余玉湖

6. 重庆孤掌外卖小哥：送餐 7 个月走烂 3 双鞋

11 岁那年，周正中因事故失去右手掌，靠着“孤掌”支撑起自己的人生。

今年 2 月，周正中加入外卖行业后，由于无法成为开电动车送餐的“骑手”，他只能每天提着外卖篮送餐。工作 7 个月，周正中日均送餐 30 单，走烂了 3 双鞋。周正中说，希望靠自己努力买房安家。

暑末秋初，天气闷热。32 岁的外卖小哥周正中用衬衣中的右手臂勾起外卖篮，开启了在重庆观音桥商圈的工作模式。“订单最多时，我用胳膊挎过 20 斤重的外卖。”11 岁那年，周正中因事故而失去右手掌；现在他用“孤掌”践行着自己的生活——日行超过 15 千米，7 个月里走烂了 3 双运动鞋。靠着左手和没有手掌的右臂，周正中支撑起自己的人生，还设定了一个看起来简单但时刻需要奋斗的目标：努力做到最好。

因为身体不方便，周正中无法成为开电动车送餐的“骑手”。只能整日步行送餐，这在外卖配送行业中叫“步兵”。“这七个多月，我最多的一天步行四万五千多步，每天最少也要走两万多步，日均送餐 30 单。”“只要我们时刻对顾客保持微笑，对方也会被你的精神感染。”

当外卖小哥的过程中，周正中没有被投诉过一次；他被评为五星送餐员，这一荣誉称号赫然凝成一枚徽章，别在他的左胸。送餐员系统内部有 6 个等级评定，他处在第二高的级别，名为“钻石蜂鸟”。①

感悟

在真情传递的实践中，不仅被自己所见所闻的正能量人物故事感动，而且在他人分享的故事中感受到了满满的正能量。这是真情的传递！亦是爱的传递！

看过周正中的故事，我更加敬佩生活中这些不平凡的普通人。他们在自己的岗位上辛勤地工作着，为我们更加美好的生活默默尽一份力。人生也许会有各种各样的不幸，但我们都应该努力生活。做自己力所能及的事，努力将平凡的事做到最好。每一个努力生活的人都值得尊敬！

2016 级商务策划（1）班　邢泽丹

指导教师：陈刚

---

① 杨辛玥. 人民网：“‘孤掌哥’的外卖人生 每日步行送餐超 15 公里”［EB/OL］.（2017-09-30）［2018-08-19］. http：//cq. people. com. cn/n2/2017/0930/c365402-30794732. html？open_ source＝weibo_ search.

7. 青年要担起社会责任

我选择担起责任这一内容进行传递，缘于现阶段许多大学生都没能正确认识到如何做一个有担当的人，如何承担责任。有一部分学生考上大学仅仅是因为父母的期盼或社会的目光，认为上大学是人生的必经之路，而不是因为想学习更多的知识，更好地提升自身的能力，成为有道德有文化的社会主义合格的接班人。这种想法其实是不正确的。学生是我们现阶段的主要身份，我们应该明确我们作为学生的主要任务，自觉承担责任。我们只有做责任的主人，积极、主动地承担责任，才能享受到自觉承担责任的快乐。

在我们身边，也有许多自觉承担责任的例子。扬州大学附属中学的徐砺寒同学在上学途中不小心撞坏了一辆宝马车，在车主毫不知情的情况下，他没有选择逃走，而是在原地等待了近半小时后，因上学快要迟到了才留下了一张附有联系方式的纸条。不少网友表示被徐砺寒同学勇于承担责任的行为感动。车主在了解情况后也主动放弃了赔偿，并称其为“最诚实的中学生”，表示要向他学习。

古人云：“人非圣贤，孰能无过，知错能改，善莫大焉。”这句话旨在告诉我们犯错是必不可免的，也并不可怕，只要我们及时发现错误并勇于为我们的错误承担责任。只有这样，才能使人进步。知错能改亦是一种承担责任的表现，这不仅仅是对自己负责，也是对家人、对国家负责。

正能量传递

列夫·托尔斯泰说：“一个人若是没有热情，他将一事无成，而热情的基点正是责任心。”责任就是牢记使命，勇于担当；就是立足本职，尽职尽责。担当是中华民族的优良传统，大禹“三过家门而不入”是担当；诸葛亮“鞠躬尽瘁，死而后已”是担当；范仲淹“先天下之忧而忧，后天下之乐而乐”是担当；文天祥“人生自古谁无死，留取丹心照汗青”是担当；林则徐“苟利国家生死以，岂因祸福避趋之”是担当；朱镕基“不管前面是地雷阵还是万丈深渊，我都将勇往直前，义无反顾，鞠躬尽瘁，死而后已”是担当；《吕氏春秋》“士之为人，当理不避其难。临患忘利。遗生行义，视死如归”是担当；谭千秋老师在教学楼坍塌之际，用自己的生命做支撑护住学生也是担当！

在我们的成长过程中，我们会得到许多人的关爱、教育、帮助、奖励，因此，我们也应该不断地付出与回馈。在学校里，我们应当努力学习，采取成为社会主义合格的接班人，这是责任；在家里，我们应该为自己的父母承担一些力所能及的家务，陪伴父母，感恩父母，这是责任；走出家门，无意中损坏了公共财物，勇敢地承认过失并积极地补救，这是责任。将来，建设祖国，保卫家园，做一个对社会有用的人更是责任。

如果有人问我是什么推动着我不停地前进，我会告诉他：是责任！承担责任是我前进最根本的动力。我会以负责为己任，用“登山则情满于山，观海则情溢于海”的热情，继续我的征途，我相信这是一种勇气、是一种决心。至少，我相信，山感恩地，方成其高峻；海感恩溪，方成其博大；天感恩鸟，方成其壮阔。许多年前，伟大的中国共产党推翻了封建社会，解放了我们，我们要感恩；美丽的中华大地孕育了我们一代又一代人的成长，我们要感恩。世间万物，莫不存感恩于心中，又怎么会有现在的美好家园。

感恩不是压力，而是一种责任，这种责任就是催促我们认真学习的动力。这些都告诉我们一个道理：感恩，其实就是让我们承担起对社会的责任。

何为责？负何责？车尼尔雪夫斯基说过：生命是和崇高的责任联系在一起的。责任就像肩上的担子，而担当就像是水桶里的水。这也意味着，责任并不是那么好挑起的，而担当或许也会成为另一种负担，让人负重前行。

所以，我希望你可以和我一起，从现在做起，学会负责，勇于担当，成为更好的人。

感悟

丘吉尔曾说："伟大的代价，就是责任。"一个人只有学会承担责任、勇于承担责任，才能被赋予更大的使命以及责任。作为当代大学生，我们更应该明白正确承担责任的重要性。正如当不好士兵的人永远不会成为一个好的将领。如果我们不能承担我们作为学生的责任，将我们的心思与热情放在学习之中，端正自己的学习态度，那么我们就没有履行我们作为学生的职责，也不能成为一个优秀学生。

担当责任应是我们每个人与生俱来的使命，它伴随着我们每一个人的生命，同时也体现了我们的生命价值。作为子女，我们要孝顺父母，陪伴父母，这是我们的责任；作为学生，尊师重道，厚德博学，这是我们的责任；作为公民，热爱祖国，维护国家统一，这是我们的责任。不同的身份对应了不同的责任。只有我们每个人都认真承担起自己应该承担的责任，社会才能安定和平，持续发展。

2014 年 5 月 4 日，习近平总书记在北京大学师生座谈会上说："要勤于学习，敏于求知，注重把所学知识内化于心，形成自己的见解，既要专攻博览，又要关心国家、关心人民、关心世界，学会担当社会责任。"① 作为大学生的我们，更应该从现在做起，从小事做起，敢于担当，甘于奉献。只要我们青年一代有理想、有担当，国家就有前途，民族就有希望。

2016 级应用统计（1）班　王云韵

指导教师：黄伟

8. 关爱受伤小狗

正能量传递

2016 年 9 月 30 日下午五点半左右，石柱民族中学对面，熙熙攘攘的行人、车辆匆匆经过一只躺在路边的小狗身旁，只有一名高中生为它停下了脚....

节前最后一天的工作结束了，大家匆匆往家赶。民族中学正对面的马路边上，一只黑

---

① 习近平. 青年要自觉践行社会主义核心价值观［N］. 人民日报，2014-05-05（2）.

色的小狗倒在地上，一动不动。不知是吃了有毒的食物，还是受了什么严重的伤，它躺在地上，嘴边还有刚呕吐出来的食物。

它的腿是软的，站不起来了，连挣扎一下的力气都没有了。唯一表明它还活着的，是它同样无力颤动着的眼睛，和因体温下降而寒战着的腹部肌肉。小狗倒在地上，耳朵贴着地面——汽车的声音、摩托车的声音、人群走路的声音……可有为它停下的声音？累了，眼睛也快睁不开了。

“看，这里有只狗！”刚刚放学的男孩经过这里，看到了奄奄一息的小狗。小狗躺在地上，疲惫地半睁开眼，望着为它蹲下的男孩。有一只手伸下来了，被手盖住的地方暖了一点。它躺着，没有力气蹭他的手，更没有力气围着他撒欢，只是用最后一点力气，睁着眼，望着他。

雪白的纸巾裹在它受伤的腿上，小纸盒来了，小狗被抱进纸盒里，送往宠物医院。

“君子之于禽兽也，见其生，不忍见其死。”

据了解，这个救护小黑狗的男孩名叫牟柯年，是石柱民族中学的学生。

精彩点评摘抄

· 我也遇到过这种情况，春天的时候，有一只狗卡在路边的排水孔里，还呕吐着。路人们要么因为忙着赶路没看见，要么看见了以为是疯狗，避之不及。最后是一个小女孩把它给救了出来，给它喝水，喂它吃火腿。我当时看见蛮心酸的，大人的深思熟虑还不如小孩的天真无邪！

· 他们的生命都是可爱的。愿世界温柔待他们。

· 最忠实的朋友值得最温柔的对待。

· 少年的善良值得我们学习。

· 尊重每个生命，它们都有生存的权利。

感悟

“勿以善小而不为。”是我们从小都熟背的编撰在那本记录孔子及其弟子言行的《论语》里，到后来，我们背会了更多的古诗名言，却渐渐地忽略了背诵这些名言的意义。先人以此教育世人，后来我们做到了勿以恶小而为之，然后，小善也渐渐忘记去做了。

我想，故事的传递并不仅仅是用于我们茶余饭后的笑谈，谈笑之后便如划过耳际的风，然后沉默而过，不见踪影。我们了解到这世界上的一些东西，总要学到一些什么，而正是学到的这些东西，凑成了我们的世界观。我越来越多地在力所能及的范围内尽量帮别人一把，如捡起路上别人随意扔掉的垃圾、收走课桌内别人残余的零食包装袋。

然后，我忽然发现，其实身边有许多诸如牟柯年的人，他们会给学校里面走丢的小猫喂点吃的，在公交车上给身负重物的年轻人和年迈的老人让座，等等。我想，执着于勿以善小而不为的人，从来都是伟大的。

我未曾想一定要遇上一场类似于牟柯年这样与脆弱生命的相逢，也是个真真切切的肉食生物，做不了君子。我想，他教会我的，是善待世界，也是尊重世界、尊重生命。

2016 级经济（2）班　刘依洁

指导教师：王仕勇

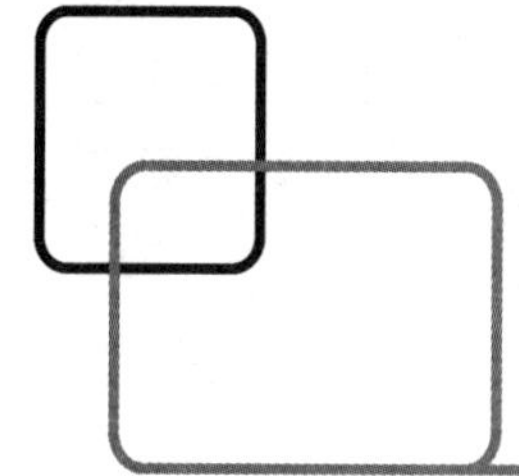

第二部分　明晰意见

案例一 10月1日美国枪击案所引发的网络争论

1. 拉斯维加斯的悲伤

事件概要

2017年10月1日晚10时许，美国拉斯维加斯曼德勒湾酒店赌场一个场外的音乐节发生枪击事件。64岁的白人枪手史蒂芬·帕多克从对面曼德勒海湾宾馆的32层向楼下观看演唱会的观众开枪扫射，当时有多名乡村音乐歌手和约3万名观众在现场，事件导致59人死亡、527人受伤①。

媒体或网民意见

观点一："美国社会以一次又一次的枪击事件，制造小的社会危机，引发社会秩序一次又一次的微调。这就是美国社会，小的人口伤亡，避免发生大的社会危机，避免发生大的人口伤亡。这就是美国式的大智慧。"②

观点二："频发的枪击案反复刺激着人们的神经，也不断引发对美国国内控枪问题的讨论。不过，正如许多美国问题专家所指出的那样，由于美国根深蒂固的民意基础和历史传承，控枪问题在美国无法得到根本解决，有关控枪议题更是沦落成美国国内政争的话题。"③

观点三："特朗普总统夫妇在白宫花园为美国史上伤亡最惨重的枪击案的死难者默哀。稍早前特朗普在讲话中称该枪击案是'纯粹的邪恶行为'，但是，对于美国枪支法问题或者内华达州尤其宽松的法规问题他未置一词。"④

分析与评论

网上的观点可谓是五花八门，但很多没有命中要害。我认为，拉斯维加斯的枪击案不是美国枪击案的开始，也不是枪击灾难的末曲。

我认为一度的枪击案的发生证明在美国发生枪击已经不是偶然，而已经成为必然了。从客观原因来看：第一，从其制度上来讲，美国是一个追求自由的国度，把允许持有枪支公然写进了法律；第二，美国枪支买卖交易频繁，在国民生产总值中贡献巨大，其中牵涉了非常复杂的经济利益关系，所以政府只是在维持现状下观望；第三，仍存在于美国社会

---

① 网易新闻. 美国遭遇史上最严重枪击案 初步统计500多人死伤［EB/OL］.（2017-10-03）［2018-08-02］. http://news.163.com/17/1003/11/CVQOGJ6U00018AOQ_all.html.

② 知乎. 如何看待2017年10月1日夜间美国拉斯维加斯枪击事件［EB/OL］.（2017-10-03）［2018-08-02］. https://www.zhihu.com/question/66125887/answer/238700958.

③ 中国网. 枪击案频发？美国不平等加剧的发展困境［EB/OL］.（2017-11-17）［2018-08-02］. http://news.cnfol.com/guandianpinglun/20171117/25636050.shtml.

④ 中国网新闻中心. 外媒：美国"赌城血案"再爆控枪激辩 特朗普回避［EB/OL］.（2017-10-4）［2018-08-03］. http://www.china.com.cn/news/world/2017-10/04/content_41685835.htm.

的种族歧视和贫富差距扭曲了人民的人格，加深了彼此的仇恨；第四，枪击案的频繁发生，即使在空旷的音乐广场，为什么听到枪声的初始没有人反应，而当反应过来时，发生踩踏事件，说明没人组织疏散。那么，我们不得不问，面对如此大的群众性聚会，美国的安保措施做得够好吗？似乎作用发挥得很小。

从主观原因来看：首先，枪击伤亡惨重的原因也有主观性的成分的。在社会认同原理下，大家看见彼此都没做什么，没什么反应，都不会采取任何应对措施，所以枪击的伤亡人数就增加了。的确如此，拉斯维加斯枪击案中也提到枪声响起后，观众以为是烟花或者烟花燃放操作失误，所以在最佳的反应时间内没有人察觉到真实的危险。其次，是社会认同效应在作怪。据调查，当某一地区报道车祸发生的频率越高时，那么当前一段时间内发生车祸的次数会更多。这是为什么呢？很简单，当处于同种处境中的人在不知道自己该怎么做之前，看见别人怎么做会给他极大的参考，往往会去效仿，枪击也是如此。

从深层次的原因来看，我认为一切报复性的行为的最终触发点可以归结为经济上的不平等对待，一个迈入中老年的人何以能激起对社会这么大的仇恨，而且是对毫不相关的人进行恐怖的攻击。这很值得人们深思在这个肇事者的身上究竟得到了怎样的不平等对待？

拉斯维加斯的枪击案引发的应该是对枪击泛滥成灾的深度思考。然而，事实对于美国政府的消极和没有打算本质性地改变早已不言自明了，面对冰冷残酷的枪击，公开的谴责，抑或是舆论的抨击，似乎都是微乎其微的，最终成为一起起枪击的牺牲品的还是那些无辜的民众。

2016 级经济（2）班　周文武

指导教师：王仕勇

2. 枪魇

事件概要

2017 年 10 月 1 日晚 10 时许，美国拉斯维加斯市曼德勒海湾酒店赌场一个场外的音乐节发生枪击事件。64 岁的白人枪手史蒂芬·帕多克从曼德勒海湾酒店的 32 层上向楼下观看演唱会的观众开枪扫射，当时有多名乡村音乐歌手和约 3 万名观众在现场，事件导致 59 人死亡、527 人受伤。此次枪击案是美国历史上最为惨烈的枪击事件。袭击发生后，美国全国降半旗向遇难者致哀。①

媒体或网民意见

观点一：这一美国现代史上的“最严重枪击案”让美国社会再次掀起了是否应该加强枪支管控的热议。调查数据显示，美国私枪保有量逾 3 亿支，每年逾万人死于枪口之下，

---

① 百度百科.“10·1”拉斯维加斯赌场枪击事件［EB/OL］.（2018-04-02）［2018-08-18］. https：//baike. baidu. com/item/10·1 拉斯维加斯赌场枪击事件？fromtitle=%E6%8B%89%E6%96%AF%E7%BB%B4%E5%8A%A0%E6%96%AF%E6%9E%AA%E5%87%BB%E4%BA%8B%E4%BB%B6&fromid=22150239.

枪支暴力俨然已成为美国社会难以逾越的一道坎。分析人士指出，美国枪支文化根深蒂固，尽管众多民众强烈要求政府加强枪支管控，但是拥枪团体的强大势力、民主党和共和党的分歧等，却使得控枪迟迟没有进展，由此所暴露出的美国社会深层次对立或将在相当长的一段时期内存在。①

观点二：金融危机以来造成 4 人死亡以上的枪击事件从比例上看越来越多。这一定程度上说明枪支顽疾在美国社会是个隐忧和旧伤。金融危机之后因为经济持续复苏乏力、美国各族裔的矛盾凸显，美国无论是白人还是少数族裔都有各种不满，社会矛盾进入多发、易发期，而枪支恰恰是那些凶手宣泄情绪的方式。这是美国的新伤旧疾的连环发作，于是枪支暴力这种典型的、危险的、对社会不满的极端报复行为愈演愈烈。②

观点三：美国是一个移民之国，但频发的枪击案严重破坏了移民对美国社会安全及政府治理能力的信赖。尽管美国也存在特朗普式的反移民浪潮，显示出本土优先的保守主义趋向，但美国真正应该控制的不是移民，而是枪支及安全与秩序。在政府无法有效管控枪支暴力的条件下，个人的自我武装将会不断加深。消除对移民的敌视及重新给出社会安全保障，是美国走出当下困境的战略方向，否则就只能继续内耗。③

分析与评论

目前警方仍然在调查这次枪击事件的原因和犯罪嫌疑人的犯罪动机等，在警方公布调查结果之前，我们不能妄下定论，但美国不得不正视的是近期发生越来越频繁的枪击案。

调查数据显示，金融危机发生以来美国发生了越来越多的枪击事件，这一定程度上反映了美国经济复苏乏力、美国社会非常不稳定的现状。近几年，美国经济虽然有小幅度的提升，但大部分利益还是装进了富人的口袋，贫富分化的问题日益凸显，由此造成的社会动荡问题不得不引起美国政府重视。

同时，特朗普上台后大刀阔斧地进行各项改革，虽然不会改变美国的整个秩序，但必然会触及部分群体的既得利益，由此产生的社会问题也亟待解决。因此，在改革过程中应注意改革的各项举措，充分做好民意调查，在实施过程中周全的处理各种问题，及时修改不适宜的改革措施，否则极易引起更大的社会矛盾和动荡。同时，在改革的过程中也要及时且广泛地宣传新的改革举措，让民众了解并接受改革措施，推进改革的顺利进行。

美国是一个自由开放的国家，一直以来美国社会都比较强调个人，在言语及行为方面限制比较少，因此很容易使极端言论及思想快速广泛传播，这就为美国社会稳定埋下了一颗“定时炸弹”。我们越来越多地看到美国人加入 IS 行动或者其他极端组织的新闻，过度

① 林涛. 拉斯维加斯枪击案刺痛美国 民众控枪呼声高涨 [EB/OL]. (2018-04-02) [2018-08-28]. http://news, southcn. com/international/content/2017-10/05/content_ 177973648. htm.

② 朱郑勇. 从拉斯维加斯到得州，美国枪击案频发是社会分裂还是枪支泛滥 [EB/OL]. (2018-04-02) [2018-08-28]. http://m. thepaper. cn/newsDetail_ forward_ 1851901.

③ 田飞龙. 理解拉斯维加斯枪案的若干关键词 [EB/OL]. (2018-04-02) [2018-08-28]. http://www. aisixiang. com/data/106372. html.

自由开放的社会环境使没有辨别能力的人误入歧途，产生不好的社会后果。因此，美国不仅应加强对极端言论、思想的控制，而且应加强对公民思想方面的正确引导，解决存在的隐患。这样，不仅能减少治安事件的发生，而且有利于国民经济水平的提高。

本事件讨论最多的就是枪支问题，这也是美国一直以来逃不开的话题。一次次枪击案的发生使枪支管控问题出现在人们眼前，而这次最严重的枪击事件更把枪支管控问题推到了风口浪尖。存在即合理，大多数美国人把拥有枪支看成自己神圣不可侵犯的私权，在美国宪法之父麦迪逊的立法理念中，拥有枪支是给予美国公民和美国政府同等的武器权，一旦政府利用暴力武器侵犯公民的私权，美国公民可以拿起武器奋起抵抗，这后来也成为美国宪法制度的基本原则。① 枪支难禁也正是存在这样的历史背景。而枪支难禁也包含着经济、政治、军事各方面的问题，其中最突出的就是持枪团体和反持枪团体之间的博弈，各个利益集团有着自己的考量，对此也做出了非常大的努力，而美国的持枪利益集团太过强大导致禁枪问题只是在枪击事件后的昙花一现，并没有具体地落实。我认为，美国应该加强枪支的管理，出台更加严格的枪支管理办法，让枪支是用来正当使用或自我防卫的，而不是作案工具。同时，美国也应及时普及保护自身安全的相关知识，让人们加强自我保护意识。只有这样，才能在突发事件发生时将危险和损失降到最低。

2016 级国际市场营销（1）班　邓雨婷

指导教师：古世平

3. 别让子弹继续飞

事件概要

美国赌城拉斯维加斯 2017 年 10 月 1 日晚上发生史上最严重枪击案，事件已经导致至少 59 死、527 伤。美联社 10 月 2 日最新消息称，此次袭击与国际恐怖主义无关。此前，IS 宣称对袭击负责。美国总统特朗普当地时间 10 月 2 日上午 10 点 30 分就此发表讲话称，这是“完全恶魔的行为”。特朗普表示，将降半旗致哀。特朗普表示，将于周三访问拉斯维加斯，并看望受害者家人。

有媒体报道称，枪手为 64 岁的史蒂芬・帕多克，其在警察进入房间前就已开枪自杀。警察在其房间里已发现至少 10 把步枪。

媒体或网民意见

枪击案发生之后引起了国际、国内群众的关注。微博作为我国目前重要的社交平台之一，事件发生后各路媒体即时跟进报道，广大网友也随时关注最新动向，并发表自己的看法。博文共分为三类：第一类是赞扬在危险来临之际挺身而出的英雄精神，第二类是报道在美华人劫后余生的感慨，第三类是跟进最新进展。网友在不同微博下的评论可以分为以

---

① 酷军事. 美国枪击案不断，拉斯维加斯也白搭：美国为啥就是不禁枪？[EB/OL].（2018-04-02）[2018-08-15]. http://mil.eastday.com/a/171003194328919.html.

下几类：

观点一：思想极端，言辞激烈。一些极端的网友用一些脏话来辱骂博主或评论事件本身；也有少部分网友言辞犀利地讽刺不少中国人争先移民欧美国家的做法；有些盲目的网友由此次事件上升到制度问题，全盘否定资本主义制度，大骂欧美各国甚至牵扯日本。

观点二：逝者安息，祝愿和平，赞同控枪。网友龍介宫提出："美国发动战争，美国没有人性，美国枪击案，叫好的中国人就有人性了？"反对幸灾乐祸的部分网友，祝愿逝者安息。一篇标题为《杭州游客亲历美国枪击案：重遇时痛哭：还是祖国好》的博文下，绝大多数网友祝愿世界和平，同时也感慨中国实施禁枪政策，使得人身安全有很大的保障。网友 Silence 说："一直记得那句话：我没有出生在最安全的年代，但我出生在最安全的国家！"一定程度上认可了控枪的必要性。

观点三：控枪问题大讨论。一篇题为《拉斯维加斯枪击事件：至少 58 人死亡、6 名中国游客被困美国枪击案封锁区告》的博文中，一些网友针对合法持枪的问题进行了讨论。网友岁月点烟 42 522 认为"杀人的是人，而不是枪。监狱里最安全"。认为此次事件与控枪与否没有太大的关联。另有一部分网友对比中国的情况，认为持枪合法化是此次事件的一大推力。

分析与评论

生命之花不应该因恶魔的子弹而凋谢，控制枪支是非常有必要的。任何事物总是带有两面性，从冷兵器到热兵器的进化，提高了杀伤力，但也为人身安全埋下了隐患，枪支可以保护自身，但同时也危害了自身。美国的枪击死亡人数远超世界上其他同类国家，很大一部分原因是枪支拥有的合法化，美国公民可以持枪，民间持枪数量巨大。在美国历史上，持枪权被认为是最重要的个人自由权利之一。Mother Jones 统计数据显示："1982—2015 年，美国多数大规模涉枪杀人案件中，凶手的枪械都是合法获得。"

近年来，美国频发的枪击案，特别是在养老院、校园等人群密集的地方成为枪击案多发地，自由持有枪支、子弹的巨大威力、袭击者的丧心病狂以及被袭击人群反抗能力弱等原因，使得绝大多数枪击案伤亡惨重，此次枪击案更是让人意想不到地发生在了演唱会现场，让各界猝不及防。

枪支持有的意义何在？实际上，枪支在普通民众的日常生活中，多扮演着两种角色。一是个人的兴趣爱好，以收集各式枪支为乐；二是作为生产工具，在打猎时发挥其作用。这两种角色都是可以用其他东西替代的，至于枪支的其他用途，在社会稳定的情况下，绝大多数人一辈子都不会用上。所以，在很多严格控枪但又合法持枪的西方国家里，自卫不能作为申请持枪资格的理由。

当枪支作为商品，如同蔬菜一样可以自由买卖时，会给社会埋下不安定的种子，一旦播种到犯罪的土壤里便会疯狂地生根发芽，如同一个定时炸弹一般，因为购买枪支的真正用途很难被了解，尤其是对于使用的人是否精神正常或者是否有犯罪前科都不曾知晓，更是加快了这枚炸弹爆炸的进程。在美国众多枪击案中，袭击者要么为恐怖主义狂热分子，要么是在酒精的作用下失去理智。不管是哪一种，最后都是无辜的受害者被剥夺生命。

对枪支的管制并不是中国独有的政策，而是绝大多数国家采取的政策。实施枪支管制总体上是利大于弊。网友岁月点烟 42 522 认为“杀人的是人，而不是枪。监狱里最安全”。我认为，杀人的是人，但是枪支极大地提高了他成功的概率。2014 年 3 月 1 日，在云南省昆明市火车站发生了一起由新疆分裂势力一手策划组织的严重暴力恐怖事件，5 人持刀砍杀无辜群众，此案共造成平民 29 人死亡、143 人受伤，事件十分惨烈，但如果那 5 人不是持刀而是持枪，或许死亡的人更多，而一些受伤的人也未必能抢救回来。控制枪支的流动，极大地减少了威胁公民生命财产安全事件的发生，也减轻了事件发生后的后果，同时还可以带来比较和谐稳定的社会生活环境，减少无辜群众的伤亡；而禁止枪支的流动，在中国也见到了很好的成效，中国成了世界上最安全的国家之一，居民的幸福感指数也远高于其他国家，同时，也为国家经济的持续良性发展提供了重要保障。

随着枪击事件的频发，不少美国人也意识到控枪的必要性，但是最后在重重阻力下未能实施。2013 年 1 月 17 日，美国总统奥巴马针对枪支暴力签署了 23 项总统行政命令，要求国会重新立法禁止攻击性武器和大容量弹匣销售等内容。希望能够改变严峻的形势主体法案由加强购枪者的背景核查、加强打击非法枪支交易力度和增强校园安全保卫三项重点控枪举措组成。法案建议扩大目前的对购枪者的背景调查，包括在枪支展览和网上购枪者的调查；禁止购买攻击性武器以及高能弹药。尽管大多数美国人支持“枪控法案”，但没有获得参议院 60 张支持票的最低票数，以失败告终。虽然这次努力失败了，但是根据马克思的观点，矛盾是事物发展的源泉、动力，是新事物产生和旧事物灭亡的内在依据，新事物替代旧事物是历史的必然，事物的发展不是一次性完成的，而是一个螺旋上升的过程，正所谓“前途是光明的，道路是曲折的”。我相信，在不久的将来，枪支一定只会是战士握在手中保护民众的武器，而不是随意卖给恶魔剥夺他人生命的工具。

2016 级市场营销（2）班 况瑶瑶

指导老师：赵军峰

4. 美国枪击案：自由不会无代价

事件概要

美国赌城拉斯维加斯 2017 年 10 月 1 日晚上发生史上最严重枪击案，事件已经导致至少 59 死、527 伤。美联社 10 月 2 日最新消息称，此次袭击与国际恐怖主义无关。此前，IS 宣称对袭击负责。美国总统特朗普当地时间 10 月 2 日上午 10 点 30 分就此发表讲话称，这是“完全恶魔的行为”。特朗普表示，将降半旗致哀。特朗普表示，将于周三访问拉斯维加斯，并看望受害者家人。

有媒体报道，枪手为 64 岁的史蒂芬・帕多克，其在警察进入房间前就已开枪自杀。

警察在其房间里已发现至少 10 把步枪。枪击案发生之后，国际、国内网络出现各种不同的声音，控枪的、反控枪的、谴责的、隔岸观火的……

媒体或网民意见

观点一：呼吁禁止贩卖半自动突击步枪。“很不幸，每次都以为我们听过最可怕的与恶性暴力事件有关的国内事件了，都觉得不会出现更可怕的事件了，然而昨日奥兰多的那则新闻，仍旧让人觉得难以置信，那么多人的生命消逝得如此之快，就因为碰上一个失去理智的疯子，这种事情永远都毫无道理。但是，我真的不明白为什么我们的国家会允许有人购买并且拥有一把半自动突击步枪，我完全理解不了。这些东西是作战用的武器，它们根本就不应该存在在平民的生活里。”

——美国脱口秀主持人 Conan Christopher O′Brien

观点二：美国人拥枪有其历史渊源。在殖民时代的美国，拥有枪支是保卫你的权利的最好的方式，也是平衡强者与弱者的最好工具。每一次美国发生暴力枪击案之后，枪支销售就会大涨，消除枪支威胁的方式就是你也有枪。美国人拥枪的权利是写入宪法的。包括学生发起的限枪运动，其目的都是限制而不是禁止。面对这样的民意，不会有任何一个总统、政党和政府愿意去禁枪，结果就是一切都不会改变。

——天涯社区博主 巴扎黑

观点三：支持严格枪支管理。即如果能真的保证罪犯的枪也被没收，我也支持限枪。但我绝对不支持现行民主党挂羊头卖狗肉的、只许州官放火的哗众取宠的假禁枪（如只追究禁枪法案颁布日之后的枪支，对以前的枪支既往不咎。旧枪就不能杀人?）如果真要禁枪就宣布回收政策，过期出动军队，挨家挨户搜，搜到者严处！并严守边境，打击贩毒枪支相连之犯罪。

——知乎问答，刘翔熙（前美国联邦劳工部探员，NRA 手枪教官）

分析与评论

拉斯维加斯枪击案发生之后，网络上对于枪支管制的讨论声层出不穷，有的人认为应该全面控枪，有的人认为应该反控枪；有谴责持枪犯罪的人，也有看美国热闹的人，甚至还有怂恿中国应该效仿美国的人……

面对网络上千奇百怪的评论和争议，我们应当理性地去看待和分析。作为一名大学生，虽然没有完全进入社会这个大熔炉，但是我们的一只脚已经迈入了社会，所以我们要学会辩证地看待问题。辩证，即是辨别事物、证明真理。因此，我们要学会辨别事物的好坏。对于这次美国拉斯维加斯枪击案，有的观点认为应控枪，而有的观点则认为不应控枪。那么，我们首先要明白为什么会有两种不同的观点。

根据网上评论和争议的整合，大部分人持有的观点是应该控枪。原因其实很简单，在美国是允许个人持有枪械并可以在一定的法律范围内使用的，所以在美国居民的持枪率很高，而美国的犯罪率也是长期以来的居高不下，却很少有相关的法律来限制持有枪支的犯罪率。许多人认为正是这种法律的规定——枪支滥用，导致了高犯罪率以及犯罪所带来的严重后果——枪击案死伤惨重。所以，大部分人认为只要能降低或者控制在美国的枪支持有率，就可以降低犯罪率，减少死伤率。于是，他们的观点很鲜明，在最大的范围内严格控枪，即可以保障人民的安全降低犯罪的概率。

而持有相反观点（不应该控枪）的人，他们则认为高犯罪率与枪支的持有并无关系。犯罪率高是因为美国的多元文化性和巨大的贫富差距所导致的社会矛盾较深。而在这样容易引起冲突的社会中，民众可以持枪则是对自己的一种保障。他们认为在危机发生的时候，可以救你的并不是警察而是你手中的枪，于是他们坚定地认为不应该控枪反而应该时常准备枪来面对可能的危险。

其实这两种观点都有自己的道理，但是却没有看到事物的另一面。我们对于网络上形形色色的观点，要综合分析。采纳正确有价值的观点，拒绝以偏概全、虚假不符合实际的观点。

对于此次美国枪击案所引发的是否控枪的问题，我认为，枪支的管理与控制是必须的，这样大规模杀伤性的武器不应该在和平社会存在，对于美国控枪一事势在必行。但是考虑到美国的国情和我国的国情不同，距离真正做到控枪还有很长的路要走。

网络上的意见众说纷纭。我们作为当代大学生，应当学会如何在混乱的网络环境和复杂的网络观点中去其糟粕、取其精华，不被网络上形形色色的言论蒙蔽双眼，学会用自己的智慧和独特的眼光去看待问题、分析问题。

2016 级土管（2）班　吴宇霏

指导老师：杨华

案例二　抢救病人反被索赔千元。医生：剪衣服合规 但处理失当

1. 急诊医生真的急?

事件概要

武汉大学中南医院医护人员日前在抢救一位危重患者时，剪掉了患者的衣裤，患者醒来后发现衣裤已被当作垃圾处理，衣裤中的身份证、银行卡、数据线和500元现金也不知所踪。事后患者父亲向医护人员索赔1 000元。参与抢救的武汉大学中南医院急救中心副主任医师夏×表示：剪掉衣裤是抢救患者需要，符合惯例，但他们也承认此事的处理确有疏忽。后来医护人员集体凑了1 000元赔付给了当事人父亲。当事人随后也表示，此事已得到妥善处理，并对处理结果表示比较满意。就此事，广大网友展开了热议。[①]

媒体或网民意见

观点一：为抢救病人，医生减掉患者衣物符合紧急避险原则，并无过错，这个责任不应该由医生承担。对此，北京安杰（深圳）律师事务所合伙人、律师潘翔表示，所谓紧急避险，是指为了保护较大的利益而牺牲较小利益，“也就是说在危急关头，维护患者生命是较大利益，损坏患者衣裤是较小利益。因此，医生的行为并无不当，是符合相关规范的。”同样，专注于医疗领域的上海海上律师事务所律师刘晔也表示认同，“无论患者衣服有多贵重，在这种情况下医生都是没有过错的。”

观点二：医护人员没有检查便将衣物当作垃圾处理掉，尽管不是故意的，但是未保管好财物存在一定疏忽和过错。根据这一种观点，潘翔也表示，从目前情况来看，医护人员存在一定疏忽，剪掉的衣服没有检查就当作垃圾扔掉了，这种情况应该将剪掉的衣服交还家属，或者经过检查后将衣裤里面的财物交还给家属，而不是没有经过检查就把衣裤扔掉了。尽管剪掉衣裤是没有责任过错的，但没有保管好衣裤里的财物、随意扔掉了衣裤存在一定疏忽和过错。因此，潘翔认为：医院应针对这种情况吸取经验教训，完善相关管理机制，对患者财物有一个明确规范的去向管理[②]。

观点三：医生抢救病人属于职务行为，应当由单位承担侵权赔偿责任，而不应该由医护人员自己凑钱赔付患者。

分析与评论

我的观点：医生抢救病人时剪掉其衣服符合急救操作原则，财物保管及损失的责任应

---

① 澎拜新闻. 抢救病人反被索赔千元医生：剪衣服合规 但处理失当［EB/OL］.（2017-09-22）［2018-08-23］. http：//news. 163. com/17/0922/20/CUVBQ9HR000187VE. html

② 澎湃新闻. 参与抢救医生回应遭索赔：剪衣服合规 但处理失当［EB/OL］.（2017-09-23）［2018-08-23］. http：//hb. qq. com/a/20170923/013437. htm.

当划分给单位，并不能算是医护人员个人的责任问题，因此，赔偿等事宜也应该由单位出面进行协商支付。

首先，我更倾向于并赞同第一种和第三种观点，同时并不是很赞同第二种观点。不赞同之处在于：生命在某些时候真的是脆弱的不堪一击，那个时候，一分一秒的时间都是弥足珍贵的。医生把抢救生命视为天职，当然会在那个时候争分夺秒地去抢救病人，无暇顾及患者的财物是情理之中的。不论是处于职业理解还是人文情怀，我都认为医生的这种行为并没有存在过错之处。

其次，为什么我认为医生的这种行为并没有过错之处。第一，仍然回到时间问题上，虽然我们不是医生，但是有的时候抢救病人就是那几分几秒的时间。而且，不到万不得已，医生是不会直接剪掉病人衣服为其进行心肺复苏术的，而一旦发生了这样的行为，这也说明，此时病人的病情随时可能危及生命，已经刻不容缓。所以，在紧急情况下，医生只有一个职责，那就是抢救病人，其余一切都与其无关。第二，病人发生突发状况时第一时间肯定是被送往医院急诊科，急诊科医生的压力相比其他科室更大一些，因此，在时间和压力的双重作用下，一丝一毫都是不敢懈怠的，所以，医生更加注重抢救，在生命面前，那些身外之财本就是微不足道的。第三，从医生的职责角度出发，保管财物应当是医院公共服务机构以及病人家属的责任，医生本就没有义务和责任来承担这些。如果这些也要医生承担的话，那么心肺复苏中肋骨损失的责任是不是也该让医生承担？显然，这些都是无稽之谈。那么，以此类推，剪掉衣物而导致财物损失的责任也不该由医生来承担。

最后，医生抢救病人时剪掉其衣服符合急救操作原则，财物保管及损失的责任应当划分给单位，因此，赔偿等事宜也应该由单位出面进行协商支付。医生是生活在我们身边真正的天使，他们为了病人可以没日没夜地付出，可以承受莫大的风险只为将生的希望带给病人。但是，医生同样也是一个普通人，是人就会犯错误。更何况，这些还都是不能称为错误的错误，更不应该由医护人员来承担。在我看来，一个医院不仅要拥有完整的科室、技术高超的医生以及先进的设备，还要有完善的服务体系，当患者被送上救护车时，就应该有相关人员对患者身上的财物进行清点，有亲属陪同时，在清点完成之后，应当将财物转交给家属；若没有亲属陪同，则应该设定相关人员来进行财物的集中管理。在病人被送到了医院之后，医生便可以没有后顾之忧地进行抢救。这样，也会大大降低产生医患纠纷的可能性，为构建一个和谐的医疗环境奠定一个良好的基础。

只要人人都多一点理解，我相信我们的世界至少是和谐稳定的。

2016 级社会学　郑佳茜

指导教师：田妍

2. 剪衣风波，谁承担后果？

事件概要

2017 年 9 月 11 日，武汉大学中南医院医护人员在抢救一位危重患者时，剪掉了患者的衣裤，随后被护工人员当作垃圾处理掉，导致患者衣裤中的身份证及财物丢失。事后患者父亲采取报警的方式向医护人员索赔 1 000 元赔偿金。该事件被曝光后在社会上引起了许多争议，网络上也出现了许多不同的观点。面对争议，参与此次抢救的医生则表示：剪掉衣服符合惯例，但没有妥善处理。[①]

媒体或网民意见

从医患关系看，很多人一方面觉得患者方太不懂事了，简直是恩将仇报；另一方面也谴责处理此事件的警察不分青红皂白。如果医生为了规避风险，更谨慎地处置患者衣物，也许就会导致抢救失败。甚至有人担心，医院的赔偿开了一个不好的先例：以后医院抢救会以此为戒，为了避免损失，会更加谨慎而造成抢救时机的耽误，这可是一件很恐怖的事情！

从法律上看，医院剪坏了患者的衣服，就应当履行赔偿义务。如果医院要规避这种责任，可能需要在抢救前获得患者家属的签字认可。但是，医院让家属签字的告知书并不包括损坏衣物这一项，而且在紧急情况下，如果联系不上患者家属，医院也有责任和义务直接实施抢救。因此，撇开人性和道义讲法律，医院的权益很难得到充分保障。

从患者角度看，“不计较”不等于“不能计较”。据当地媒体报道，患者李先生在武昌一家网吧工作，各种迹象表明他跟咱们大多数人一样属于一个无产者。这 1 000 元赔偿对他来说可能真的很重要。所以，部分人认为患者家人索赔、医生进行赔偿也是比较合理的。

分析与评论

于医生而言，在紧急情况之下，他所需要解决的主要矛盾就是剪开衣物对患者进行抢救，保证患者的生命，而将患者衣物妥善处理较之抢救而言则处于一个次要矛盾的地位。但是医院内部人员在处理患者衣物时确实有欠考虑，将患者衣物交给家属是医护人员本应该清楚的的一项医院规定。而此次事件中将衣物当作垃圾处理掉一方面反映出医院工作人员的工作疏忽，另一方面也反映出医院管理体制中存在着的一些问题。对患者而言，进入医院拯救生命是其所面对的主要矛盾，所以会有很多人认为患者索赔行为是一种“恩将仇报”的行为。可是，患者衣物中的身份证等重要物品的丢失确实也为患者带来很多不便之处，患者家属向医生提出索赔要求具有合理性，也许很多人认为这在道德层面上应该受到谴责，但从法律层面而言它就是合理的，患者及其家属采取合法途径维护自身的权益又何罪之有呢？他们是没有错的，所以我们任何一个人都没有权利去评判一个我们自己从未曾遇到过的事件地的结果。

---

① 澎拜新闻. 抢救病人反被索赔千元医生：剪衣服合规 但处理失当［EB/OL］.（2017-09-22）［2018-08-27］. http：//news. 163. com/17/0922/20/CUVBQ9HR000187VE. html.

在很大程度上而言，就像医生自己解释的一样，剪衣合理，但处理确实是不恰当的。因此应该对患者进行赔偿，只是关于赔偿的方式也许我们能提出一个更好地解决办法让医患两方面的利益都能够得到保障。

就此事件来看，它不只是简单地反映出医患之间的关系问题，更深层次地反映出的是医院内部的管理问题。医生剪去衣物，而医院员工对衣物处理不当，从某方面来说是医院管理上的失误，故就赔偿而言是不是更应该由医院内部的相关机构进行处理或者说是由医生与医院共同承担责任呢？所以我认为，患者索赔属于合理情况，而这种情况的发生应该引起医院管理方面的重视，且应该由医院内部相关机构与涉及此事件的医生共同承担责任。除此之外，此事件更是警示我们每一个人：近年来，网络时不时发酵的“医闹”事件违背了我们和谐社会的发展理念。我们究竟应该如何去评价一件事情？是借助网络人云亦云还是随意发表意见？恐怕都不恰当吧！

2016 级经济学专业　宁顺兰

指导老师：王仕勇

3. 医者有德，患者有理，观者还需更理智

事件概要

2017 年 9 月 11 日下午，武昌李姓男子突发肺栓塞致心脏呼吸骤停，被送往武汉大学中南医院急救中心抢救。在抢救过程中，为插入人工心肺仪，当事医护人员将患者的衣裤剪掉。患者醒来后发现衣裤已被当作垃圾处理，衣裤中的身份证、银行卡、数据线和 500 元现金也不知所踪。事后患者父亲向当事全体医护人员索赔 1 000 元。参与抢救的医护人员坦白情急之下，剪掉衣服符合惯例，但没有妥善处理患者财物确是院方的疏忽。①

媒体或网民意见

有网友认为患者索要赔偿是道德缺失的表现：这是赤裸裸地引领道德败坏，以前是扶不扶，现在有救不救？中国人的道德标杆在哪儿？

有网友认为患者的索赔是合理要求：医生只是一份职业，救人是他的职责，而对等的是，患者也支付了昂贵的手术费，这是等价交换的。

有网友表示医院不应负责：这是过度解读医患的权责关系，将医患关系简单归结为单纯的消费关系，医院本着救人优先的原则应当免责。

有网友认为，这是医院管理责任的疏忽：生命与权益，本来也不矛盾。医院在救死扶伤的同时也有责任和义务保障患者的财产权不受侵害。

有网友发文权衡舆论倾向的利弊：这只是医院在无数件急救事件中处理的一件事情，医院的主任反而担心此事报道较多，容易在医患之间产生误会。不知从什么时候开始，舆

---

① 李珣，刘霁. 参与抢救医生回应遭索赔千元：剪掉患者衣服合规，但处理失当［EB/OL］.（2017-09-22）［2018-08-05］. https：//m. thepaper. cn/newsDetail_ forward_ 1803195.

论中出现了一种不好的倾向，凡是有患者有提出什么要求的，一定会被定性为不怀好意，利用“我弱我理”来欺负人。所以，一旦真的有病人发声，就会被舆论贴上不可饶恕、必须打击的“医闹”的标签。

分析与评论

首先，讲情理，更应当讲法理。情理关乎善恶，法理决定是非。

救命之恩确应感激报答，医护人员管理的过失却也不能让患者承担。网友口中的“道德缺失”“道德败坏”，仅仅是用“以怨报德”的道德评价来对患者进行舆论批判，实则忽略了患者索赔行为的合理性与合法性。

说其“合法”，根据《中华人民共和国侵权责任法》中侵害民事权益应承担侵权责任的规定，被医院处理的衣物应归于患者的私人财物，医院对其有妥善保管的义务。现因保管不当而丢失，医院应根据该法承担侵犯患者财产权益的责任；根据《中华人民共和国民法总则》中有关紧急避险人采取措施不当造成不应有的损害应承担适当的民事责任的规定，医务人员在抢救时剪掉患者衣物实属紧急避险行为，而患者在证明自己遗失的衣物内确有财物后，是有权利向医院进行索赔的。

说其“合理”，一方面，在于患者索赔的中心不在于大多数人认为的被剪破的衣服，而是被处理掉的衣物内的财物和证件；另一方面，病患家属也并未因医院的失误进行所谓的“医闹”恶意行为，索要 1 000 元也在市场价值合理估计范围之内。

可见，患者的索赔要求合理合法，是维护自身权益的正当之举。

其次，这次索赔事件也给其他医院的管理流程和医务人员配置问题的改进和完善敲响警钟。归根结底，这次索赔的源头也是医院管理工作的失当和医护人员的失职。

对一个呼吸心跳停止的患者来说，早一秒插上心肺呼吸机就意味着在与死神的搏斗中多了一分胜算，因此医务人员需要不惜一切代价，以争取在最短的时间内清理掉患者身上阻碍呼吸机工作的衣物。当时情况紧急，衣服只能剪，这完全符合医疗规范；但在救人之余，患者财物的妥善保管是完全可以实现的。

一些人认为，“保管衣服耽误抢救时间”。其实不然，医生负责抢救，而其他医护人员可以配合保管，最后护工在清理现场时也可以留意衣裤里的财物；同时，医院通常有患者私人物品专人登记保存制度。若严格执行这样的制度，该患者的财物又怎会丢失呢?

救死扶伤是医生的天职，为患者保管财物则是医院的义务。而这次索赔是由于医院管理制度的不完善，从而造成医护人员的失职。用人单位应当承担侵权责任，理应由医院赔偿。

更值得令人深思的是，在这场引发巨大舆论争议的事件背后，当事人并没有在涌入的舆论洪流中迷失。诸如“反遭索赔”“医生冤不冤”等具有价值偏向和夸大事实的标题煽动着原本就脆弱不安的人心，将公众舆论带入了偏激导向。

反之，这家医院处理事情的理智态度值得欣赏。其不但没有利用舆论的惯性将患者打入道德的洼地，反而对公众多了一些理性的引导。“这一千元也许对他很重要”“这是因为医院的确有做得不到位的地方”，医院尽量站在患者的角度去思考和反省自身工作的不足；同样，患者家属也就事论事，通过合法的渠道，在合理范围内维护自己的权益。

我们所生活的这片土地充斥着质疑和喧闹，它需被冠以真理的土壤。终有一股冷静、平和、细水长流的力量，将在这片沃土上唤起理性的呼声，守望纯粹的信仰。

2016级会计学（6）班 漆书晴

指导老师：刘朋

案例三　关于中印洞朗地区对峙的网络热议

1. 德不配位，殃灾必起

事件概要

2017 年 6 月 18 日，印度边防部队非法越界进入中国洞朗地区。中方通过外交渠道多次向印方提出交涉，向国际社会说明事实真相，阐明中方的立场和明确要求，敦促印方立即将越界边防部队撤回边界印方一侧。同时，中国军队采取有力应对措施，维护国家领土主权和合法权益。2017 年 8 月 28 日，印方将越界人员和设备全部撤回边界印方一侧，中方现场人员对此进行了确认。天下并不太平，和平需要保卫。中方希望同各方一起共同维护世界的安全与和平！①

媒体或网民意见

观点一：这次事件的本质就是印度决意加入西方全球战略后向西方递交的一份“投名状”。天下大势，绝非一时兴起；大国斗法，亦非两国私怨。中国是大国，要说清印度越界之事，就必须站在中国全球利益尤其是核心利益基础之上说起。②

观点二：此事件仅是当今国际大环境大矛盾下的一次极端事件，也是历史这个车轮向前碾轧的那么一小步。具体地说，就是中美两国各自的合纵连横国际战略的一次前端较量。

分析与评论

在我看来，中印洞朗事件的对峙是两国政治博弈的产物，也是当今国际上多极化的表现。

洞朗对峙事件的博弈基本结束后，印度媒体第一时间向外界宣称印方在此次事件中取得了胜利。但是，8 月 28 日印方主动将越界人员和装备全部撤回，中方依旧对此区域行使主权管理，这确是中方在对峙中的成功，因为印方用率先撤离的做法向国际背书洞朗主权与其无关的事实。因此，我认为在洞朗事件中，中印双方都赢得了面子和里子：印方通过越境行动叫停了中方在边境地区的建设，满足了缓解西里古里走廊安全压力的需求；中方打赢了洞朗主权保卫战，更化解了一场重大危机。③

但是，在网络中也存在着此次事件“中印双方的根本意图是想向南亚小国展示自己的

---

① 墨者善狩. 中国在洞朗又建了一条道路，印军想干预都够不到了！［EB/OL］.（2018-03-29）［2018-08-29］. http：//www. sohu. com/a/226549966_ 384702.

② 西陆网匿名网友. 中国在什么情况下会对印度开战？看完全明白了［EB/OL］.（2017-11-25）［2018-08-15］. http：//shizheng. xilu. com/20170731/1000150004756554. html.

③ 华夏时报. 龙象之争：中印洞朗对峙得失分析与思考［EB/OL］.（2017-11-25）［2018-08-15］. http：//finance. sina. com. cn/roll/2017-08-31/doc-ifykpzey3240563. shtml.

影响力”的观点。对此，我是不认同的。众所周知，当今中国的发展是和平的稳健的发展，所以我认为从中国单方面来讲，通过洞朗事件来彰显中国在南亚地区的实力这一说法是不可取的。

从战略层面看，中印双方能够在短短两个月的时间内结束对峙是可取向好的。国际政治之间的技术安排致使中方暂停修路和印方主动撤离，这对我国而言，结束西南方向边境紧张态势，有助于战略机遇期的维持和延长，继续一心一意谋求和平与发展。如果此时中国又因一条公路与印度陷入对峙、摩擦甚至局部战争，我国的交友之路势必跌宕坎坷、内外交困。因此，停止对峙对于中国的周边环境安全有着重大的意义。而对印度而言，其经济、政治、军事均不敌中国，若不撤军只会使事态更加严重，故印度会选择率先撤军。

洞朗事件也警醒我们，当今世界仍旧不太平。作为大学生的我们就更应该不拘泥于自己的一方天地，要真正做到“风声雨声读书声，声声入耳；家事国事天下事，事事关心。”努力学习吧，为了祖国的和平稳定贡献出自己的力量！

2016 级人力资源管理（2）班　李秋实

指导教师：田慧

2. 众口话“洞朗危机”

事件概要

中国国防部表示，2017 年 6 月 18 日以来，印度边防人员非法越界进入中国洞朗地区，引发中印边境局势持续紧张，中国军队对此坚决反对，并采取紧急处置措施，强化边界管控。

同年 8 月 28 日 14 时 30 分，印方已将越界人员和设备全部撤回到边界印方一侧，中方现场人员对此进行了确认。中国军队将保持高度戒备，坚定捍卫国家领土主权。

媒体或网民意见

此次中印洞朗地区对峙事件在网上引起了很大反响，各方意见不一、态度各异。

观点一：我国应该马上和印度打一战。持这种观点的网友，在这次事件中占绝大多数。他们大都对印度主动挑衅中国表示愤慨，对于祖国的强硬姿态表达了赞同。

观点二：我国应该保持克制，现今的最好解决方法是通过外交手段解决。

观点三：现在发生这件事，也许是我们向高原地区合理部署部队的契机。这种观点主要是网友们从军事方面进行的分析，他们的观点也得到了很多网友以及媒体的赞同。

分析与评论

我的观点是我国政府有能力保护我国领土主权，我国应该继续保持战略定力，关于洞朗事件我们要全面地看待。

危机的爆发，说明了矛盾的特殊性，不管其发生的原因抑或是其发生的经过都具有特殊的一面。总体来说，我国现在和周边的国家搞好关系，为我国的发展创造一个良好的发展环境是必要的。因此，尽量避免与印度发生冲突是正确的做法。不仅要看到我国与印度有各方面的合作，还要看到其中所涉及的大国博弈。从前者来看，仅在2016年，我国与印度的经济双边贸易额就达到了707亿美元。在政治方面，我国与印度同为金砖国家，双方的发展前景巨大。印度的地理位置处于印度洋的核心区域，对于各大洲的交流有着重要的作用。

我们是一个爱好和平的大国，我们也一直在向世界承诺要和平崛起。我们不想打仗，可是如果某些国家想让我国放弃自身的切身利益，那么是绝不可能的。我们强调和平，可并不代表我们没有能力保护和平。我们国家通过巨大的努力才使得此次事件得以和平解决，我们没有道理再去责备什么。

有的话，说多了便是真的。可若是我们擦亮眼睛，那么我们就不会被表面现象蒙蔽。

2016级经济（1）班　李云丰

指导教师：沈顺祥

3. 中印洞朗局势究竟如何发展

事件概要

2017年6月18日，印度边防人员在中印边界锡金段越过边界线进入中国境内，阻挠中国边防部队在洞朗地区的正常活动。针对这一起损害中国领土主权、威胁中国安全利益的行为，中国本着最大善意，保持高度克制并迅速表明态度且画出底线。

2017年8月28日14时30分，印方将越界人员和设备全部撤回边界印方一侧，中方现场人员对此进行了确认，事件到此结束。

媒体或网民意见

观点一：中印洞朗地区对峙最终只能通过武力解决。

观点二："鹬蚌相争，渔翁得利"，战争以外交方式收场的可能性较大。

中印政府都不想打仗，虽然外交辞令上依然针锋相对，但双方都在努力保持克制。现在中印边界矛盾已经有激化苗头了，继续扩大事态，使中国企业在印度承建的项目受到影响进而波及印度国内经济更是双方都不愿意看见的。基于种种原因，中印双方以外交方式收场的可能性更大。①

分析与评论

从6月18日印边防部队非法越界进入中国洞朗地区，到8月28日印方越界人员全部撤离，持续了70多天的中印洞朗对峙事件最终和平解决。这对双方而言应该都是一个不错的结果。然而，这次事件同样给我们带来一些思考。

首先，过去，中印双方都希望能够以大局为重，搁置争议，互利互惠，和平发展。可

---

① 天涯博客. mememevvv. 笨狼对中印洞朗对峙的一点看法［EB/OL］.（2017-07-11）［2018-08-03］. http://blog. tianya. cn/post-854872-125063458-1. shtml.

这只是中国的一厢情愿。洞朗对峙事件中暴露出中印双方在政治、军事上极其脆弱的互信，而事件之中印方悍然越界阻挠中方施工和长期无理滞留也体现出其无视国际条约以及将本国安全凌驾于别国之上的霸权主义思想。此次事件应该给中国敲响警钟，防人之心不可无，要对印度在边境地区所有可能做出的行为进行全面的预测，并做好更充分的预案来应对突发事件。

其次，在此次事件发生的整个工程中，中方的外交应对由于预先准备不足，所以显得略有被动，尽管中印边境摩擦事件时有发生，但本次在非争议地区发生边境摩擦尚属首次，导致了中方在事件初始的外交处理上略显僵硬，中国外交部的表态中一直坚持此次洞朗冲突的性质不同于以往在争议地区发生的摩擦，但是在最初采取的实际处理方式却与之前处理边境冲突区别不大，之后的处理过程中虽然一直态度坚定，但没有很好地把握问题的主导权。希望在之后的国际事务中，中国外交部能做好未雨绸缪的工作，主动地应对各种突发事件。

最后，普通民众特别是网友对本次中印洞朗对峙事件的评论分析较之政府和学术界来说，显得更加随性和多样。尽管大部分网友的评论只是随心而发，并没有缜密的逻辑和理性分析的支撑，但网友们对此次中印洞朗事件的持续关注也表明，伴随着互联网等通信技术的迅速发展，普通民众对国际外交事件的参与度在不断提高，这使得国家决策层在处理外交事件特别是涉及领土等敏感问题时，应该考虑更多的因素，更加慎重抉择。

2016 级国贸（2）班　卢俊成

指导教师：余玉湖

4. 以史为镜，顾全大局

事件概要

中国国防部表示，自 2017 年 6 月 18 日以来，印度边防人员非法越界进入中国的洞朗地区，干扰我国正常的建设活动，引发中印边境地区局势持续紧张。中国军队对此表示坚决反对，并采取紧急处置措施，强化边界管控。

两个多月后，经过中印双方积极的协商和沟通，于 8 月 28 日 14 时 30 分，印方将越界人员和设备全部撤回到边界印方一侧，中方现场人员对此进行了确认。中国军队将保持高度戒备，坚定捍卫国家领土主权。

媒体或网民意见

关于中印洞朗对峙事件，众多网友的观点大致可分为三类：

第一类网友主张中国与印度开战。

第二类网友主张通过谈判解决争议，发动战争对中印双方都不利，只会劳民伤财，高兴的只有看热闹的发达国家。

第三类网友认为国家之间形势瞬息万变，无论中国将会采取怎样的措施应对，首要的是提前做好战争准备，增强国家实力。

分析与评论

在印度的战略考虑中，中国在洞朗地区的基础设施不断加强，倘若日后中印发生冲突，不丹以及印度境内距洞朗几十千米的西里古里走廊可能存在巨大隐患，于是人为造成此次领土“争议”试图占领有利地形。

人际交往中随着了解的加深，由于个体差异产生摩擦在所难免，有了矛盾就决一死战是万万不行的。而国际关系牵一发而动全身，更需要全面考虑、权衡利弊。纵使我国综合国力与日俱增，但武力并不能解决所有问题，盲目的与印度开战还会带来许多其他的负面影响。首先主动挑起战争有违我国长期奉行的和平发展政策，一旦和印度发生武装冲突甚至局部战争，便会让我国一直营造和维持的和平大国形象随之破灭，使中国处于不利的国际舆论地位（如 20 世纪 60 年代中国对印度合理合法的自卫反击战，却被一些国家歪曲为对印度的侵略），影响到我国与其他国家的合作和进一步发展。此外，可能导致亚洲局势动荡，尤其会使中国与周边部分国家的关系变得难以处理，不利于边境局势稳定。回看历史长河，战争的不可控性只会带来更多的矛盾和冲突早已得到证明，其代价之惨重也一再警醒着世人。

然而，坚持和平不等于消极避战，不能盲目妥协甚至放弃我国的正当权益。中印发生冲突的地点在中国的洞朗地区，并且是印度越境干扰我方施工人员的正常修路活动，拒不撤离在先，这才导致了双方矛盾的升级。面对印度公然挑衅，若对印度妥协势必会助长印度及其他对我国领土和主权有觊觎之心的国家的嚣张气焰，如同当年清政府割地赔款沦为列强的傀儡一般，严重影响我国独立自主的发展。中国在中国共产党的正确领导下，多年来发展迅速，综合国力大大提升，中国既有能力也有决心捍卫自己的领土和主权。

和平解决国际争端是现代国际法上的一项重要制度。中印双方在领土问题上应该保持克制、保持理性，坚持以平等、和平的双边对话协商为主，有原则、有底线的进行双方和平谈判，同时中国绝不承诺放弃使用武力，以国家利益和人民利益为重，坚持以军事实力为支撑，必要时候应采取强硬措施维护我国的正当利益。

2016 级国际经济与贸易（4）班　王贞白

指导教师：沈顺祥

案例四　美国退出联合国教科文组织：为了以色列，更为美国自己

事件概要

2018 年 10 月 12 日，美国国务院发表声明，宣布美国将从 2018 年 12 月 31 日起，退出联合国教科文组织，并给出了以下几个理由：不断增加的欠费问题和该组织进行基本改革的必要性以及该组织持续的对以色列的偏见。美国宣布退出联合国教科文组织之后以色列也随即退出，立即成为吸引世界目光的注意的热门议题。虽然美国退会，但仍然保留观察国身份表现出特朗普政府对单方组织“情有独钟”。

媒体或网民意见

观点一：特朗普这样做其实恰巧是经过慎重决策的，而非所谓商人头脑。一方面，以后美国历届政府随时都可以再次加入教科文组织；另一方面，美国国内财政赤字确实严重，这一切都是为了美国实体经济的发展，缓解财政压力，待蓄力以后，便可重新以“霸主”地位加入了。此外，我认为特朗普上台反而为美国延续了“霸主”寿命，而非缩减。①

观点二：美国不再在领导和维护全球秩序上投入太多的资金，而是把更多的钱投入国内。因而它必然会退出很多多边组织，减少原来承担的国际责任。必然造成权力空间。客观上把部分国际领导权让给中国。一方面加强中国的国际地位和政治实力，另一方面增加中国在国际事务上的支出。②

观点三：美国宣布退出联合国教科文组织，理由是该组织存在针对以色列的偏见。

分析与评论

在谈论此事之前，我们首先要弄清楚联合国教科文组织是一个什么样的组织。

不少人认为这是不足轻重的小集团，然而，我们今天熟悉的全民教育、男女平等，都是教科文组织的重要推广工作。甚至酒店、学校、景点的残疾人设施推广，也跟教科文组织有关。也就是说，它是一个出规则、出思想的地方，也是国际合作的平台和网络。③

美国退出联合国教科文组织，实质上是特朗普政府采取迂回战术挽回逐渐失去的霸主地位的一种方式。近年来，中国取得的发展有目共睹，中国的国际地位不断提高，其影响力更是不言自明。在世界面临的众多问题中，中国起着中流砥柱的作用。然而，这几年，美国在多方组织中的话语权总是受到“挑衅”，这成为美国决然退出教科文组织的诱发原

---

① 知乎：如何看待美国退出联合国教科文组织，这将会产生怎样的影响？小马驹跟帖［EB/OL］.（2017-10-07）［2018-08-01］. https：//www. zhihu. com/question/66571124.

② 来自知乎：如何看待美国退出联合国教科文组织，这将会产生怎样的影响？陈磊写贴［EB/OL］.（2017-10-07）［2018-08-01］. https：//www. zhihu. com/question/66571124.

③ 环球网. 内部人士揭秘：美国退出教科文组织，可不只不想交钱这么简单［EB/OL］.（2017-10-13）［2018-08-01］. http：//world. huanqiu. com/article/2017-10/11324250. html.

因，颇有点破罐子破摔的味道。

其实美国自身是有一系列问题需要解决的，其面临的首要难题是经济问题。由于多年以来以政府赤字为代价带来的供给和需求的不平衡的病根并没有得到解决，且失业率和通货膨胀难以控制，从而导致一系列社会问题，虽然这些问题还未大规模地产生多米诺骨牌效应，但是这些隐患是不容忽视的。另外，中国和美国的贸易顺差高达 1 300 多亿美元。也就是说，在国际贸易中，美国吃了亏，这是美国不愿见到的。

还有一个原因是，之前，联合国教科文组织曾两度惹怒美国，其中作为导火索的事件是该组织以压倒性优势允许巴勒斯坦成为会员，也就是间接承认巴勒斯坦是一个国家，这是以色列和美国不愿看到的。

出于这一系列背景因素考虑，美国退出联合国教科文组织，可以养精蓄锐，避免国际上的支出，把重心放在发展国内经济上。

在这个问题上，我们需要看到的首先是联合国教科文组织并没有实质权力，美国退出此组织对其负面影响不是很大，虽然这会影响到其国际信誉，但面对于振兴国内的经济，权衡之下，美国还是选择了退出。这一事件的发生，意味着中国将承担较多的国际责任，也就是说将有更多的资金从中国流向其他国家，这是大国崛起的必经阶段，但是应该考虑到整体经济水平的发展，切不可“打肿脸充胖子”。其次，我们应该看到，这不是美国第一次退出联合国教科文组织，上一次退出了之后还是回来了，这一次如出一辙。

这一事件反映了当今世界形势正在发生悄然的变化，两个大国之间的较量是无法避免的。我们不能居功自傲，反而要虚心，在发挥国际影响力的同时不要忘记大力发展经济。如此，中国成就一番伟业指日可待！

2016 级会计（5）班 卢康锐

指导教师：秦筱萌

案例五　学生手机销毁的是与非

1. 法理为限，理性育人

事件概要

2017 年 10 月 8 日，河南南阳华龙高级中学在操场举行手机销毁大会，数十部从学生处没收来的手机被用铁锤砸毁、投入水桶中。有的网友认为此举过于暴力，涉嫌违法。也有人表示，为了让学生专心读书，可以理解。学校方面称，这样做是为了让学生好好学习。有律师表示，此举涉嫌损害私人财产，并不可取，但可以采用代学生保管、放学后交还的方式来处理。通过阅读一份名为《华龙高中部学生手机等 9 项管理措施》的文件，发现校方的行为完全符合该文件的相关规定。

媒体或网民意见

观点一：开销毁大会砸毁手机的初衷虽然是为了学生好，但明显侵犯了学生的财产权，涉嫌违法。学校和老师依照校规管理学生是正常的工作行为，但必须合法且应该人性化。法理是用来保护人的基本权利的，校规基于法理，法理凌驾于校规之上，学校没权利砸。①

观点二：支持学校的做法，认为学校对学生严格出于良心，老师也有苦衷。学生的升学压力大，自控能力差，将手机带到教室玩肯定会影响学习，老师管这件事正是其负责任的表现。②

观点三：对于手机的依赖，成熟的大人尚且难以自我约束，更何况学生？不让学生成为“手机控”很有必要，但粗暴地销毁手机却并非明智之举，不仅不能从根本上解决问题，还可能会激化师生矛盾，更不利于开展教育。学校与其禁用手机，倒不如引导学生正确使用手机。③

观点四：应该用时代的眼光看待禁用手机这件事。随着学生维权意识、自我独立意识越来越强，如果学校采取“胡子眉毛一把抓”的方式粗暴地管理学生手机，也许今年、明年可以，那后年可以吗？五年、十年呢？学生自制力普遍很差，拿着手机很容易玩物丧志。让学生形成自律自控的习惯不是一朝一夕能实现的，简单粗暴地销毁手机只能治标不

---

① 东方网. 锤砸手机侵犯了学生的财产权［EB/OL］.（2018-04-04）［2018-08-07］. http：//pinglun. eastday. com/p/20171010/u1ai10910495_ K27054. html.

② 微博. 河南南阳一中学集中砸毁学生手机，教育局：已要求校方整改［EB/OL］.（2018-04-04）［2018-08-14］. https：//m. weibo. cn/5044281310/4162069685011940.

③ 微博. @公务员考试答疑［EB/OL］.（2018-04-04）［2018-08-14］. https：//m. weibo. cn/5353390399/4206197805958421.

治本，真正尽职尽责的教育工作者应采用加以引导的制止方式。[①]

分析与评论

首先，我认为学校砸毁手机的行为是不可取的，是违法的。我们是法治国家，学校以及老师应该做懂法守法的榜样。在现有的教育理念下，所谓的教书育人绝不是采取以暴制暴的方式来进行的。

其次，强制砸毁手机的举动反映出了学校的教育方式有所偏差。虽然学校强制砸毁手机的初衷是为了让学生不玩物丧志，把时间更多地花在学习上，但是这一行为明显显得极端了。不仅会损害学生的物质上的利益，而且会给学生留下不良的心理暗示：霸权主义是正确的。那么，这何尝不是违背了校方“育人”的宗旨呢？因此，学校完全可以采取更合理的方式来处理。当学生有不良行为时，须知引导永远胜于强制，从关爱、尊重学生的角度出发，晓之以理、动之以情。比如制定规则时向学生说明手机不能带来学校或者不能带来学习的地方（可能有些住宿的学生需要与家长沟通交流），同时要让家长知晓这些情况。至于违规使用手机的同学，老师应该采用提醒、劝告等人性化一些的方式。

同时，学校应该因人制宜、因时制宜地进行教育管理工作。学生因为玩手机而荒废学业的现象也只是少数，且并非所有带手机的学生都是不专心学习的。在这个分享与网络完美结合的时代，学生有理由、有权利利用这条便捷宽阔的通往知识学习的大道。因此，采取“胡子眉毛一把抓”的处理方式，明显没有从学生的实际需求出发，容易激化师生之间矛盾，不利于教育的开展。毫无疑问，时代在进步、在变化，如何让教育紧跟时代的步伐、体现教育的有效性如今显得尤其重要。

此外，学校由于专注抓学习而产生不理性行为值得诟病。树立和落实人人可以成才的观念是科学人才观的重要内容。随着社会主义事业繁荣发展，人才对象的覆盖范围更广，接纳人才的社会包容度更大。为此，要克服“名本主义”，改变单纯按资历、学历、职称、职务等论人才的片面观。故学校不能单纯地以成绩为“尊”，学生的道德素质等多个方面的培养也不可忽视。学校及教师更应该以德育人，树立榜样。

当然，学生应该自觉遵守学校规章制度，这是对一名合格学生的基本要求。上课专心听讲，勤于思考，而不是一味地开小差、玩手机，浪费宝贵的青春。学生须珍惜当前良好的学习和生活环境，牢记实现中华民族伟大复兴的中国梦的历史使命，为自己的将来负责，为祖国的未来负责。

2016 级会计（6）班　陈萍

指导教师：刘朋

---

① 知乎. 如何看待“河南省南阳市华龙高级中学没收学生手机并集体销毁”一事？［EB/OL］.（2018-04-04）［2018-08-14］. https：//www. zhihu. com/question/66404035/answer/242311872.

2. 学生与手机的是与非

事情概要

2017 年 10 月 8 日，河南南阳华龙高级中学在操场举行手机销毁大会，数十部从学生处没收来的手机被用铁锤砸毁、投入水桶中。学校工作人员说，带手机到学校不交给老师，一旦被发现就要销毁："家长都很配合，一切都是为学生好。"该事件在网上引发热议。有的网友认为此举过于暴力，涉嫌违法。也有人表示，为了让学生专心读书，可以理解。学校方面称，这样做是为了让学生好好学习。有律师表示，此举涉嫌损害私人财产，并不可取，但可以采用代学生保管、放学后交还的方式来处理。

媒体或网民意见

微博网友"恒生门 2013"说："这么好的学校和负责的老师太难得了，不同意的家长让他的孩子转到贵族校好好玩手机。教育局应该赋予学校自主管理权。"

网友"人微言轻"评论说："学校是学习的地方，不是玩手机的地方，学校就该这样，严格管理。"

网友"大时代，小命运"说："家长都很配合是因为怕得罪了学校，耽误了自己孩子。"

网友"腾讯网友"评论说："我是一个学生家长，支持砸手机这种做法，学校选择砸手机也是没有办法的办法，事先肯定和家长讲清楚了，但有的家长太过于宠溺他们的孩子，或有的孩子偷偷地买手机，如果学校用其他办法管用，一定不会选择这种方法。"

网友"梅花"说："这种手段肯定不好。学习是要有自觉性的，这样强制做的效果不好。"

分析与评论

2017 年 10 月 11 日晚，北京青年报记者得到了一份名为《华龙高中部学生手机等 9 项管理措施》的文件，并报道学校销毁手机的图片时，引起了广大网友的舆论，众说纷纭。通过微博和网页新闻对这个事件做了进一步的了解，我认为可以从学校、家长、学生和社会这四个主体对这个事件进行分析。

从学校方面看，我认为学校的初衷是对的，学校是为了抑制同学们对电子产品的痴迷程度，让他们回归到学习上来。但是，他们采取的措施却是令大多数人所不能接受的。虽然学校执行的规定是通过家长同意的，但这种行为还是侵犯了学生的财产权，触及了法律法规。同时，我想说的是，不是每个学生玩手机都是有害的。在学校资源有限的情况下，有的同学利用手机查资料，对课堂知识进一步地了解，以扩大知识面。所以，我认为学校不应该以偏概全，其做法本身就是不合理的。

从家长方面看，现在的大多数家长的态度都不够明确，有的可以说是盲目地相信学校，没有主见。同时，这个事件也体现出了家长们对自己的孩子不了解和不信任。他们与孩子一起生活，对自己的孩子是否合理使用手机也是有一定了解的，如此盲目地同意学校的规定显然不是明智之举。我认为家长应先对学生进行一定的家庭教育与劝说，在劝说无果后，再与老师商量对策，而不应该轻易同意学校的规定。

从学生方面看，我认为那些不合理使用手机甚至荒废学习的人，的确该没收手机并交由学校管理。作为当代大学生，我认为每个青少年都必须有梦想、有进取心，才能在这个竞争激烈的社会里站稳脚跟。

另外，我认为我们现在的许多人容易受网络舆论风向的影响，对某一事件妄加评论。作为社会的一员，作为新时代的一员，我们每个人都是这个新时代有思想、有担当、有作为的人，我们必须对我们的一言一行负责。在面临有争议事件时，我们不能让社会舆论影响我们自己的看法。

2016 级国际市场营销（2）班　黄超林

指导老师：范建明

3. 情理之中切忌以暴制暴

事件概要

2017 年 10 月 8 日，河南南阳华龙高级中学在操场举行手机销毁大会，数十部从学生处没收来的手机被用铁锤销毁、投入水桶中。有的网友认为此举过于暴力，涉嫌违法。也有人表示，为了让学生专心读书，可以理解。学校方面称，这样做是为了让学生好好学习。有律师表示，此举涉嫌损害私人财产，并不可取，但可以采用代学生保管、放学后交还的方式来处理。此次事件在社会上引起广泛关注。

媒体或网民意见

北京青年报：南阳市教育局相关负责人告诉北京青年报记者，“教育局已经责成宛城区政府、区教育局负责处理此事。家长发现学校违法的话，也可通过法律途径解决。”宛城区教育局一工作人员称，“目前，教育局已经给该校下发了整改通知，督促其尽快处理。”

新华网网友评论：依法治教，贵在行动！校园不是法外之地，教书育人，从小事引领！高中更重要的是培养学生的自制力，而不是强制镇压学生的错误行为。今天学校用暴力的方式对待学生，学生将来很有可能用暴力的方式对待他人。学校这样做很不妥。非法掠夺、损坏他人财物、破坏他人计算机数据信息，给学生上了很坏的一课。

微博网友意见：我作为年轻老师说一句，现在的学生到底有多少能自控不玩手机？学校真的没有办法！学生带手机自己也控制不住，只能不让他们带手机去。

分析与评论

我认为此举过于暴力，涉嫌违法。学校没收学生的手机，并且采取暴力手段强制销毁，属于侵犯学生财产权的行为。学校将没收的学生手机进行销毁的行为是严重的违法行为。根据《中华人民共和国物权法》《中华人民共和国民法总则》《中华人民共和国侵权责任法》等规定，个人合法财产受法律保护，任何单位和个人不得侵犯。侵犯他人财产造成损害的，可以要求赔偿。根据《中华人民共和国物权法》第三十七条的规定：侵害物权，造成权利人损害的，权利人可以请求损害赔偿，也可以请求承担其他民事责任。学校销毁学生手机的行为缺乏合法依据，属于侵权行为，应当承担民事赔偿责任。且如果砸毁学生手机价值在 5 000 元以上，还有可能涉嫌触犯《中华人民共和国刑法》第二百七十五条故意损坏公私财物罪的规定，有可能被追究刑事责任。并且《中华人民共和国教育法》《中华人民共和国未成年人保护法》中也规定不得侵犯学生的合法权利。所以，涉嫌违法的行为需要立刻制止。

同时，案例中提到的有人表示，为了让学生专心读书，可以理解。我赞同这一观点。学校出于想让学生好好学习，不要沉迷于手机，出于“无奈”之举。情理之上可以理解，但是行为本身是错误的。现在的学生普遍人手一部智能手机，信息时代对学生的诱惑很大，学校真正应该教给学生的是如何抵制手机诱惑的方法。

我认为采用代学生保管、放学后交还的方式来处理学生的手机的行为是可取的。学校应该好好引导学生，高中生大多数还没有成年，需要有人加以正确的引导。

除此之外，我认为教育不能以暴制暴。这次“手机销毁案例”就是以暴制暴的典型。学校的出发点没有错，但是这样的方法是错误的。大多数高中生未成年，学校教给学生以暴制暴的处理方式，学生就会在未来对他人以暴制暴。如果这样的话，考取名牌大学的学生也就很有可能做出伤害他人、伤害社会的事情。教育本身就是一门深奥的学问。学校教会学生怎么做人、做事的同时，也要以身作则，潜移默化地影响。

2016 级会计（2）班　李雨桐

指导教师：邬勇

4. 溯源以止疑

事件概要

前不久，一条学校锤砸、水泡销毁学生手机的新闻，引起社会特别是学生家长的广泛关注。河南南阳华龙高级中学在操场上举行手机销毁大会，数十部从学生处没收来的手机被用铁锤砸毁、投入水桶中。学校工作人员称，根据学校关于手机管理的规定，如果学生将手机带到学校，但不交给老师，一旦被发现就要销毁。如若顶撞老师者，最严重将会被学校开除。校方称：“家长都很配合，一切都是为学生好。”①

① 北京青年报. 河南一中学当众销毁学生手机 教育局：已要求校方整改［EB/OL］. http：//edu. qq. com/a/20171013/007640. htm

媒体或网民意见

支持者：

观点一：各位别忘了这是一所民办中学，你可以选择读与不读。收缴手机相当于读书合同中的一条条款，你不满意可以不签订合同。就跟液体不能带上飞机一样，你硬要带，要么当场喝掉，要么没收。

观点二：支持学校，没当过家长的，不知家长的苦。

观点三：学校做得对，值得称赞，学生现在都无法无天了，手机害苦了下一代。

反对者：

学校有什么权利不告知学生，仅凭一份自己学校出具毫无公信力的文书就去毁坏学生的私人财物。手机可以采取代为保管的方式，这种采取暴力的手段来限制学生使用手机的行为不仅不会达到目的，而且会给学生心理上带来负面影响。

其他观点：

不懂……家长支持学校这样的做法，当初为什么还会买给孩子呢？而且学校为啥会有如此权利这样做呢？（是因为学生自己不会寻求法律途径维权？）然后，社会上诱惑这么多，均以这种方式管住孩子，真的有用？

家长同意了就没什么话说。但是感觉并不会从根本上解决问题，个别的处理不好还会引起逆反心理。

分析与评论

对于手机销毁的事件和以上网友形形色色的评论，在此我也想提出自己的看法：学校的行为是不正确、不可取的。这种销毁手机的行为并不能从源头解决孩子们的手机问题，仅仅是从表面对这种问题采取了不当的解决办法。

正处在青春期的孩子们，世界观、价值观和人生观还没有完全树立。这种砸手机的行为不仅不能从源头上解决问题，而且可能适得其反，激起孩子们的不满情绪、厌学心理，甚至可能对孩子们的世界观、价值观和人生观的正确树立产生巨大影响。常言道：言传身教。这种过于偏激的暴力行为不能教给孩子们处理问题应有的正确方法。

对于学校，虽然他们是想要学生远离手机的诱惑，但其做法实在是不可取的。学生的心理、生理都处在发育期，辨别是非的能力还很没完全形成，他们的做法是有不对的地方，但作为老师应该用宽容的心去包容，去教导还在成长的他们。可以私下批评教育，让孩子们意识到自己的做法不可取，应该改正。学校可以多和家长们沟通，让他们意识到自己应该怎么做、怎么去配合学校的管理，一起为孩子们的未来提供最好的条件。我相信绝大部分家长还是会理解并且愿意积极支持配合学校的。学校作为公共的教育机构，可以正确引导学生用好手机，但没有权利去损坏他们的私有财产。

这种现象的发生，说明教育也存在一些问题。高中老师常戏称，高考就是千军万马过独木桥。只有挤过独木桥才能有光明的未来，那么高考失败就等于人生的失败吗？学习是一个快乐的过程，分数只是没有意义的数字，只是对一个阶段的评价，不能决定一个学生的一生。如果一个分数就决定了一个人的一生，那人生未免太单调。学习是一个宽泛的概念，并非只在教室。正所谓三百六十行，行行出状元。不能让考试的牢笼锁住了学校的办学初心。而且太过严苛的教育反而会禁锢学生的思想；同时，如果孩子们没有真正的喜欢上学习，学习于他们而言那只是负担，只是为了学习而学习，这极不利于他们的身心健康。

我觉得对于学生手机问题的解决办法应该从源头抓起。从小就正确引导，让他们养成良好的学习习惯，培养各种兴趣爱好，积极参加丰富多彩的课外活动。让孩子们从心底里爱上学习，让他们感受到学习的快乐，或许手机的诱惑也就没那么强烈了。

2016 级会计学（6）班　刘珍宏

指导老师：刘朋

5. 以小见大：多角度分析学生手机销毁事件

事件概要

2017 年 10 月 8 日，一则河南南阳华龙高级中学在操场举行手机销毁大会的视频出现在大众的视野中。视频中，数十部从学生处没收来的手机被用铁锤砸毁、投入水桶中，该视频一经曝出，就立即吸引了各路人士的关注。据报道，该校销毁手机是依据其在 8 月份制定的一份名为《华龙高中部学生手机等 9 项管理措施》的文件。该文件第一条内容就是有关学生携带手机的相关处理内容。在教室、公寓发现学生有携带手机的，直接放入有水的水桶内或收缴后统一集中销毁；在校园发现学生有携带手机的，一律没收，集中保管，放寒假时领取。但特别强调性质严重的，当场砸碎或统一集中销毁。学校工作人员回应，学校此举是为了让学生好好学习，许多高一学生的家长对此都很赞同。①

媒体或网民意见

观点一：对这一件事持反对态度。持这一观点的网友认为教育从来不止一种方式，不应以爱之名，去强制逼迫学生。为学生好就应该采取适当的措施引导教育他们正确使用手机，而不是简单粗暴地禁止玩手机。② 有些法律人士甚至认为这一行为已经触犯了法律。③

观点二：对这一事件持中立态度。中立的网友一般认为学校的做法不对，但也要限制学生的行为。其中，一媒体认为学校销毁手机只能归咎于发展过快的科技已经远远超过了人们的反应能力和适应速度。例如，智能手机上诞生的移动支付、共享单车等新兴行业对传统行业造成了冲击，并且其相关法律也迟迟处于空白。④

---

① 曹慧茹，祖一飞. 新华网：铁锤砸、投水桶……河南一中学销毁学生手机引争议，教育局回应［EB/OL］.（2017-10-13）［2018-08-20］. https：//mp. weixin. qq. com/s.

② 郑津. 北方网：某中学销毁学生手机 别用错了“以爱之名”［EB/OL］.（2017-10-11）［2018-08-20］. http：//news. enorth. com. cn/system/2017/10/11/033863436. shtml.

③ 华政. 新华网：学校没收、销毁学生手机属违法行为［EB/OL］.（2017-11-24）［2018-08-20］. http：//www. xinhuanet. com/local/2017-11/24/c_ 129748363. htm.

④ 非白非黑. 今日头条：集中销毁学生手机，谁也不怪，只怪科技发展太快！［EB/OL］.（2017-10-11）［2018-08-20］. https：//www. toutiao. com/i6475200540564259342/.

观点三：对这一事件持赞成态度。持这一观点的网友认为现在很多学生没有那么强大的自制力，极其容易被手机上的花花世界诱惑，现在大部分学生拿着手机就是在玩游戏等。俗话说，没有规矩不成方圆，但也只有采取这种强硬手段才能让学生长记性；更何况，学校作为为社会培养人才的第一站，在讲人性、讲温情、讲关爱的同时，更要把铁的规矩立起来。①

分析与评论

在这个事件中，不能完全从单个角度去看问题，而应该全面分析这个事件。故在我看来，学生、学校以及家长都有做错的地方，都应该负有一定责任。

学生应该有契约精神和担当意识。学校已经明确规定不能将手机带到学校，正所谓国有国法、校有校规，学生就不应该再违反规定将手机带到学校。并且学生在这个年龄应该要有足够的意识去约束自己的行为，要懂得在这个阶段的主要任务是什么，应该懂得理清事物的主次关系。

学校应当注意引导。学校的出发点是好的，他们是为了学生的未来着想，怕学生沉迷于手机，染上不良嗜好，但却不能打着为他们着想的旗号采取激进的手段。而且当众砸手机这个行为是不可取的。首先，学生的手机是他们的私有财产，砸了就有蓄意损坏他人财产之嫌了，而这也体现出学校的法盲思维。其次，这种简单粗暴的行为可能并不能矫正学生的这种行为，反而会激起某些学生的逆反情绪，堵不如疏。而且这个时期的学生尚且有些懵懂，不懂得一些利害关系，对一些事情还没有足够的判断能力。在这种时候学校应该进行正确的引导，运用柔和易接受的方式让学生清楚认识到里面的利害关系。

家长不应该过于纵容和溺爱孩子。在对孩子教育的同时，应该掌握一定的度。同时，家长应该担负监督学生以及对孩子进行家庭教育的职责，因为对一个孩子来说最重要的教育是来自家庭的教育。家长应该尽力配合学校的工作。

总体来说，如今科技快速发展，人们不能与这些高新技术脱轨。此时，学校应该将这些新事物加以利用，融入教育之中，让学生明白智能手机不仅是用于玩乐的玩具，而且是帮助自身学习、生活的工具。

2016 级物流管理（4）班　孙杨姝

指导教师：邓龙奎

6. 物极必反，理性至上

事件概要

2017 年 10 月 8 日，河南南阳华龙高级中学在操场举行手机销毁大会，数十部从学生处没收来的手机被用铁锤砸毁、投入水桶中。该事件在网上引发热议。有的网友认为此举

① 一瓢江水. 网易：河南某中学销毁学生手机，是侵犯人权还是“虎门销烟”［EB/OL］.（2017-10-11）［2018-08-20］. http：//dy. 163. com/v2/article/detail/D0E2G22J0517KN3D. html.

过于暴力，涉嫌违法。也有人表示，为了让学生专心读书，可以理解。学校方面称，这样做是为了让学生好好学习。有律师表示，此举涉嫌损害私人财产，并不可取，但可以采用代学生保管、放学后交还的方式来处理。

媒体或网民意见

这一代的孩子本来就出生在智能化的世界，连电脑都逐渐被淘汰了，为什么教育工作者不能让孩子接受手机科技的时代？是你们的教育落后了！让孩子还背着沉重的书包上学，几个 PPT 植入手机就能取代所有的教科书，家庭作业一律用手机完成，教室每个学生桌上一个充电插座，老师发布作业任务在班级微信群里发，家长帮孩子请假问功课联系都用班级微信群，集体购买用具也用班级微信群联系，是学校食古不化，不是这个时代学生的错！

——网友 咖啡因

作为孩子的家长，我绝对站在校方一侧。我们的家长明白，除了我们是对孩子好的人外，唯一没有血缘关系，也希望孩子好的人，只有老师，只有学校。任何人等假借对孩子好的人都是别有用心的人。不论他们以任何目的、任何名义为孩子打抱不平，记住，那个孩子不是他们的孩子，他们可以高谈阔论，因为那不是他的孩子。如果他的孩子出现这种情况，绝不会告诉他的孩子说，孩子你尽管玩耍，学习没用，大不了回家，他们绝不会那样做。

——网友 Flying 老男孩

很多家长给孩子买手机，是为了随时联络，希望孩子到校之后报个平安，晚回家的时候打个招呼，有什么事随时可以和家长倾吐。就算销毁了这部手机，这个需求也是存在的。就像网友调侃的那样，“旧的不去，新的不来”，销毁了现在的手机，很多学生还会买新手机。况且，大多数手机需要花几千元，普通工薪阶层的家长恐怕也舍不得随便毁掉。在对学校的信任和望子成龙的期待下，家长所谓的“同意”，最多也就是“接受”，而很难说是“支持”。

——网友 钟 D 海

分析与评论

以上三种观点是从各网站评论中收集而来的。关于手机销毁的是与非，以上三位网友从不同角度持有三种不同的观点。

观点一：主要是以智能化时代为引领，对手机销毁事件持反对意见。网友认为，现今社会，各种智能科技产业应运而生，高科技产品也不断问世。学校也应该秉承开明的态度，让孩子接受高科技，并让孩子正确使用高科技，不要让孩子在最适合接收这个时代的发展的时期与世界脱轨。

观点二：主要是站在家长的角度，对手机销毁事件持支持意见。网友认为，除了家长以外，唯一没有血缘关系也希望孩子好的人只有老师。任何以对孩子好的名义的高谈阔论都是有目的的。我们在评论一个事件时，不应该站在当事人对立面去思考问题，而应该站在当事人的角度去思考。当事情是发生在自己孩子身上的时候，也许就不会有这么多肆意的言论，凡事都应换位思考。

观点三：是从家长与孩子之间的需求点为中心，对此次事件持较为中立的态度。一方面，家长为孩子买手机为了满足父母与孩子间随时取得联系的需求，即使没收了手机，这样的需求依旧存在；另一方面，对于大多数工薪阶层的家长来说，毁掉一部价值几千元的手机着实会有些舍不得。大多数家长在对学校的信任及其自身望子成龙的期待下，对于所谓的“同意”应该是“接受”，更难说是“支持”。

而我认为，校方的处理方式实为不妥，初衷再好，达不到预想效果依旧无济于事，一味地偏激行为只会治标不治本，不能对症下药。我就是一个鲜活的例子，我的中学学校规定也很严格，禁止携带手机、电脑等一切电子设备，一经发现直接处分。在校园里，教室、食堂、寝室基本是看不到手机的，尽管还是有少数同学抱着侥幸的心理违禁带手机偷偷使用，但整体学校氛围还是不错的。学校也有过每周一次的大安检，寝室翻箱倒柜地查，中午进宿舍楼要进行搜身搜包，站在我们学生的角度，我们也会抱怨。但站在学校的立场，学校规定在先，每个学期会让学生签署不带手机协定。既然有学生违纪携带在先，就无权说学校违法搜身。即便学校的这种行为会让部分同学不满，但对大多数人来说，一个几乎没有手机的环境，从一定程度上是有利于自身学习发展的。而且学校也并非完全不人性化，周日返校学生会将手机集体交给班主任，周末放假老师会统一还给学生，方便学生与家人联系，如此一来既不影响学生平时的学习，也不影响学生周末与外界的联系。而华龙高级中学的行为不论是站在学生还是家长的立场，都是过于偏激。首先，销毁手机是对私有财产权的侵犯，毕竟手机是学生家长花钱买的，无端就直接毁掉实为不妥；其次，即便使用了这种偏激行为也不一定能让学生真的把心思放在学习上，处于青春期的学生很容易产生逆反心理，要么更加不好好学习，要么继续挑战学校权威再携带手机。校方应该从多方面考虑采取一些适当的方式来解决这种问题。

2016 级经统（2）班　王淼

指导老师：钱晓东

7. 科技产品的利与弊

事件概要

2017 年 10 月 8 日，河南南阳华龙高级中学在操场举行手机销毁大会，数十部从学生处没收来的手机被用铁锤砸毁、投入水桶。该事件在网上引发热议。有的网友认为，此举过于暴力，涉嫌违法。也有人表示，为了让学生专心读书，可以理解。学校方面称，这样做是为了让学生好好学习。有律师表示，此举涉嫌损害私人财产，并不可取，但可以采用替学生保管、放学后交还的方式来处理。

媒体或网民意见

波拿巴网友："看见这么多学校教育问题，有感而发。首先引用一句话，'我们来学校不是被教化的，而是被教育的。'这所学校当众销毁手机则完全体现了中国部分高中校园的混乱管理。学校真的有权去侵犯学生的私有财产吗？从手机被销毁就可以看出，某些学校权力极度膨胀，甚至可以说凌驾于法律之上！法律规定不能侵犯私有财产权，这所学校却一次又一次地这样做。在强权的压力下，大家被权力同化，纷纷保持了缄默，默默忍受强权。这是一种由上至下的集体的，具有鲜明的排外性质，驱使人服从。"①

凤凰网友："出发点再好，绝不赞成，方式太蠢太粗暴，极端作为何以身教，极其厌恶为人师表的所谓被逼无奈之举，形不端言不正何以立师威，对学生的内心影响极其深远！哎，中国式家长外还有中国式教师，误人子弟更误未来国之栋梁！"②

虚心谨慎小猴精网友："那还不简单，给学生继续玩，玩到学业都浪费。到时候看看，是哪个损失大。现在损失点财务，换来一个好的教学氛围，我觉得值得。而且教育孩子，不可以任性，学校有学校的规则。这不叫故意毁坏，明白吗？这叫有目的的毁坏，目的是为了让学生不玩手机，而不是故意毁坏手机。"③

分析与评论

对于这件事，首先我持反对的观点。

手机既有利又有弊。当代社会，手机是一种必不可少的通信工具。就算是在校学生，也有使用手机的权利。如果一味地强调手机的使用会使学生成绩降低，那么这种观点也太极端、太片面。学习、娱乐可以两不误。当然，我并不是就认为学生可以无条件地使用手机。如果学生上课使用手机做与学习无关的事，那么学校就可以采取一系列合法措施来规范。比如说，当时没收手机期末再归还给学生。虽然华龙高级中学的出发点是想让学生好好学习，但其看待手机的观点是片面的，因为并不是学生使用了手机成绩就会不好。现在是信息化时代，我们应该顺应时代发展的潮流，合理有效的使用电子产品，极大程度地发挥它的优点，为我们更好的服务。

学校的行为已经涉嫌违法。虽然学校作为一个教育机构，有教导学生的义务和责任，并对学生的行为有一定的约束力，但是这种约束力仅限于在合法的范围之内。学校没收学生手机虽然遵循了学校学生管理的原则，是合理的做法，但是，将学生的手机损毁，则超越了学校管理的权限，最终违反了法律。因为手机属于学生的私人财产。我国法律明确规定，私人财产不得被侵犯。学校损毁学生手机的行为，已经涉及

① 知乎. 如何评价河南南阳某中学当众销毁数十部手机？[EB/OL].（2018-04-04）[2018-08-25]. https://www.zhihu.com/question/66403376/answer/285606563.

② 凤凰网. 南阳一中学开大会销毁学生手机 用锤砸扔水桶 [EB/OL].（2018-04-04）[2018-08-25]. http://hn.ifeng.com/a/20171010/6054394_0.shtml

③ 新浪网. 河南一中学当面销毁学生手机：用锤砸扔水桶 [EB/OL].（2018-04-04）[2018-08-25]. http://slide.news.sina.com.cn/s/slide_1_2841_208406.html#p=1.

违法。对于学生玩手机的行为，学校并没有做到具体问题具体分析，而是采取直接粗暴的方法加以应付，这也是教育的失职。反之，学校可以采取其他合理措施处理这件事。在没收了学生手机后应该及时和学生家长联系，商量解决问题的办法。可以肯定的是，学校应该多反思，制定一些更合理的规则，再次对待手机事件，我相信学校也会处理得更加恰当。

作为当代学生，应该提高自身素质和自我约束能力，正视科技给我们带来的影响，避其弊、扬其利。合理利用电子产品放松和学习，做到学习、娱乐两不误。

2016 级会计（6）班　杨宏念

指导教师：刘朋

8. 在校中学生究竟该不该使用手机?

事件概要

2017 年 10 月 8 日，河南南阳华龙高级中学在操场举行手机销毁大会，数十部从学生处没收来的手机被用铁锤砸毁、投入水桶中。北京青年报记者得到的名为《华龙高中部学生手机等 9 项管理措施》的文件第一条内容为：“在教室、公寓发现学生有携带手机的，直接放入有水的水桶内或收缴后统一集中销毁；在校园发现学生有携带手机的，一律没收，集中保管，放寒假时领取。但特别强调：性质严重的，当场砸碎或统一集中销毁。发现有手机充电器的、私拉电源插座、吹风机等违规使用的用电设备一律没收，统一集中销毁。老师在收缴的过程中坚持不交或者顶撞老师的学生，直接开除。”学校方面表示是为了让学生好好学习。①

媒体或网民意见

观点一：此举可理解，为了帮助孩子认真学习。

观点二：此举过于暴力、涉嫌违法。

观点三：此举涉嫌损害私人财产，不可取。②

我的观点是：

为了解决学生手机的在校使用问题，不是只凭禁止使用或砸手机这种行为就可以解决的。

在互联网、大数据、人工智能、区块链大发展背景下的新时代，中学生持有手机是再平常不过了。诚然，该学校初衷应该可以理解，一旦学生不能合理把握使用手机的尺度，是会给学生带来很多危害的，尤其是现在的网络游戏，可能会让他们沉迷其中而无法自拔。就像我曾经迷上电视剧，明明知道是有百害而无一利的，明明知道会以消磨我的睡眠

---

① 网易新闻. 河南一中学销毁学生手机 整改！[EB/OL].（2018-04-06）[2018-08-27]. http：//3g. 163. com/news/article/D0JDG3OE00018AOP. html.

② 网易新闻. 河南一中学销毁学生手机 整改！[EB/OL].（2018-04-06）[2018-08-27]. http：//3g. 163. com/news/article/D0JDG3OE00018AOP. html.

时间等为代价的，但就是克制不住想看电视剧。我相信那些沉迷手机的低头族也是深受其害。所以，学校的出发点是好的，但砸手机此类做法实在还值得商榷。如果仅仅通过砸手机和下发学校文件的强制手段警示学生打消在教室、在课堂使用手机的念头，从而使他们专心学习，似乎说得过去，但静下心来想一想，这应该并不是一个达到教育目的的好办法。当着学生面砸手机或许在学校看来是为了禁止该现象的发生，但个人认为该校没有把握住尺度，用了不科学的方式来震慑学生。教书育人本应是学校分内之事，而他们却最终选择了没有技术含量同时强制而低效的方式去教育学生，缺乏循循善诱和引导的能力与耐心，缺乏创新。即使这样，上有政策下有对策，这也会让那些执迷不悟的调皮孩子想到更多的办法钻空子玩手机。

学生对自己的手机等个人物品享有法定财产权，任何组织和个人都不能随意剥夺①。如果因此而造成严重后果，追究起责任来，学校是难逃其责的。

所以，我们考虑问题，要用发展的眼光看待事物，做事情也要把握住尺度。我们在学知识、处理事情等方面不仅要知其然更要知其所以然，在认认真真做教育的基础上采取合理措施来引导学生才是真正为学生好。

2016级财务管理（2）班　傅冬越

指导教师：陈艳宇

---

① 百度知道. 老师没收学生的东西算侵犯财产权吗?. [EB/OL]. (2018-04-06) [2018-07-13]. https://wenwen.sogou.com/z/q13779722.htm.

案例六 “一带一路”国际合作高峰论坛

“一带一路”中的文化底蕴

事件概要

古代的丝绸之路最初是为了传递丝绸、瓷器等物品，后来渐渐成了传播政治、经济、文化的途径。当今在经济全球化的潮流之下，习近平总书记在2013年首次提出了共建“新丝绸之路经济带”和“21世纪海上丝绸之路”的倡议，旨在推动中国以及“一带一路”沿线国家的经济共同发展，文明互相包容，政治互相信任，建设人类命运共同体。除了为解决产能过剩等这些外部原因外，“一带一路”得以实施的根本原因值得深思。

媒体或网民意见

开放是中国过去将近40年经济发展的重要动力，在早期主要是对西方发达国家的开放，无论是引进技术还是出口中国商品，对促进中国的经济都起到了巨大作用。现在中国国内经济增长缺乏动力，需要新形式的开放。在我看来最根本的还是文化的开放，文化精髓的驱使让我们有了“一带一路”这个概念。当前，绝大部分的区域合作项目都是一种封闭的自由贸易安排，即成员国之间通过谈判达成由成员之间共享的成果。[①] 中国提出的“一带一路”范围更广，更加开放，从排斥到合作，更大范围内的合作，根本基础就是对异质文化的尊重。

分析与评论

尊重异质文化。

“一带一路”体现的是一种尊重的情怀，尊重别国的文化、价值观、历史。美国、英国先后提出的全球化都强调的是同质文化的一体，却对抗了异质文化，叙利亚、阿富汗、伊拉克所发生的一切都证明了这一点。美国这一英雄主义泛滥的国家，他们创造的电影，他们的歌曲都充斥着英雄主义、个人主义，他们的国家文化、国民价值观让他们通过改变其他国家的文化价值观，改变其他国家的体制，甚至会用武力解决问题。稍有不慎就会玉石俱焚。“一带一路”却让国与国一起发展，长久地发展，大家一起构建一个和谐、美丽的世界。这其实是一种价值观的传播。对于中国来说，惠己也惠人，何乐而不为呢。

崇尚天下为公。

中国自古就有“大道之行也，天下为公”的说法，中国创造的是人类未来的发展道路。而这一点也符合人类的共同利益。中国的文明向来以大同、多元结合、共同发展为基石，而西方的文明确是征服、驯化、流血、竞争。中国的“一带一路”能够取胜是因为她所承载的理想、孕育的思想，她构建了一个人类命运共同体，她要让沿路的国家共同

---

① 国务院发展研究中心. 中国经济报告［M］. 北京：中国经济年鉴社，2006-2018.

发展。

坚持人道主义。

中国的“一带一路”体现了中国的包容，减少了那些贫穷落后的国家中的人民的痛苦，帮他们找到了工作，让他们慢慢地摆脱了生活的困境。从内心深处可能他们以后也会帮助他人，带动他人一起过上美好的生活。这对人类的长久发展来说是有益处的。

坚持合作共赢。

文明的积淀让我们清楚只有合作才有出路。

当年的丝绸之路就是通过沿路的合作，沿路的贸易往来让物质突破了空间的界限，让美好的东西在更大的范围内得以传播。如今的“一带一路”在现代的技术支持之下作用将会更大，这就需要大家的合力参与。

文明的传承让我们知道合作的内涵究竟是什么。

当有了合作的想法之后，在哪些方面要合作就成了接下来的问题。“一带一路”应该要建设成一个不仅是贸易惠及彼此，而且是思想理念精神惠及彼此；不仅要有物质上的东西，而且要有精神上的东西。从而把这条路建设成为一条和平之路、繁荣之路、创新之路。

“一带一路”带来的不仅是中国国力的壮大，也带来了中国文明的传播。

透析“一带一路”，我不仅看到了“一带一路”背后蕴藏着的中国价值观，也看到了中国价值观与西方价值观的不同。这让我感到庆幸，庆幸自己是一个中国人。

2016 级国际商务（2）班　谭彬彬

指导教师：龙睿赟

案例七　柯洁九段 VS 阿尔法狗的“人机大战 2.0”

1. “人机大战”——人类智慧的博弈

事件概要

当今世界围棋第一人柯洁九段 VS“阿尔法狗”的“人机大战 2.0”于 2017 年 5 月 23~27 日举行，这场发生在人工智能与世界顶级棋手之间的比赛吸引了全球网民的关注。5 月 27 日人机大战三番棋落下帷幕，结果柯洁以 0∶3 惨败于阿尔法围棋（AlphaGo）。①

相比于 2016 年与李世石对阵的版本，此次的阿尔法围棋进步十分明显。中国棋手常昊九段在解说中认为，“之前‘阿尔法围棋’和李世石下棋的时候，人类的痕迹更重一点。到了现在的版本，好像更有自己的想法了”。它不仅追求简单求胜，在选点上更为精简，它在大局观上也有了增强。

围棋名将江铸久在接受采访时表示，相比于 2016 年对阵李世石的“阿尔法围棋”，它的进步非常明显，以前以为它是局部厉害，在官子的计算上很厉害，这次看来，它在大局的考虑上也很厉害了。②

“阿尔法狗”的出现一时间让“人工智能”成了公众热议的话题。

媒体或网民意见

观点一：人机大战，是人类对人工智能新的探索与尝试。人与机器，不存在较量自然也谈不上输赢，双方的互动，只是人类对知识的实践而已。不管比赛结果如何，都无关乎人类的成败。如同奥运精神的最大意义，在于人类对自我极限的突破与挑战。试想一下，如果 100 米短跑参赛选手里有一只猎豹，“人豹大战”后猎豹夺冠，然后说人类不如动物，则毫无意义。③

观点二：人工智能最终很可能比人类更聪明，几乎能替代人类所有本领。同时，智能工具将在医疗等领域发挥极大作用，未来如何发展已超出他的想象。未来的世界可能会像科幻电影中的那样被机器人统治。④

观点三：人类的智慧始终高于人工智能，因为人工智能的设计者依然是人类，人类对于人工智能具有绝对的主动权且应当意识到“阿尔法狗”程序设计者才是柯洁的对手，人

---

① 重庆工商大学思想政治理论课综合实践教学网. 柯洁 vs“阿尔法狗”的“人机大站 2.0”.［EB/OL］.（2017-10-12）［2018-07-30］. http：//marx. ctbu. edu. cn/info/1175/2180. htm.

② 海峡网. 柯洁对战“阿尔法狗”结果 人机大战柯洁连输三局完败［EB/OL］.（2017-05-27）［2018-07-30］. http：//www. hxnews. com/news/gn/shxw/201705/27/1225992. shtml

③ 搜狐网. EMCBET 易倍：柯洁落泪胜过马云爆粗，再见“阿尔法狗”［EB/OL］.（2017-05-30）［2018-07-30］. http：//www. sohu. com/a/144860887_ 482019.

④ 新华每日电讯. 人工智能最终很可能替代人类所有本领［EB/OL］.（2018-03-01）［2018-07-30］. http：//www. xinhuanet. com/mrdx/2018-03/01/c_ 137007829. htm.

机对战的本质依然是人与人智商的较量。因此，不管是李世石还是柯洁，他们的真正对手依然是人类。①

分析与评论

在我看来，人机对战的本质应当是人与人智商的较量，是对人类知识的实践。人工智能虽然能够代替一些由人类所提供的劳动力，但它并不能取代人类本身而统治世界。

柯洁对战“阿尔法狗”，表面上是人机对战，实际上是柯洁和一群既有着高智商又精通计算机编程的天才科学家对战。科学家创造了“阿尔法狗”，然后科学家又用自己的科技成果战胜了依靠经验和知识积累的围棋少年。寡不敌众，一个人的智慧输给了一群人的智慧，这是必然的结果。② 因此，无论是韩国的李世石还是中国的柯洁，他们的“输”并不可耻，相反这场看似“输”掉的比赛某种程度上还证明了人类智慧的又一次胜利。从这个角度来看，这场比赛终究还是人与人之间的比拼，无论哪一方赢，胜者都是人类。并且人们将在这一场场智力的较量中，积累经验，不断提升自我，在曲折反复的过程中走向成功。

事实上，在这场比赛中“阿尔法狗”使用了很多全新的策略，如深度学习策略、类神经网络系统、价值评估策略等。这些是“阿尔法狗”制胜的关键，也是从“深蓝”到“阿尔法狗”人工智能理论发展和技术进步之所在。然而，机器人学习也只是对人类认知能力的一种模仿，我们不能够过度地去解读它，将它神话以致忧虑未来。

首先，“阿尔法狗”的胜利是数学和逻辑的胜利，这是我们应当肯定人工智能的地方，并且通过这场比赛我们也认识到在某些特定领域的数学计算和逻辑推理方面，机器有可能胜过人类的大脑；其次，目前人工智能都属于弱人工智能，即机器只具有某种低级智能的行为，与人类智能相比，人工智能也往往只是具有单方面的智能而已。

反观人类，人类心智和认知分为神经心理、语言、思维、文化五个层级。在人类认知的所有五个层级上，人工智能都是在模仿人类智能。人工智能是在不断进步的，但在总体上并未超过人类智能。在语言、思维和文化层级上，即在高阶认知层级上，人工智能都远逊于人类智能。事实上，人工智能和人类智能这两种智能方式是截然不同的。机器学习也只是对人类认知能力的一种模仿，这种模仿使得人工智能在很长时间甚至是永远无法超越它模仿的人类智能，因此人工智能不可能取代人类进而主宰世界。③

随着人工智能的高速发展，我们始终不可忽视的问题是，人工智能所带来的失业以及就业压力。未来人工智能覆盖的领域将越来越广，涉及医疗、教育、交通等方面，毫不夸

---

① 中国网. 柯洁对战“阿尔法狗”：人机对战本质是人与人智商的较量［EB/OL］.（2017-05-27）［2018-08-09］. http：//www. china. com. cn/top/2017-05/27/content_ 40906697. htm.

② 东北新闻网. 柯洁对战“阿尔法狗”：人机对战本质依然是人与人智商的较量［EB/OL］.（2017-05-27）［2018-08-09］. http：//news. nen. com. cn/system/2017/05/27/019885029. shtml.

③ 蔡曙山，薛小迪. 人工智能与人类智能——从认知科学五个层级的理论看人机大战［J］. 北京大学学报（哲学社会科学版），2016，53（4）：145-154.

张地说，将来很多依靠白领的工作也定将被人工智能取代。① 将如今的人工智能时代与两次工业革命类比，回想十八九世纪西方世界面临着大机器时代的历史洪流，许多原本属于劳动密集型的工厂转化为以大机器生产为主的工厂，数以万计的工厂员工下岗，这和当今社会人工智能逐渐开始取代一些劳动力的现象或多或少有着相似之处。显而易见，无论是大机器生产还是现在的人工智能，都是生产力向前发展的必然趋势，与其困惑于人工智能及其给人类带来的消极影响，不如以一个开放的心态去迎接人工智能时代的到来。并且从现在开始，不断地增强自己的学习技能和生存能力。只有这样，我们才能够从容地面对这个日益创新发展的社会。

2016级会计（2）班　巩琴诗

指导教师：邬勇

2. 人工智能时代下的人类智慧

事件概要

当今世界围棋第一人九段柯洁 VS “阿尔法狗”的“人机大战2.0”于2017年5月23~27日举行，这场发生在人工智能与世界顶级棋手之间的比赛吸引了全球网民的关注。5月27日，人机大战三番棋落下帷幕，结果柯洁以0：3惨败于阿尔法围棋（AlphaGo）。“阿尔法狗”的出现让“人工智能”成了公众热议的话题。在整个东方文化甚至世界文化里面，围棋都是人类智慧的象征。一个围棋棋盘横竖19条线、361个交叉点，合法的局面多达2乘以10的170次方。围棋不仅要技巧，还要大局观。人工智能攻上了这样一块“高地”，引起轩然大波也不足为奇，因此也有各种不同的声音在社会中出现。②

媒体或网民意见

观点一：人工智能（AI）需要人类社会资源的支撑。知乎社区用户“段茂昌”从人与人竞争类比到人与AI竞争，他说：“就我的理解，AI作为自主的无机体，也需要依赖于资源和能源，才能维持它的存在，才能获得进一步的发展，这就会和人类产生竞争。作为一种智能的无机体，它的进化速度和对环境的改造能力完全超过人类。人类相互之间的竞争都会引发战争甚至是自取灭亡，那么如果和人工智能发生冲突，后者有手下留情的必要吗？所以，AI对人类的威胁比原子武器还要恐怖，人类面临的不再是被奴役的问题。对于AI而言，我们人类还有存在的必要吗？”③

观点二：自我意识为人类所独有。光明日报记者罗旭对美国工作生活近30年的人工智能科学家王雪梅进行了采访。王雪梅说：“机器人再智能，也是没有意识的。意识，是

---

① 杰瑞·卡普兰. 人工智能时代［M］. 杭州：浙江人民出版社，2016.

② 重庆工商大学思想政治理论课综合实践教学网. 柯洁 vs 阿尔法狗的“人机大站2.0”［EB/OL］.（2017-10-12）［2018-07-18］. http：//marx. ctbu. edu. cn/info/1175/2180. htm.

③ 段茂昌. “人工智能会统治人类吗？”问题回答［EB/OL］.（2014-05-18）［2018-07-18］. https：//www. zhihu. com/question/23533234/answer/25756077.

人之所以为人的理由。生物学研究发现，人有自我意识，能知道镜子中的人是我自己，看到喜欢的人会产生愉悦。你当然可以尝试把这种‘意识’编程输入计算机，但这其实也是我们在控制它。”①

观点三：无人自主生产前景诱人。企业家也讨论人工智能。鸿海集团董事长郭台铭在世界互联网大会乌镇峰会“中外政企对话”分论坛上说：“目前富士康的几个工厂已经可以进行生产流程的智能全记录，并且每一个步骤都会自动化检测，最终做到关灯生产。关灯生产以后我们可以将人拿掉，过去传统的自动化，传统的机器人生产，都是用人跟机器作为控制的界面，现在完全是物跟物跟机器之间自己联网的界面，工厂从物联网进入无人自主生产。”②

分析与评论

人工智能的空前发展会让机器人统治世界。人工智能经过几十年的发展，在近年来的发展速度的确是飞速，而 AlphaGo 的“学习性”，也是依靠它的公司——谷歌在搜索引擎方面积累的大数据。但机器终究是由人发明的物体，它的学习方式与人不同，人类是“向前学习”，机器则是“向后学习”。计算机的思维是线性的、逻辑的，它可能很擅长复杂的数据管理、模型的建立和推演，但这是做一些重复性的机械劳动。而人类的优势在于，一些非线性的劳动、非逻辑性的领域，比如说对人性的“洞察”，以及由此产生的丰富的“想象力”和“创造力”。而这些人类的优势，成为机器永远无法逾越的障碍，所以，不会有机器人统治世界的一天。

机器可以完全代替人类工作。科技发展是围绕着“提高人类社会生产效率”这一命题，随着计算机能力的不断提高，把人类从重复的劳动中“解放”出来，这就是目标。同时，我们有可能担心自己的工作被机器代替了，觉得自己没有用了，故感到有一种被世界抛弃的恐惧。所以，人类新命题变成了去“重新定义自己的价值”，去思考和人工智能相比人类的优势到底在哪里。人的想象力、创造力，让人类具备了“智慧”，这才是人性的光辉，而不是单纯的“智力”，所以我们没有必要去羡慕那些机器人，因为人类的智能本质上从来都不是“计算”，以前不是，现在不是，将来也不会是。

宇宙无比浩瀚，科技的发展总是让人类越来越感觉到自身的渺小，不停地让我们去思索自己存在的意义。但人类却从来没有因为渺小而停止过对世界的探索，这正是人类的伟大之处。

2016 级市营策划（2）班　杨鹏飞

指导教师：杨华

① 罗旭. 机器人能与人谈恋爱吗［EB/OL］.（2017-09-14）［2018-07-05］. http：//news. gmw. cn/2017-09/14/content_ 26162045. htm.

② 王琛. 机器代替人工的喜与忧［EB/OL］.（2016-12-02）［2018-07-05］. http：//finance. sina. com. cn/money/lczx/2016-12-02/details-ifxyiayr8813323. shtml.

3. 时代的“暗号”——人机大战

事件概要

当今世界围棋第一人柯洁九段 VS 阿尔法狗的“人机大战 2.0”于 2017 年 5 月 23~27 日举行，这场发生在人工智能与世界顶级棋手之间的比赛吸引了全球网民的关注。5 月 27 日，人机大战三番棋落下帷幕，结果柯洁以 0∶3 惨败于阿尔法围棋（AlphaGo）。纵观三局比赛，AlphaGo 特别强大的地方就是布局，相反，人类下棋的时候很少从一开始就布局，阿尔法狗的胜利本质上还是计算能力和算法的胜利。阿尔法狗的出现让“人工智能”成了公众热议的话题。①

媒体或网民意见

观点一：“人机大战”本身就是一个没趣的噱头，高性能服务器用来下象棋多浪费呀！其应该用在更为高端的领域。现在我国在高性能计算方面也取得了很大的发展，涌现了很多优秀的品牌，他们应该在国家的重点行业发挥作用，像这种“人机大战”的炒作，着实有点无聊。

——zf0714（天涯论坛楼主）

观点二：回味这场“绝唱”，在传承方面，AlphaGo 吸收了很多前辈高手的精华并予以再创造。在棋局中，我看到它的很多招法有当年吴清源老师的影子，心里非常感动。也许，上天是通过 AlphaGo 映照出了很多职业棋手在历史上那些让人难忘的场景，那些可歌可泣的精神。我相信，无论科技进步到哪一层面，人类文明的精神、围棋的精神是永远值得我们景仰和致敬的。

——知识分子（知乎用户）

观点三：AlphaGo 在刺激我们重新认知“人”本身，比如，什么是真正的价值和快乐。对于下棋（甚至所有事情）来说，如果快乐是战胜别人，那是很危险的。就像我以前玩游戏，输了，想再来一盘争取赢，赢了，也想再来一盘继续赢，但不论输赢如何，过后都是空虚。如果有一天，柯洁不仅在和人类对弈时发现快乐，也能在和人工智能对弈时体验快乐，那他不仅是离围棋的奥义更近了一步，也是更深地找到了自己。

——hanniman（知乎用户）

分析与评论

以上三个观点是我在各个论坛等应用中收集出的。关于人机大战，我认为以上三位用户分别从不同的角度进行了评论。

观点一：由人机大战为引领，提出了自己关于高性能计算领域的看法。但我并不认为“人机大战”是没趣的噱头，我不否认媒体过分炒作了“人机大战”，但如果没有这种炒

① 重庆工商大学思想政治理论课综合实践教学网. 柯洁 VS 阿尔法狗的“人机大站 2.0”［EB/OL］.（2017-10-12）［2018-08-14］. http：//marx. ctbu. edu. cn/info/1175/2180. htm.

作，我们根本不会注意到人工智能的成长，就更别说由人工智能引发的对未来的规划以及种种畅想了。而且对于我们普通老百姓来说，人工智能在某些高深的领域被曝光，我们丝毫不会对其感兴趣，因为我们不懂那些专业术语，就更加不会对其进行深入的了解和思考了，但从生活中较为常见的围棋入手，反而大大吸引了我们的注意力，并且注意到人工智能这一新生力量。

观点二：着重看待了人机大战对围棋乃至人文的意义。无论科技进步到哪一层面，都跟随着人的影子。科技永远都不会超越人类，但我们都希望未来科技并不是冷冰冰的，而是充满着人文情怀。在科技发展的过程中，不管是围棋还是其他方面，都应尽可能地传承人类文明。

观点三：更注重人机大战对于我们的启示。在和机器的对弈中，我们不要太在乎输赢，而是更加关注自己的内心情绪波动。在技巧上，机器或许会战胜人类，但在情感上，机器永远无法战胜人类，所以在机器面前，不可妄自菲薄。哪怕不是在和机器的对弈中，不管什么比赛，都不要太注重输赢，而是享受比赛的过程，追寻最初想要参加比赛的快乐。

而我认为，人机大战的出现是一种提醒我们科技在进步的信号。如果没有这一场大战，甚至可以说如果没有人类输于人工智能的结果，我们根本不会对人工智能引起重视，因为我们总是认为人类可以战胜一切。比如在比赛开始之初，该比赛并没有赢得很多的关注，关注的观众也对计算机的下棋能力嗤之以鼻，而在传出计算机打败人类棋手后，这场比赛才赢得了大范围的关注，引起了我们的深思。如果没有这场比赛，我们根本不知道人工智能发展有如此之快，科技时代发展有如此之快。正是这一场大战，让我们意识到人工智能是多么的智能，让“人工智能”这个词映入人们的眼帘，更是为我们指引了未来人工智能引领的时代方向。对于我们大学生来说，人机大战的出现也指引了我们的就业方向。我们应该要格外关注人工智能的发展，相信科技的力量，而不是像曾经闭关锁国的中国一样盲目自大，忽视了人工智能的发展，否则我们将会被时代科技的浪潮狠狠地拍倒在沙滩上。

2016级应用统计专业　骆宁
指导教师：黄伟

案例八　恐怕只有在中国，才敢在深夜穿着超短裙上街

1. 有一种安全感，叫做我是中国人

事件概要

在外国人眼中，恐怕只有在中国，才敢在深夜穿着超短裙上街。美国人约翰说：“中国非常安全，我已经跟父母说我不回去了。”2016 年全球犯罪与安全指数显示，中国是治安最好的国家之一。安全感，已经成为美丽中国的新名片。任何时候危机来临，总有坚强的臂膀让人民依靠，永远有冲在一线的子弟兵、有自主研发的高端救援设备，这些都让百姓内心踏实。我们的威武之师、人民军队有信心、有能力打败一切来犯之敌！安全感，是每一个普通人都能被善待；安全感，是背后有一个稳定的国家可以依赖；安全感，是一个国家给百姓的最好礼物。

媒体或网民意见

观点一：中国如此安全是因为中国人讲道德，我们靠道德约束着自己的行为，大大降低了犯罪率，使得中国能够如此的安全，使得我们能够拥有足够的安全感。我们要发扬中国的传统文化，继承中华民族的传统美德。

观点二：中国的治安系统十分完善，中国很安全，国家是我们最坚实的后盾。在中国，有非常多的人在为了中国人的安全而努力奋斗，甚至牺牲自己。我们因自己是中国人而自豪。

观点三：中国并没有描述出来的那么安全，在中国的很多地方，都有很严重的犯罪现象。我们应该时刻注意安全，要学会好好保护自己，不能放松警惕。

观点四：虽然现在的中国还有很多的不足，但是我们相信，在党的领导及全国人民的努力之下，中国将在社会主义道路上发展得越来越好。

分析与评论

作为一名原汁原味的中国公民，我认为中国确实是一个十分安全的国家，在查看网友对“只有在中国才敢在半夜穿短裙出门”这一事件的评论时，我看到有很多的网友发出“有一种安全感叫做我是中国人”① 这样的感叹。看到这一句话，我深受触动，一股民族自豪感油然而生。中国被评为世界上最安全的国家。然而，中国人的安全感并非凭空而来的，中国的安全体系十分完善，因此，中国的犯罪率并不高，这给了中国公民很大的安全感。对于中国人而言，祖国给我们的安全感并非只是保证我们在中国的领土内的安全。对于中国公民而言，只要我是一名中国公民，无论我到达世界的哪一个地方，祖国永远是我

① 凤凰跟帖. 老外：恐怕只有在中国才敢午夜穿超短裙上街［EB/OL］. http：//comment. ifeng. com/viewpersonal. php？ uname = 阿姨要字谁给 &guid = 71556751.

最坚强的后盾，祖国永远都会保护我们。如2016年11月15日中国将因新西兰南岛强震受困海滨小镇凯伊库拉的125名中国游客安全撤离、2015年也门安全局势恶化中国战舰停靠也门港口撤离侨民，我们的祖国所做的类似于这样将处于危险之中的华侨安全护送回国的事情时有发生。我们的祖国，在尽他最大的努力，保证着我们的安全，无论你身处何地，无论形势多么的动荡，只要你需要，我们的祖国都会接你回家。

忆起童年时期，天真的我不谙世事，以为世界各地都一样，不用害怕突如其来的战争，不用担心突然变为犯罪分子的目标，可以一个人安安心心地走在街上，总以为战争在中华人民共和国成立之后就永远地消失在了这个世上。渐渐长大，才意识到自己的天真，自那之后才发现，这个世界跟我想象的不一样。美国的持枪合法可能在不经意间使你丢掉性命、叙利亚地区依旧战火纷飞，人们过着担惊受怕的日子。知道得越多，就越能够明白中国的治安有多么的好，就越庆幸我生在中国成了一个中国人。我是一名中国人，我因我是一名中国人而自豪。

2016级经济统计（2）班　张宜静

指导老师：钱晓东

2. 国之强，民之安

事件概要

在外国人眼中，恐怕只有在中国，才敢在深夜穿着超短裙上街。美国人约翰说：“中国非常安全，我已经跟父母说我不回去了。”2016年全球犯罪与安全指数显示，中国是治安最好的国家之一。安全感，已经成为美丽中国的新名片。任何时候危机来临，总有坚强的臂膀让人民依靠，永远有冲在一线的子弟兵、有自主研发的高端救援装备等，这些都让百姓内心踏实。我们的威武之师、人民军队有信心、有能力打败一切来犯之敌！安全感，是每一个普通人都能被善待；安全感，是背后有一个稳定的国家可以依赖；安全感，是一个国家给百姓的最好礼物。

媒体或网民意见

观点一：有部分网友赞同案例中的说法，认为正是因为祖国的强大，我们才能在安全和谐的环境下生存：“中国护照，不在于能带你去多少个国家，而在于不论你在哪里都能把你安全地带回家。”①“比起国人在美国时有恶性枪击事件遭伤害，只有在中国才是最安全的。”②

---

① 米特meet带你改变现状. 外国人：只有在中国 才敢在深夜穿超短裙上街［OL］.（2017-09-29）［2018-08-11］. http：//www. sina. com. cn/midpage/mobile/index. d. html? docID=fymenmt6503559&url=news. sina. cn/2017-09-24/detail-ifymenmt6503559. d. html.

② 三月里的骏马. 外国人：只有在中国 才敢在深夜穿超短裙上街［OL］.（2017-09-28）［2018-08-11］. http：//www. sina. com. cn/midpage/mobile/index. d. html? docID=fymenmt6503559&url=news. sina. cn/2017-09-24/detail-ifymenmt6503559. d. html.

观点二：有大部分网友持中立的观点，认为中国相对国外有些国家是十分安全的。“不管你们信不信，反正我信，中国不是绝对安全，但相对国外很多国家是安全的。说一件真事，我表妹在大前年的大年初三从家回北京，下地铁快 12 点了，没找到出租车，自己拖着行李箱走回家的，走到家凌晨两点，路上偶尔有几个人，但是很安全，回家在附近还买了一瓶水。”

分析与评论

在我看来，相比国外的大多数国家，比如美国、印度、中东等地，中国的治安的确要好得多，但有的地区同样也有危及人们财产或生命安全的事件发生。但我们不能仅以一部分发生过的不安全事件就以偏概全，盲目认为中国不安全，而否定国家为此而做出的不懈努力。看待一件事情需要我们以辩证的眼光，去挖掘事件背后所蕴含的深刻意义，学会辩证地分析，而非随波逐流、人云亦云。随着国内科学技术的不断发展，网络已经成为人们生活中必不可少的一部分，在这信息大爆炸的年代，网络上的许多不恰当评论也许就会误导大家，这种时刻，冷静、客观地表达观点就显得尤为重要了。

就如上述事例，来源于央视纪录片。纪录片用具体的数字向我们解释了外国小伙所谓的“安全感”由何而来：5 年来，中国八类严重暴力犯罪案件数下降 42.7%；重特大交通事故下降 56%。2016 年，我国每 10 万人中发生命案 0.62 起，是世界上命案发案率最低国家之一。如果觉得 0.62 这个数字太抽象，那么请看这样一组对比数据：2015 年，美国每 10 万人命案发案率是 4.88、法国是 1.58、瑞士是 0.69、德国是 0.85、丹麦是 0.99、芬兰是 0.91、瑞典是 1.15。2014 年，英国的统计数字是 0.92、加拿大是 1.68。中国 0.62 的成绩，大致可以排在全球命案发生率最低的第 17 位。和这些发达国家的统计数字相比，中国无疑是全球最安全的国家之一。

若说数据太过抽象，那么就举几个实实在在的事例：2017 年中国女留学生章莹颖在美国无端失踪，警方多方查询仍旧无果。此案发生不久，又有一名中国女留学生在亚特兰大被谋杀，根据报道，犯罪嫌疑人是个持枪的美国大兵，至今在逃。2017 年 10 月 1 日美国赌城拉斯维加斯晚间发生惨烈枪击案，伤亡人数已达几百人。除此之外，在国外发生的恐怖袭击事件层出不穷，人肉炸弹式的袭击方式更是令人胆战心惊。我至今还记得 2015 年的欧洲难民潮事件，大量被战争迫害的中东、北非人民不得不远离故土奔向没有战争的和平国家，偷渡重洋时在海难中死亡的人数不断增加，叙利亚小男孩海滩之死的照片也再一次引起全球热议，战争的残酷可见一斑。在这样的对比下，我不得不说，中国的确是世界上最安全的国家之一。

也许是我们身处在这样一个安全祥和的环境里日渐麻木以致理所当然，无法与外国人感同身受，所以一些人瞧不起自己的国家，但如果能去国外走一走，就能明白他们所言非虚。《我是演说家》里面一位哈佛大学的女生的演讲给了我极大的触动——“我的班上有一个来自叙利亚的同学，当他得知我毕业之后就要回到中国的时候，他跟我说，他很羡慕我，他的国家常年在打内战。虽然今天我们两个都是在美国的留学生，但是我们各自都还有一个身份，他的身份叫叙利亚难民，而我的身份叫中国国民。难民与国民的最大的区别在于，你是否拥有自由选择的权利。你是否一定要将自己的命运寄托在一个别的国家，还是说你可以轻飘飘地讲，世界那么大我想去看看，可是家里这么好，我随时可以回得来。你就踏踏实实地做一个哪怕普普通通的中国人也会被善待，因为你的背后是一个稳定的国家，而世界对你的国家充满敬畏。"

所以，生活在这样一个富饶和强大、和平的国家，我们还有什么理由去抱怨呢。尽管我们的国家还达不到"谋闭而不兴，盗窃乱贼而不作"的大同境界，但从新中国成立到21世纪，她的努力是有目共睹的。在行进中的中国，只有把个人成长与国家命运紧密相连才更能体会到如今国家赋予人民的安全感和幸福感是一种多么强大的资本！

2016级工程管理（2）班　王雪莲

指导教师：刘静

3. 你的安全，中国永远不会缺席

事件概要

在外国人眼中，恐怕只有在中国，才敢在深夜穿着超短裙上街。美国人约翰说："中国非常安全，我已经跟父母说我不回去了。"2016年全球犯罪与安全指数显示，中国是治安最好的国家之一。安全感，已经成为美丽中国的新名片。任何时候危机来临，总有坚强的臂膀让人民依靠，永远有冲在一线的子弟兵、有自主研发的高端救援装备等，这些都让百姓内心踏实。我们的威武之师、人民军队有信心、有能力打败一切来犯之敌！安全感，是一个国家给百姓的最好礼物。

媒体或网民意见

观点一：肯定当前中国安定的社会环境，感受到祖国的强大，为祖国的发展感到自豪。

想起一句话：我们并不生活在一个和平的年代，只是生活在一个和平的国家。①

——网友"门牙笑崩了"

经历危险、目睹灾难、身处险境，便会向往安全。中国，中国人自己安全温暖的家！②

——网友"园生态"

中国的强大震撼世界，强大的是军事、是经济、是外交、是文化……更加强大的是内

① 央视财经．恐怕只有在中国才敢午夜穿超短裙上街［EB/OL］．（2017-09-24）［2018-07-05］．https：//m.weibo．cn/1618051664/4155472153815067

② 央视财经．恐怕只有在中国才敢在午夜穿超短裙上街［EB/OL］．（2017-11-05）［2018-07-05］．https：//m.weibo．cn/2258727970/4170832425462211．

心！厉害了我的中国！①

——网友“天津玩艺儿”

观点二：能够客观公正地看待这个问题，承认中国的确还存在着一些不确定的因素，与此同时也不否认中国的进步。

中国强大，但中国也不够强大，所以我们都需要努力，加油中国。②

——网友“大叔卖萌”

中国在安全方面总体是非常不错的！但是不能忽略的是，中国的执法人员素质有待提高，执法监督制度有待完善！希望祖国越来越强大，人民的生活越来越美好！③

——网友“沙漠中的小骆驼”

不好意思你要求100%安全，正义、公平的地方地球上没有，虽然很多事我是站着说话不腰疼，但我的确看到了祖国的变化。④

——网友“刘小生”

分析与评论

由于每个人的经历、知识水平与看世界的角度不同，对同一件事会有不同的看法。在对“恐怕只有在中国，才敢在深夜穿着超短裙上街”这一议题的理解中，每个人的看法都略有不同，我亦如此。不可否认，当今中国社会仍然存在着一些不确定的安全因素，困扰着中国民众。但是，我们也要客观地看到中国社会的进步 ，在一系列的举措下，全新的安全管控系统正在建立起来，相对于十年前乃至更久，中国社会的安全系数有了相当程度的提升，中国政府正以她的担当，给予国民最强有力的安全感。

当今世界，和平与动荡共存，存在着总体缓和、局部动荡的局面，而安全感则是一国政府带给人民最强有力的保障。中国政府为给中国人民带来安定、幸福、稳定的生活一直在奋斗着。虽然在过程中，也存在着一些问题，但总体上，中国社会是安全与稳定的，中国已经成为世界上治安最好的国家之一：立体化社会治安防控体系在中国建立起来，我们利用人工智能与网络大数据，建立起世界上最大的网络监控体系——“天网”监控体系，协助人民警察破案，追踪犯罪分子，保障人民的生命财产安全与安全出行；我们有反恐战线的特警部队、密林深处的禁毒尖兵、永远冲在第一线的人民子弟兵、随时准备出发的央企救援体系、自主研发的高端救援装备、让人民安

① 央视财经．恐怕只有在中国才敢在深夜穿超短裙上街［EB/OL］．（2017-09-24）［2018-08-03］．https：//m.weibo. cn/2803301701/4155436431248402.

② 央视财经．恐怕只有在中国才敢在深夜穿超短裙上街［EB/OL］．（2017-09-24）［2018-08-03］．https：//m.weibo. cn/2803301701/4155436431248402.

③ 央视财经．恐怕只有在中国才敢在深夜穿超短裙上街［EB/OL］．（2017-09-24）［2018-08-03］．https：//m.weibo. cn/2803301701/4155436431248402.

④ 央视财经．恐怕只有在中国才敢在深夜穿超短裙上街［EB/OL］．（2017-09-24）［2018-08-03］．https：//m.weibo. cn/2803301701/4155436431248402.

心的威武之师①，中国正在打造全新的国家安全体制，保障人民的生命财产安全。

犹记得《战狼2》片尾镜头下的中国护照上面的话："中华人民共和国公民：当你在海外遭遇危险，不要放弃！请记住，在你身后，有一个强大的祖国。"随着中国经济的发展与国力的攀升，中国完全有能力这样说，但是还是谦卑地保持着应有的风度。中国护照上真实地写着："中华人民共和国外交部请各国军政机关对持照人予以通行的便利和必要的协助。"这句话不仅让中国人在外有底气，而且也在更大程度上保证了中国民众在国外的安全。

中国政府也一直在践行着她的承诺，不仅保障中国国内人民的安全，也尽着自己最大的努力保护在海外的华人华侨。轰动一时的2015年也门撤侨事件，由于当时也门局势紧张，使得中国公民与华人华侨的生命财产安全受到了极大的威胁，中国政府第一时间做出反应，首次派出武装军舰与带有武装设备的人员从也门撤侨，在极短的时间内完成人员的甄别与行李的检查，并完成两次安全撤离任务，撤离的不光有中方人员，还包括其他国家的人员，当军舰驶离港口时，每个人手中都挥舞着五星红旗，这一幕不仅仅彰显着中国的强大，还展示着中国政府带给中国公民真真切切的安全感。中国在用她的实力向全世界展示她有能力保护她的国民。

目前确实还有一些威胁人民生命财产安全的违法犯罪行为存在，干扰着人民的生活，但是中国也一直在尝试着改变，无论是依法治国还是全面从严治党，还是目前正在打造的全新的国家安全体制，还是国家综合实力的发展，各个方面中国都在努力。无论是政治、经济、文化还是综合国力，她都在尽她最大的努力，让生活在这片土地上的人民都能够过上安定幸福的生活。请给她一点时间，终有一天她会是你们所期望的那般"一个更强大更和谐更美丽的中国"。

2016级策划（2）班　秦绍发

指导老师：杨华

① 央视财经．恐怕只有在中国才敢午夜穿超短裙上街［EB/OL］．（2017-09-24）［2018-08-02］．http：//news．sina．com．cn/o/2017-09-24/doc-ifymenmt6503559．shtml．

4. 安全感：大国承诺

事件概要

在外国人眼中，恐怕只有在中国，才敢在深夜穿着超短裙上街。美国人约翰说："中国非常安全，我已经跟父母说我不回去了。"2016 年全球犯罪与安全指数显示，中国是治安保障最好的国家之一。安全感，已经成为美丽中国的新名片。任何时候危机来临，总有坚强的臂膀让人民依靠，永远有冲在一线的子弟兵、有自主研发的高端救援装备等，这些都让百姓内心踏实。我们的威武之师、人民军队有信心、有能力打败一切来犯之敌！安全感，是一个国家给百姓的最好礼物。

媒体或网民意见

观点一：中国护照，不在于能带你去多少个国家，而在于不论你在哪里，都能把你安全地带回家。

观点二：中国相对还是挺安全的，比以前治安环境也好得多，出警速度快，天眼查案也方便。只是某些地区的治安还不是很好。

观点三：只有高科技的东西，才能保证平安。我们有天网，时刻监护大家的安全。美国是人人带枪，保护自己。所以不是一个层次。

分析与评论

我国改革开放 40 年以来，经济飞速发展，国家面貌日新月异。现在，人民关心的不再是衣、食、住、行的问题，而是自己的生命财产安全。这不仅仅是对外的担忧：远离战争，避免国家遭受外来侵略；也是对于内的思考：保护人民的日常生活，不遭受危害。而要做到这些，就需要一个强大的国家以及负责、有能力的政府。而如今的中国，就是这样的。在这里是不允许私人藏枪的，也不能私藏管制刀具，这些都是法律所明文禁止的；同时拥有完备的法律体系，秉承"有法可依、有法必依、执法必严、违法必究"的宗旨，公正公平地执法，树立司法威严，这样就大大减少了犯罪率，有效地保护了人民的生命财产安全。同时，中国的治安系统，也越来越完善。

所以，作为当代大学生，在学习科技文化的同时，也要学习法律知识，重拾儒家文化，加强道德修养，懂得以礼待人，以自己是中国人而自豪，爱国爱民。从小事做起，从自己做起，发扬传承中华民族优良传统。这样，陶渊明诗中的世外桃源也不完全是虚无缥缈的。当然，无论是不是中国人，当他们在危难之时，我们都要伸出援助之手，互帮互助，这也是儒家文化"仁"所要求的。

我以我是中国人而自豪。

2016 级应用统计（1）班　李唯冬

指导教师：黄伟

5. NO.1？安全感！

事件概要

在中央电视台系列专题片《辉煌中国》第五集《共享小康》中讲道：在并不太平的当今世界享有一份安全感是一种“奢侈品”。这一集视频以苏州市警察为主人公向我们展示了中国公安在建设平安中国过程中做出的努力以及中国在治安领域获得的巨大成就。在视频中，瑞典人万马说：“跟谁出去玩儿，一点儿都不担心，没有问题，很有安全感。”美国人约翰也谈道：“中国非常安全，我已经跟父母说我不回去了。”“在这些外国人眼中，恐怕只有在中国，才敢在深夜穿着超短裙上街。”而基于此视频作的一篇名为“有一种安全感，叫做我是中国人”的报道也迅速火遍全国，让众多的中国人热血沸腾。但网民对此事件的评论不一，观点各异，褒贬皆有，引发了我们对此的关注与思考。

媒体或网民意见

观点一：和平来之不易，我们应当珍惜。众多媒体通过微博、百度等方式转发“中国安全感”这一内容之后，网络上有许多人对此发表了自己的看法，他们中有大部分人认为中国是一个充满安全感的地方，在这个发展不平衡、战乱依然存在的不太平的世界里，中国能够做到保障国民的安全，维护国家的和平与稳定是需要付出巨大努力的，也是非常不容易的，而作为中国人的我们更应该珍惜这来之不易的和平。

观点二：为中国点赞，为自己的中国人身份自豪。在一部分人认为中国的和平来之不易需要珍惜的同时，也有部分网民认为让外国人肯定我们中国的安全环境是值得我们骄傲的事情。有的网民在评论中叙述了自己在国外的经历，讲到只有到了国外，自己亲身体会了别国的生活之后才能明白中国的治安有多好。因此，这部分网民为自己中国人的身份感到自豪，为中国感到骄傲。

观点三：虚假之说，中国很多地方在很多时候都不安全。网络中对此的评价好的方面很多，但也存在一些负面消极的评价。比如：有的人质疑中国是治安最好的国家之一。他们认为中国是否具有“安全感”要区别地区，只有在大城市里面才会有高端设备实时监控，而在偏远地区就存在很多不安全因素。因此，他们认为这是一种虚假之说，不否定中国安全，但是更偏向于中国的很多地方在大多数时候是不安全的看法。

分析与评论

我认为在关于我国安全感这个话题上，针对网上存在的不同观点，要批判地看待他们所说的话，但我个人不赞同指责中国，并反对认为中国具有安全感是一种虚假之说的观点。

在《我是演说家》中哈佛大学的女孩许吉如做了一篇名为《国强则少年强》的演讲，在这篇演讲中，有一个贯穿全文始终的词，它被许吉如多次提到，就是：安全感。她在演讲中说：“国家安全感是一份不基于任何条件，不需要努力，我们往往身在福中而不知福的安全感。”或许有人会讲社会如何不公平、困难群众数量依然庞大、贫富差距怎样等一系列的社会问题，但是我想请大家想一想：在中国，会有人因为战火而家破人亡吗？社会大众需要每天都饱受饥饿的痛苦吗？我们又有什么时候会把摄像机当作是武器而举起双手呢？可以肯定地说，作为中国人的我们，身处中国的我们，这些都不会发生。我知道每个人都有发表自己言论的权利，也不是认为大家都只能顺应好的方面去发表评论，只是认为我们在发表自己看法的时候多想一点、多看一看我们身处的环境究竟怎么样，不要随意的糟蹋这种权利。不要因为一件事儿就对这个社会充满失望、愤怒和仇恨，每个国家与社会都会存在各种问题，既然我们个人都无法要求自己做到十全十美，又何必去要求我们的国家和社会必须完美，更何况我们的国家正在尽自己最大的努力让我们更有安全感、满足感和幸福感。

我认为安全感是指总体最大范围内能得到的安全保障，而不是绝对意义上的，任何一个地方都会发生安全事故，都有可能出现死亡。根据大数法则可以知道事情重复的频率越高就越趋于稳定，就像一百万个人坐飞机总会有十个人会死于安全事故，因此我认为安全感是一个相对的、总体的概念。虽然说在网络上依然存在着各式各类的危险的事情，如儿童被拐卖、女大学生失联等一系列我们害怕和担心的事情，但是我们并不能说中国没有安全感。一个真正的没有安全感的国家绝不会是我们这样的，就像许吉如在演讲中说到的那样：“不安全感，一旦渗透每一个国民他自己的生活中，一旦蔓延进每一个国民他自己的心里，会让人失去一份心安理得。这份心安理得意味着你不需要向外界去解释你的国家存在的正当性，你不需要时刻去提防国土安全，你更不需要担心国破家亡而流落他乡。这份安全感是一个国家给国民最根本的安全感。生活中的安全感，很多时候是一种等价交换，但是国家层面的安全感，是抛开个人因素不谈，只因享有国民身份，就可以免受漂泊，免于恐惧。”

现在，中国已经建成了世界上最大的、视频镜头超过 2 000 万的视频监控网——“中国天网”，是守护百姓的眼睛。根据 2016 年全球犯罪与安全指数，中国是世界上治安最好的国家之一。自 2013 年以来的五年时间里，中国八类严重暴力犯罪案件数下降了 42.7%。安全感，已成为美丽中国的新名片。在中国，护佑百姓安全，是国家安全观的宗旨。任何时候危机来临，总有坚强的臂膀让人民依靠：反恐战线的特警部队、密林深处的禁毒尖兵、永远冲在一线的子弟兵、自主研发的高端救援装备等。2017 年湖南水灾救援、2017 年四川九寨沟地震救援、2017 年澳门台风救援，显示出中国的“安而不忘危，治而不忘乱”，中国全新的国家安全体制，正筑起铜墙铁壁。

我想对当代的中国人说一句：“对中国的安全充满信心，我们国家的一系列安全保障举措都值得我们这份信任。”我们也应该为中国的安全感充满信心和自豪。

2016 级社会学专业 吴淼

指导教师：田妍

案例九　辱母杀人案引争议

1. 当暴力成为唯一选项，暴力是否具有正当性?

事件概要

2016 年 4 月 14 日，一个 20 岁左右的儿子亲眼看见母亲遭受催债团伙的极端手段侮辱，报警无效，儿子情急之下刺死一人。2016 年 12 月 15 日，聊城市中级人民法院开庭审理此案，以故意伤害罪判处当事人于欢无期徒刑。2017 年 3 月 26 日，媒体报道了该事件，瞬间引起社会的广泛关注，对于地方法院的判决，网友认为存在争议。由于舆论的压力，最高人民检察院对此高度重视，派员对案件事实进行全面审查。2017 年 5 月 27 日，该案二审公开开庭审理。6 月 23 日，山东省高级人民法院认定于欢属防卫过当，构成故意伤害罪，判处于欢有期徒刑 5 年。

媒体或网民意见

观点一：舆情是舆情，法律是法律。两者之间不能混淆，但两者之间并非天然对立，民意执念的朴素正义，应该在法律管道内有正常的吸纳空间。在公众一边倒的同情“辱母杀人案”的时候，我们期待足以令人信服的正义理据，或者做出正义的修订。

——澎湃新闻

观点二：在很多人看来，于欢的行为不仅仅是一个法律上的行为，也是一个伦理行为。而对于判决是否合理的检视，也正显示出在法律调节之下的行为和在伦理要求之下的行为或许会存在的冲突，显示出法的道理与人之常情之间可能会出现的罅隙。也正是从这个角度上看，回应好人心的诉求，审视案件中的伦理情境、正视法治中的伦理命题，才能“让人民群众在每一个司法案件中都感受到公平正义”。

——《人民日报》

观点三：我们是感性的人，也是理性的人。感性让我们每一个人都同情于欢的遭遇，因为这种同情源自我们自身对安全感的渴望。我们又都是理性的人，毕竟中国是法治社会，司法的公正判决，包含着法律效果和社会效果的统一。舆论向法律传递出良知的意愿，法律也应该回馈给舆论合乎逻辑的法律推理。法律与伦理不应该成为对立的双方，不应该成为彼此撕扯的对象，因为二者有着相同的目标：让有罪者受到惩罚，让无辜者不致蒙冤，让强梁不敢横行，让弱者获得尊严。

——凤凰评论

分析与评论

群情的激昂，透露的不仅仅是对于欢个人生死的挂怀，也是大众情绪的一种焦虑和不安。通过新闻的报道，我们身心同感了当事人的恐惧、羞辱、愤怒，我相信任何一个七尺男儿在当时的境况之下都可能做出最绝望的反击，这是大众传统道理里最朴素的正义，亲人正在遭受不法侵害、警察又如此“冷血”袖手旁观时，我们该以何种方式去保护他们？答案只有反抗！我们不是当事人，但我们却都对这起案件如此关心，是因为我们每个人都设身处地把自己当作了“于欢”，从而发出了心底伦理和情感的诉求。我们也会担心，如果没有了公权力的保护，我们每个人都有可能遭受于欢一样的屈辱。

从聊城市中级人民法院到山东省人民法院，我认为把案件放在聚光灯下，并不是坏事。案件办得对，舆情热点就变成了一次全民普法教育；而案件办错了，这就是一次改正错误、回归公正的良机。法院综合于欢犯罪的事实、性质、情节和危害后果，将其刑期由无期徒刑改为有期徒刑5年，这个结果是大多数人所能接受的，是因为再次判决时给正常的人伦情理留下了必要的空间，而由无期徒刑到有期徒刑5年中间的转换过程也正说明了舆论监督的必要性。舆论监督是必要的，而且是有益的，故对于舆论监督，应该有充分的雅量，给予尊重和鼓励。

“法律不仅关乎规则，还关乎规则背后的价值诉求，关乎回应人心所向，塑造伦理人情。”“一次错误的判决有甚于十次犯罪”。在这没有绝对公平的世界，正义也许会迟到，但迟到的正义是大打折扣的，其中的辛酸与无奈我们无法想象。希望我国法治能不断完善，给人民创造安定和谐的社会环境。也祝愿人人遵守法律规则。

2016级审计（1）班　曹璐杰

指导老师：黄伟

2. 法律与情感的纠葛

事件概要

2016年4月14日，一个20岁左右的儿子亲眼看见母亲遭受催债团伙的极端手段侮辱，先是努力隐忍。厂里员工报警找来警察，警察来后却“冷眼旁观”无作为！警察的离开，让儿子的最后一丝希望都破灭了，情急之下刺死一人。2016年12月15日，聊城市中级人民法院开庭审理此案。聊城市中级人民法院随后做出判决：被告人于欢犯故意伤害罪，判处无期徒刑，剥夺政治权利终身。事件经媒体报道后，瞬间引起了社会的广泛关注，对于地方法院的判决，网友认为存在争议，于欢是故意杀人还是故意伤害？是否构成正当防卫？

媒体或网民意见

观点一：不存在防卫紧迫性，不属于正当防卫，为故意伤害。

持此观点的网友普遍认为当时警察已到现场，于欢及其母亲的生命安全已经得到保障，所以不存在防卫的紧迫性且其行为具有主观的故意。

观点二：应该正视此事发生之时的伦理情境，站在当事人的角度考虑。法律也关乎回应人心所向、塑造伦理人情。

有许多网友也是基于此主张于欢正当防卫。其中：网友“一个两个人的成长”在微博上回答道：“我们在法庭上也要考虑人情，人不是机器而是感性的动物，于欢他正是保护母亲不被侵害。”网友侠客岛也在微信公众号中写道：“在中国传统的情理社会，精神侮辱带来的‘防卫的紧迫性’，其实不亚于生命健康权。”所以，认为于欢存在防卫的紧迫性。

观点三：于欢有正当防卫情节，系防卫过当。

持此观点的网友主要认为出勤警察的不作为介入且不能阻断于欢防卫的紧迫性。但造成一死三伤的结果确实是过于严重了。

观点四：情感归情感，法律归法律。于欢的行为性质应当严格按照法律来认定，而不是由情感、舆论来主导法律。

网友“Rebacca—X”：法院说的是法，有的案件是合情合理但未必合法，凡事都要在法律的界定内。

网友“烟云人生空梦幻”：罪行法定，这是法律最基本的原则！而不是制造导向舆论，也不是通用舆论治国，更加也不是让造谣生事之人浑水摸鱼，也不应该让别有用心之人蒙蔽双眼。

分析与评论

对于于欢行为的定性，我是自始至终认为其属于防卫过当。但在二审判决下来之后，思想上却是产生了比较大的变化。在此之前，我的想法是：法律应当严格按照现行法律来执行，情感和舆论不应当成为法律的引导，但在特殊案件情形下，可以对量刑情节进行考虑。所以，可以对于欢的量刑上从轻考虑。且对其有防卫的情节的认定是基于对方对其母亲实施的行为，可以认定为暴力方式。此外，其后虽有警察的介入，但警察并未履行好自己的职责，并未阻断侵害的进行，使得于欢的心理防线崩溃，故可以认定为正当防卫，只能说其防卫方式不当，是一个防卫过当行为。

虽然之前我也是主张法律不应该由情感和舆论来引导，但在看了二审判决书之后，还是觉得自己的看法过于稚嫩。

二审中公开了许多一审没有出现的事实，虽然判决依然认为是故意伤害罪，但在行为上认定属于防卫过当。理由是：当于欢和苏某欲随民警走出接待室时，被对方的人阻止，并对于欢实施推拉、围堵等行为，在于欢持刀警告时，仍出言挑衅并逼近，实施正当防卫所要求的不法侵害客观存在并正在进行。于欢是在人身安全面临现实威胁的情况下才持刀捅刺，且其捅刺的对象都是在其警告后仍向前围逼的人，可以认定其行为是为了制止不法侵害。其防卫行为造成 1 人死亡、2 人重伤、1 人轻伤的严重后果，明显超过必要限度造成重大损害。这个判决我个人是认为非常的有理有据，也很公平公正，非常有说服力。

回顾案情的始末，媒体确实在其中充当了一个不可忽视的角色，从开始的“辱母杀人”到后来的“教科书式耍赖”无不在造成舆论的风向，引起社会的情感共鸣。但是，如果单看两个法院的判决，就会发现它们都是在运用法律结合所掌握的事实在判案，只是说二审提高了判案的精准度。在这里，媒体、舆论起到了一个监督的作用，是有助于司法进步的。但是，在监督之外又欲产生引导的效果，这就无疑是一个阻碍法制进步的一个体现。

所以，又不得不重申另外一个观点，法律是法律，情感是情感，法院一定要严格按照法律的规定来判案，而不能被情感、道德、舆论左右。我们身处在一个网络时代，又享有言论自由，但很多时候我们看不见全部的事实，同时也会被某些风向引导，做出错误的评判。所以，我们能做的只有尽可能地保证自己客观的态度，在不能确保清楚事实的情况下不做过于激进的评论，保持对司法的敬畏心。

2016 级知识产权专业　奉杨舞

指导老师：刘朋

3. 在法律制高点下审视道德

事件概要

2016 年 4 月 14 日，山东聊城男子于欢，在母亲苏银霞和自己被 11 名催债人长达一小时的侮辱后，用水果刀致 4 人受伤。其中，被刺中的杜志浩自行驾车就医，因失血过多休克死亡。2017 年 2 月 17 日，山东聊城市中级人民法院一审以故意伤害罪判处于欢无期徒刑；宣判后，原告人杜洪章、许喜灵、李新新等人和被告人于欢不服一审判决，分别提出上诉。2017 年 3 月 24 日，山东省高级人民法院受理此案。2017 年 6 月 23 日，于欢案公开宣判，山东省高级人民法院认定于欢属防卫过当，构成故意伤害罪，判处有期徒刑 5 年，该判决为终审判决。

媒体或网民意见

一时之间网络上铺天盖地的对此案件展开了激烈的讨论。许多网友站在道德伦理的角度对此发表了自己的见解。一网友说："逼债辱母的事实不能否定，奋起反抗的勇气可嘉！我们说的人伦底线，说的是如何维护母亲的尊严，作为一个儿子，作为一个人，是不能面对这样的耻辱的！"还有一网友说："法律无情，人有情，我们一定不能让法律成为冰冷的审判机器。如果一个人连自己最亲的人都保护不了，还谈何人性。虽然于欢伤人是一种错误的举动，但是也是在危急时刻也是情有可原的，法律应该从轻处罚。"

本案件是刑事案件，而法学界站在专业的角度主要存在三种观点：第一种观点认为，对于于欢的行为不构成正当防卫，属于故意伤害，对社会安全造成了严重危害；第二种观点认为，于欢的行为属于刑法上的正当防卫，因为其行为已经满足了正当防卫的要件；第三种观点认为，于观的行为属于防卫过当，虽然满足正当防卫的要件，但于欢的行为已经造成 1 人死亡、2 人重伤的结果，其防卫行为已经超过了正当防卫的限度，故属于防卫过当。

分析与评论

我认为从具体的案情来看，于欢的行为不属于正当防卫。根据我国《刑法》第二十条的规定，正当防卫，是指为了保护国家、公共利益、本人或者他人的人身、财产和其他权利免受正在进行的不法侵害，采取对不法侵害人造成或者可能造成损害的方法，制止不法侵害的行为。首先，于欢和母亲在客观事实方面的确存在遭受了现实的不法侵害。其次，于欢是在催债人长达一小时的侮辱后，用水果刀致 4 人受伤。被害人的侮辱行为不具有侵害的紧迫性，所以不是正在进行的不法侵害。最后，正当防卫的主体必须是针对不法侵害人本人进行防卫，于欢刺伤了吴学占以外的其他人。所以，以上情节都表明，于欢的行为不满足正当防卫的条件，于欢的行为属于故意伤害。

辱母案之所以争议如此之大，不过是法与情的撞击。很多网友都曾假设如果自己是于欢，也一定会和于欢做出一样的举动。孝道是中华民族的传统美德。为了保护自己的母亲，无论付出多大的代价都在所不辞。莎士比亚曾说：“一千个读者就有一千个哈姆雷特。”正是因为它让每个人都把自己当作了“于欢”，从而发出了心底的伦理和感情的诉求，认为孝道凌驾于法律之上。可是，我们每个人都不是于欢，我们不能将自己放在一个根本不可能发生的假设之中。不能因为自己的一面之词和多数人赞成的民意就将聊城辱母案推上舆论的前端，用道德和民意去绑架法律。抛开是非曲直，杜志浩已经死亡，就如康德所言：“法律是道德最低的标准”，法律保护所有人的生命。我们不应该在案件符合故意伤害构成要件并且没有违法阻却事由的情况下，认为情大于法，于欢轻罪甚至无罪。法律是用证据事实做出接近事实的判决，决不能在社会舆论下做出不公正的判决，公平公正的法律才是我们真正的信仰。

希望于欢案，给予我们的不仅仅是一场关于道德与法律衡量比重的激愤浪潮，我们也要明白经历暴风雨洗礼之后真正留下来的东西。法律保护我们所有人的生命，它应该被信仰，不要用道德去绑架法律，做一个知法懂法的人，站在法律的角度去看问题。更不要在法律做出与“民意”不相符的情况下，去抨击我们的法律，说是法律上的漏洞。法律不是万能的，它既不能减少案件的发生，也不能彻底除掉那些隐藏在黑暗中的不法分子。我们不能对它期望过高，它仅仅是一个标准，不会偏向多数人的意思。我国正处在促进建成全面依法治国的进程中，做一个知法懂法守法的公民，是我们人人都应该肩负的责任。

2016 级法学（1）班　吴燕

指导教师：龙睿赟

4. 当于欢案被放在社会聚光灯下

事件概要

2016 年 4 月 14 日，在山东聊城发生了一起看似普通却引发强烈社会舆论的杀人案件。犯罪嫌疑人于欢在其母苏银霞已抵押的房子里与前来讨债的 11 余人发生冲突，最后用利器将包括杜志浩在内的 4 人刺伤，致杜志浩失血过多死亡，其余两人重伤，一人轻伤。但这并不只是一起简单的因为债务纠纷引发的杀人案件。据悉，吴学占等人对苏银霞实施了辱骂、殴打，并且指使手下将苏银霞的头按在马桶里，要求其还钱，甚至对苏银霞做出更加不堪的举动。当日下午，苏银霞四次拨打 110 和市长热线，但并没有得到帮助。苏银霞的儿子于欢目睹其母受辱，在绝望之中，选择了与讨债者搏斗。2017 年 2 月 17 日，山东省聊城市中级人民法院一审以故意伤害罪判处于欢无期徒刑。原告人杜洪章、许喜灵、李新新等人和被告人于欢不服一审判决，分别提出上诉，山东省高级人民法院于 2017 年 3 月 24 日立案受理。最终山东省高级人民法院认定于欢属防卫过当，构成故意伤害罪，判处于欢有期徒刑 5 年。

媒体或网民意见

观点一：同情当事人，质疑判决，对于欢保护母亲的行为表示支持判决。

首先，在中国传统的情理社会，精神侮辱带来的“防卫的紧迫性”，其实不亚于生命的健康权。要明白，杜志浩的行径是突破人伦底线的侮辱。手段之卑劣，性质之恶劣，超出绝大多数人的想象，严重挑战了公众的道德认知。

其次，当于欢把求援的希望放在警察身上时，他们内心是期待警方帮助他们脱困的，但是，警察既没有将杜志浩一行人带走进行调查，又没有将于欢母子解困，其处置缺陷和实际后果，与于欢杀人是否构成因果联系，一审法院选择性的疏忽了。

最后，从正当防卫的立法精神来看，目的是要鼓励公众采取必要措施与不法侵害做斗争，保护自身的合法权益，从而弥补公力救济之不足。但是，如果司法实践中，将“防卫的紧迫性”标准定义得过高的话，就很容易消解公民对抗违法行为的勇气，这与正当防卫的立法初衷背道而驰。所以，面对危险和身处困境中时，自我防卫和保护是十分必要的。

观点二：同情当事人，但支持判决，于欢的行为不该被舆论炒作为正义。

这个案件存在一定的道德问题，但我们不能因为这样就忽略了法律规定。不堪忍受母亲受到侮辱而选择以暴制暴似乎从道德层面上来讲，是情有可原的，但是不代表他就可以逃避法律制裁，一个国家的和谐建立在法律的基础之上，如果任何事情都用道德去束缚法律，那么法律存在的意义也就不大了。并且，舆论也并不能改变这个青年的人生，保护亲人有很多种途径，但绝对不是杀人的理由。法律的公平公正不能寄托在某一个或某一批人身上，而是在每个人的监督和遵守下才能日趋完善。

观点三：质疑警察不作为。

从新闻报道看，对于警察来了又走，警方的解释是“进一步了解情况”。考虑到当时的情况，这个解释相当牵强。既没有带走暴力催债人调查，又没有将双方隔离，出警的缺陷及其实际后果，与于欢杀人之间构成因果联系，法庭忽视这一量刑因素是让人费解的。实际上，警方过错是理解整个杀人案的枢纽，不只要批评，还应该追问刑事责任。

分析与评论

我认为法律的公正性应该建立在适当考虑人情和人性上，舆论可以起刺激作用，但绝不能凌驾于法律之上。

从无期徒刑到5年有期徒刑，于欢的命运，经历了蹦极式的改变。其原因我认为有以下三个：

第一，认定于欢的行为具有防卫性质。杜志浩等人在较长时间里对于欢、苏银霞实施了限制人身自由的非法拘禁行为，并伴有侮辱和对于欢间有推搡、拍打、卡项部等肢体行为，在于欢持刀警告时仍出言挑衅并步步逼近，对于欢的人身安全形成了威胁；于欢是在人身安全面临现实威胁的情况下才持刀捅刺，且仅对围在身边的人进行捅刺，可以认定其行为是为了制止不法侵害。

第二，于欢的行为属于防卫过当。杜志浩等人在催债过程中均未携带使用任何器械，民警进入接待室之前，杜志浩等人的侮辱行为已经结束，此时只是对于欢有推拉、围堵等轻微暴力行为，而于欢选择在这个时候自卫，属于防卫过当行为。

第三，社会舆论。我们必须承认，没有舆论的介入，于欢案很难受到全社会的关注。"群情激昂的背后，透露的不只是对于欢个人生死的挂怀，也是大众情绪的一种焦虑和不安。因为没有公权力的保护，我们每个人都可能遭遇于欢一样的屈辱。"面对网络上对于欢案的质疑，对民警办案不利的讽刺，最尴尬的是司法，但因为坦陈，舆论的关注反倒成了推动公正的积极力量。

事实上，在一个具有公信力的司法体系面前，法官具有公正的自信、独立的地位和相当的权威。媒体对个案的报道，只能提高社会关注度。但如果审判的尺度被舆论左右，反而是法治的悲哀。一千个人的心中，有一千种正义，于欢案二审的判决，肯定不会让所有人满意。不过，平静的舆论，至少证明大多数人能接受这样的改判。法官不是自动售货机，不是"由纯粹逻辑制造的无生命的存在"，司法过程更不是法官的独白，而是对话与交流、起诉与答辩、攻击与回应、主张与反驳的互动。换言之，法官要综合地考察影响个案的多重因素，天理、国法、人情，还有诸多影响案情的细节……这种综合考察，在法学领域有一个美妙的词汇来概括，就是"衡平"。每一项司法裁判的背后，都蕴含着法官对于各种利益的考量、选择与分配。这也是于欢案二审改判的动力所在。

不难想象，个案虽小，但司法裁判作为一种激励机制和标志导向，无疑会影响到当下的社会心态，也会影响今后的行为选择。特别是在处理于欢案、许霆案、彭宇案等影响性诉讼时，因为事件比普通个案更具社会关注度，法官不仅要考虑案件本身，还应考虑案件对法治建设和公序良俗的影响，否则，衡平不在，正义也将难以实现。

很幸运的是，于欢案的二审做到了这一点。

2016级电子商务（1）班　徐锐

指导老师：杨小红

5. 情与法如何平衡

事件概要

2016年4月13日和14日，债主纠结催债人员多次出现在女企业家苏银霞已抵押的房子和工厂里，用威胁、殴打和侮辱的手段要求其还钱。苏银霞多次向外界求助但并没有得到帮助。苏银霞的儿子于欢目睹其母受辱，抓起一把水果刀乱捅，致使 4 名催债人员中 1 人死亡、2 人重伤、1 人轻伤。法院一审以故意伤害罪判处于欢无期徒刑。原告人和被告人不服一审判决，分别提出上诉。2017 年 6 月 23 日，山东省高级人民法院认定于欢属防卫过当，构成故意伤害罪，判处于欢有期徒刑 5 年。该案件在网络上一石激起千层浪，网友们议论纷纷。

媒体或网民意见

观点一（网友甲）：如果我是那个于欢，可能会做出同样的事情。于欢母亲借高利贷，被催债无可厚非，但债主雇人催债，无所不用其极。在面对母亲的人身自由、尊严被侵犯而警察又不作为的时候，于欢做了大多数人（懦夫除外）可能做的事。于欢在法律上肯定不是正当防卫，但他是在保护母亲的尊严，是在履行儿子的义务。

观点二（网友乙）：舆论搞得于欢好像多无辜一样，他杀的那个人是在逃跑的时候被刀捅在后背。如果他是母亲被侮辱的时候反抗杀人我承认他是为母亲报仇；如果他是自己被殴打的时候反抗杀人我承认他是防卫过当。然而，事实是他捅死了一个毫无防备背对他的人。网友们被一波节奏狗引导着当了杀人犯的帮凶还洋洋自得，可以说很可悲了。

观点三（人民日报）：舆论的强烈反应提示我们应该正视事件发生时的伦理情境，站在当事人的角度更多考虑。而对于判决是否合理的检视，也正显示出人的行为在法律调节之下和在伦理要求之下会存在的冲突，显示出法的道理与人之常情之间可能会出现的罅隙。由此，回应好人心的诉求，审视案件中的伦理情境、正视法治中的伦理命题，才能“让人民群众在每一个司法案件中都感受到公平正义”。

分析与评论

为人子女，我深爱自己的母亲，无法想象如果我身处于欢的境地会做出怎样的举动。一边是人伦亲情，一边是法律约束，当母亲遭到侮辱的时候，该怎样抉择？拿起屠刀，维护了亲人，尽了孝道，结果是违法犯罪；反之，遵纪守法忍气吞声，却会背上“不孝”的骂名。如果母亲因此遭遇不测，于欢将一辈子生活在“枉为人子”的阴影下。网友甲说如果他是于欢，可能会做出同样的事。但他也用了一个词“可能”，说明谁也无法确定自己在那种情况下的选择，也没人愿意发生这样的事。大多数网民的生活离高利贷、暴力催债很远，同时大家都深爱着自己的亲人，亲人是自己的铠甲，也是软肋。所以，人们大都容易与于欢产生共鸣，舆论的风向便倒向了于欢。

但无论舆论对于欢怎样有利，他杀了人这一点总不可辩驳。

在我看来，于欢和杜志浩，都有错，都是事出有因，如何判决？舆论和法治如何平衡？是摆在法院面前的一道难题，也是广大网友关心的大案子。就像《人民日报》所说，人们关注这件事，不仅是对事情本身，也是关注中国的司法公平。于欢案二审判处他五年有期徒刑，相较于一审判处的无期徒刑，已经是对于欢的宽容，却又让他受到应有的惩罚。判决书中有一句说得好："于欢及其母亲苏银霞的人身自由和人格尊严应当受到法律保护，但于欢的防卫行为超出法律所容许的限度，依法也应当承担刑事责任。"此判决平衡了人伦道德和法律，否定过分的催债手段，回应了舆论的要求，又没有屈服于"无罪"舆论，展示了法律的威严。

经此一案，人民群众将会更加相信中国的司法公平，提醒自己遵纪守法，合法权益受到侵犯时也会拿起法律武器保护自己。因为我国的法治，有尊严、有人情。而于欢案的最终审判结果，则是法与情的完美结合。

2016 级会计（4）班　杨笛

指导老师：罗琼

6. 法律：正义之光

事件概要

2016 年 4 月 14 日，由社会闲散人员组成的 10 多人催债队伍多次骚扰女企业家苏银霞的工厂，辱骂、殴打苏银霞。苏银霞的儿子于欢目睹其母受辱，从工厂接待室的桌子上摸到一把水果刀乱捅，致使杜志浩等四名催债人员被捅伤。其中，杜志浩因未及时就医导致失血性休克死亡，另外两人重伤、一人轻伤。2017 年 2 月 17 日，山东省聊城市中级人民法院一审以故意伤害罪判处于欢无期徒刑。原告人杜洪章、许喜灵、李新新等人和被告人于欢不服一审判决，分别提出上诉，山东省高级人民法院于 2017 年 3 月 24 日立案受理。

2017 年 5 月 27 日，该案二审公开开庭审理。山东省高级人民法院采取微博直播的方式通报庭审相关信息。2017 年 6 月 23 日，山东省高级人民法院认定于欢属防卫过当，构成故意伤害罪，判处于欢有期徒刑 5 年。

媒体或网民意见

让于欢案成为全民法治共享的良好开端。

舆情是舆情，法律是法律。两者之间不能混淆，但两者之间并非天然对立，民意执念的朴素正义，应该在法律管道内有正常的吸纳空间。

在公众一边倒地同情"辱母杀人案"的时候，我们期待足以令人信服的证据，或者做出正义的修订。

——澎湃新闻《社论·辱母案：期待"正义的理据或修订"》

在很多人看来，于欢的行为不仅仅是一个法律上的行为，也是一个伦理行为。而对于判决是否合理的检视，也正显示出在法律调节之下的行为和在伦理要求之下行为或许会存在的冲突，显示出法的道理与人心常情之间可能会出现的罅隙。也正是从这个角度来看，回应好人心的诉求，审视案件中的伦理情境、正视法治中的伦理命题，才能"让人民群众在每一个司法案件中都感受到公平正义"。

因此，转型期中国的法治建设，无论是立法还是司法，都需要正视转型时代保护伦理价值的重要性，从而把握好逻辑与经验的关系、条文与人情的关系、法律与伦理的关系。

——人民日报评论微信公众号《辱母杀人案：法律如何回应伦理困局》

分析与评论

事件经过不再赘述，当法官宣判后的那一刻，无数人愤愤不平。而各家颇具影响力的媒体也在第一时间发表看法，绝大多数都在探讨法律与伦理的困境。

法律与人情，或者说伦理、道义是否真的就是必然矛盾呢？各国刑法都制定了杀人罪，但如果是基于正当防卫而杀人，被杀者在情理上有错在先，杀人者在法律上自也毋庸负担罪责。

中国早有依法治国的历史，《史记·商君列传》早有“天子犯法与庶民同罪”的记载。但实际上广大的人民对法制观念的理解其实不长，在漫长的历史发展中，道德与人伦才是主要的规范人与人行为的准则。当一个人犯了错，我们下意识地都会先以道德标准去检视，合乎情者，罪犹可恕；不合情者，则难逃其罪。而当法律与人情相矛盾时，我们往往选择站在人情这一边，不然也不会有那么多人对此案判罚的反对。而当我们设身处地时，其实很少有人能做出别的选择，自己的母亲被人凌辱，当地公权机关坐视不理，绝望使我们能看到，只有眼前的刀。我们能做的，好像只有希冀于法律做出修订，为人情留出更大的空间，可是我们也明白这不是一朝一夕就可以做到的。

但今天我的这些文字最想表达的不是这些困惑与希冀，而是希望法律不能一味为人情让步。我非常喜欢小说《太阳黑子》里的一段话：我很喜欢法律。我认为法律是人类发明过的最好的东西。你知道什么是人吗？在我眼里，人是神性和动物性的总和。就是它有你想象不到的好，更有你想象不到的恶，没有对错，这就是人。所以说，法律特别可爱。它不管你能好到哪儿，就限制你不能恶到没边儿。它清楚每个人心里都有那么点脏事儿，想想可以，但做出来不行。法律更像人性的低保，是一种强制性的修养。它不像宗教要求你眼高手低，就踏踏实实地告诉你，至少应该是什么样儿。又讲人情，又残酷无情。

人心是经不起考验的，如果有一天道德准则和人情伦理再次成为这个世界评罪论恶、量罪定刑的标准，这个世界绝对会崩溃。而只有法律才是我们唯一的保护伞。

我希望当下一次类似的悲剧再一次发生时，我们可以要求媒体还原真实，我们可以监督法庭秉公审理，我们可以表示对受害者真切的同情。可是，我们不能对司法失去信心。如果正义失散人间，我们要做的是努力找回，而不是灰心绝望。光总会照到它应该照到的地方。

2016级国际经济与贸易专业　张煜

指导老师：李千五

7. 法律和民意孰是孰非

事件概要

2016年4月14日，山东苏银霞及儿子于欢因借高利贷，被11名催债人限制人身自由并受到侮辱。警察赶到后，并未有效控制住现场，于欢在警察离开接待室后想跟着警察一起出去被阻止，情急之下拿刀伤人，造成一死三伤。2017 年 2 月 17 日，聊城市中级人民法院一审以故意伤害罪判处于欢无期徒刑。被告人于欢和受害方均不服一审判决，提出上诉，案件最终经过山东高级人民法院二审，改判于欢有期徒刑 5 年。于欢案的行为是否构成正当防卫是这起案件的庭审焦点。

媒体或网民意见

观点一：认为于欢属于正当防卫，应判无罪。

于欢的二审代理律师殷清利认为于欢的行为属于正当防卫，对方人多势众，于欢他们就一对母子，之前对方连续侮辱、殴打、限制于欢母子的人身自由，这种行为随时面临升级，危害到于欢母子的生命安全。

知名学者易中天表示："我支持刺死辱母者的当事人于欢——无罪！血性男儿哪有罪？刺死辱母者既是正当防卫，也是见义勇为！"

观点二：于欢属于故意杀人，认为一审判决结果恰当。

认为于欢属于故意杀人，理应判处死刑或无期徒刑，认为杀人就是杀人，没有什么比性命更重要。

观点三：强调法律应当倾向于公正、严明的立场，呼吁大家不要舆论判案。

于欢固然值得同情，但是不能舆论判案，尤其是不能在案件审理中影响法官的判断。

有网友表示，说无罪的正如磨盘前边的驴，而媒体则是挂在他们嘴前的萝卜，每次遇到这种事驴总是被萝卜牵着走。值得庆幸的是，法官判案不是看媒体，而是看事实、讲证据。而驴喜欢的是媒体，媒体说什么他们就信什么。

分析与评论

我认为这一案件的判决要兼顾民意和法律两者，要学会用辩证统一的观点看待事物，我们也应当对具体问题具体分析。

于欢为了保护母亲和自身安全，维护母子俩的尊严，从道义、伦理、人性的角度来讲，这个出发点是好的，但是其明显防卫过当，造成了不必要的伤亡后果。所以，我们虽然能理解于欢，但是我们不应该认同这样的做法。

于欢杀人是事实，所以理应受到杀人这一条犯罪行为的约束。但是案件过程中被害人对于欢及其母亲的侮辱等过分举动有悖人伦道德，于欢在当时的情境下出于自我保护意识进行了对被害人的反击，这也是我们要考虑的因素。

有媒体认为于欢属于正当防卫，完全无罪。我认为该观点过于片面。持该观点的人是站在人性化的立场来考量的，他们更多的是关注案件过程细节以及对当事人所处情境的一种考量，偏向于人性化、尊严、伦理的立场，所以他们认为于欢在母亲受辱的情况进行反击，是一种完全正当行为，但是他们却忽略了被害者的立场，故该观点过于片面。

有的网络发声倾向于于欢有罪，并理应判处无期徒刑乃至死刑。我认为该观点过于狭隘。持该观点的媒体和网友们是站在“性命”这一角度来看待的，他们更多的是注重于对一个生命个体的尊重，即类似于“生命高于一切”的态度，所以面对于欢杀害了他人这一事实，该部分网友倾向于“换死者一个公道”这样的观点，但是其没有具体分析案件过程有关人的伦理、道德、尊严的部分，最后的结论必然缺乏一定的亲民性，故我认为该观点过于狭隘。

有媒体表示，目前网络舆论对案件的判决有偏导倾向，呼吁大家要理性看待该案件。我认为该观点较为合理。持该观点的网友是站在理性和法律的角度看待案件，强调民意的同时也表示法律应当秉承它本身的公平，民意是在遵从法律的公正和威严的基础上的民意。当时的网络舆论四起，许多人站在伦理道德的角度选择同情于欢，并认为于欢无罪，这在某种程度上对法官在判决该案件过程中产生了一定的舆论压力。故我认为该观点合理。

法律和民意之间是存在一定的关系的，过分强调民意或者过分强调法律都是不科学的观点。法律不能离开民意，但法律不能单凭民意来判决。毕竟人民群众也并非一致倾向于于欢无罪，法官在判决的时候也要考虑到受害人一方的处境，做到公平公正。所以，我们在面对任何事情的时候都应当保持清醒头脑，进行理性思考，该案件过程中要在法律和民意之间寻找一个契合的平衡点，从全面的视角看待事情本身，切勿偏激，不要舆论判案。

2016 级物流管理（4）班 钟威

指导老师：邓龙奎

8. 血的历史，红的未来

事件概要

2016 年 4 月 14 日，一个 20 岁左右的儿子亲眼看见母亲遭受催债团伙的极端手段侮辱，先是努力隐忍。厂里员工报警找来警察，警察看到情景确实“冷眼旁观”无作为！为何人民警察如此“冷血”，儿子看到警察走后，最后一丝希望都破灭了，儿子情急之下刺死一人。2016 年 12 月 15 日，聊城市中级人民法院开庭审理于欢故意伤害一案。聊城市中级人民法院随后做出判决：被告人于欢犯故意伤害罪，判处无期徒刑，剥夺政治权利终身。2017 年 3 月 26 日，《南方周末》报道了该事件，瞬间引起了社会的广泛关注，讨债者杜志浩当着儿子面淫亵母亲的做法，高利贷高到可怕的利息，还有相关执法人员的出警处置措施，成为舆论炮火对准的靶心。对于地方人民法院的判决，网友认为存在争议。于欢是故意杀人还是故意伤害？是否构成正当防卫？由于社会广泛关注以及舆论的压力，最高人民检察院对此高度重视，派员赴山东阅卷并听取山东省人民检察院汇报，对案件事实进行全面审查。2017 年 5 月 27 日，该案二审公开开庭审理。山东省高级人民法院采取微博直播的方式通报庭审相关信息。2017 年 6 月 23 日，山东省高级人民法院认定于欢属防卫过当，构成故意伤害罪，判处于欢有期徒刑 5 年。

媒体或网民意见

观点一：于欢无罪，应尽快释放。

观点二：于欢杀人构成事实，需要按照法律进行处罚。

观点三：于欢杀人事出有因，属于防卫过当，应减轻处罚。

分析与评论

此事在社会上引起广泛讨论和争议。大家的讨论主要集中在以下几个方面：于欢是故意杀人还是故意伤害，是否构成正当防卫?

这件事情一共三个地方存在敏感话题——恶霸辱母、警察无作为、于欢被判无期徒刑。

首先，是自己的母亲在自己面前被侮辱，请注意“母亲”“侮辱”两个词，涉及伦理和亲情的捍卫，我相信这是任何一个人都会做出难以预料的事情，更何况是一个 20 岁左右的年轻人看到自己的母亲在自己面前被别人如此对待。其次，当事人于欢在面对恶霸时首先选择了报警，可见于欢是相信法律的，相信警察能够处理好这件事情的，能够给予自己和母亲足够的安全保障。可是，警察的到来并没有什么实质性的作用，而且对面是违法的高利贷者，我们先不讨论于欢母亲为什么去选择高利贷的问题，我们对警察的做法感到很疑惑：因为高利贷在我国属于违法行为，可是警察作为法律的执行者，遇到高利贷者竟然没有做出实际性的举动，甚至都没有把这些高利贷者带回去，而是让他们自己协商。试问，一位女性和一位刚刚成年的男孩如何去和一群男性高利贷者协商？所以在我看来，警察未能及时解决矛盾是导致辱母与杀人的推手之一，他们必须为自己的失职承担责任，可这两位警察接受的惩罚难以平复我们心中的疑问——如此大的失误以及人命的后果居然只是停职调查？个人认为我国的行政纠错制度亟待完善。接下来的事情便开始失控了：一位孩子苦心等来的警察竟然无动于衷，更从侧面助长了高利贷者的嚣张火焰。他们变本加厉、肆无忌惮，甚至在一位母亲的孩子面前侮辱了他的母亲。怎么可能不让这位孩子失去理智，怎么可能不让这个孩子反抗？既然代表国家执法机关的警察无法帮助自己，那么这位孩子只能选择用自己的方式去伸张正义。我相信于欢当时并没有杀人的意愿，他只是想保护自己的母亲罢了。

那群高利贷者倒下了，我们似乎松了一口气，因为心中的愤怒发泄了出来，辱母者也得到了我们的报复。但是，于欢杀了人，任何生命都有值得尊重和珍惜的权利，生命既没有对错也没有善恶，所以这件事情的性质变复杂了。不给予于欢应该有的惩罚便无法显示出法律的效力与公平，可是给的应有的惩罚——无期徒刑又会寒了大部分拥护传统道德的人的心。

在接下来的审判中，于欢被判处无期徒刑。社会舆论风向偏向于欢，因为他是在自己的母亲受到侮辱后的绝望中奋起抗争，人们普遍认为于欢处于弱者的地位。在同情弱者的这种心理下，舆论认为判刑过重，而且担心这次判决对我们的传统习俗伦理的冲击太大，认为应该减轻刑罚甚至无罪释放。

在我看来，于欢在与高利贷者的争夺过程中并没有存在杀害这些人的心理，他只是受到母亲被侮辱的刺激后丧失了理性，而他首先打电话叫来了警察也可以看出他是想通过法律的途径来解决问题。可见，于欢存在故意杀人的动机的可能性几乎不存在。而且于欢杀死的对象是侮辱自己母亲的人，是他们自己将一位少年逼得失去自己的理性，更重要的是——他们侮辱了一位孩子的母亲。

综上所述，我个人认为于欢存在着故意伤害的嫌疑，因此应属过失杀人，而不是故意杀人，但他确实造成了生命的死亡，应该得到相应的惩罚。从源头上来说，国家应加重对高利贷的打击，执法队伍也应提高执法效率，完善执法队伍的素质与能力，果断行事，避免类似事件的上演。而我们在对类似的事情发表自己的意见时，也不能从个人感情好恶出发，应该有自己的见解。

2016级经济（1）班　付文

指导教师：沈顺祥

案例十　大学生被骗 900 万元

1. “校园贷” = “校园害”?

事件概要

前段时间，内蒙古赤峰市公安机关破获一起利用校园贷款平台对大学生实施诈骗的案件，涉案金额达 900 余万元。该作案团伙利用单纯的大学生贪小便宜的心理，以 800 元低价出售价值四五千元的苹果手机，骗大学生借贷款购买手机，于是大学生就开启了无限还贷款模式。事件经媒体曝光后，引发各界关注。以 800 元低价购买价值四五千元的苹果手机，这一听就是根本不可能的事情，为什么会有那么多学生上当受骗呢?

媒体或网民意见

观点一：存在即合理。

正是因为有人控制不住提前消费的欲望，才会导致校园贷出现，明知贷款有风险，可总是会有人去贷款。大学生的自我管理能力较差，会控制不住消费的冲动和爱慕虚荣的心理，常常透支消费、提前消费。花明天的钱，圆今天的梦，这对于不少大学生来说已经成了一种“时尚”的生活方式。一旦过了半个月，后面半个月就无法生活，很多大学生不好意思再向家里要钱，这时校园贷团伙乘虚而入，首先是给大学生一点甜头，然后一步一步引诱他们“入坑”。

观点二：借贷本质已经发生了变化。

信贷出现的初衷本是“互联网+”金融，着眼解决民众的燃眉之急，却被一些团伙扭曲“借贷”二字的本意，让其沦为非法团伙牟取暴利的工具。本质被异化，后果很惨痛，制造了一起起校园悲剧，衍生了大量社会问题。①

观点三：大学生不懂资金借贷法律知识。

校园贷沦为“校园害”的背后，既有社会层面的问题，也有容易被忽略的教育问题。目前，大学生还缺少财商教育，应该在大学生中普及金融常识，尤其是在网络信贷流行、电子支付的今天。据共青团陕西省委权益部组织法律专家成立的课题组统计，有 77%的大学生不懂资金借贷法律知识。② 如果大学生加强了自我管理能力，并且掌握了一些金融知识，即便不看穿校园贷的套路，也会有所警惕，不会轻易落入非法分子的圈套的。③

---

① 毛承之. 校园贷的本质以及需求具有特殊性［EB/OL］.（2017-08-31）［2018-08-07］. http：//www. sohu. com/a/168780317_ 99926202.

② 百度知道. 国家对于校园贷的治理思路是什么？［EB/OL］.（2017-08-31）［2018-08-07］. https：//zhidao. baidu. com/question/1771584966798899540. html.

③ 凤凰网. 校园贷调查：77%大学生不懂资金借贷法律知识［EB/OL］.（2018-07-18）［2018-08-07］. http：// tech. ifeng. com/a/20180718/45069406_ 0. shtml.

分析与评论

第一，在我看来，应该抵制非法校园贷。校园贷大多纯粹是为了从大学生们身上榨取更多利益，采取利息不透明和利滚利的非法方式给学生“设套”。鱼儿一旦上钩，大学生将面临巨大的还款额，一旦大学生还不上，专业团伙会威胁、恐吓大学生。比如，女大学生未能及时还债，被逼上传裸照，甚至有的团伙直接在学校“堵人”，威胁大学生必须还款，否则会伤害他们，有的大学生顶不住压力选择自杀。每一起因校园贷引发的不幸背后，都事关学子的前程和家庭的命运，非法校园贷的确给一些家庭带来了深深的伤害。

第二，政府和相应部门应高度重视类似事件的严重性，严厉打击非法校园贷。强治理，防风险：对从事校园贷业务的网贷机构一律暂停新发校园网贷业务标的，并根据自身存量业务情况，制订明确的退出整改计划。同时，未经银行业监督管理部门批准设立的机构不得进入校园为大学生提供信贷服务，监管部门应联合各方力量，加强整治，及时纠偏。

第三，正观念，补教育。俗话说，苍蝇不叮无缝的蛋，正是因为会有上当的大学生才会导致校园贷开启野蛮生长之路。在整顿校园贷市场的同时，要抓好校园秩序管理与学生教育引导工作。各高校应开展一些宣传教育活动以引导学生科学理性消费，健全举报惩戒制度以维护校园稳定秩序。

对于非法校园贷，必须重拳治理、强化监管，严厉追究放贷人的责任。莘莘学子应掌握现代金融常识，更好地进行自我规划和自我管理，这才是追求美好生活的前提。

2016 级会计（2）班　隆香华

指导教师：邬勇

2. 来自“苹果”的陷阱

事件概要

只需 800 元就能买到市场售价四五千元的苹果手机！相信许多人听闻后会心动不已，但是天上会平白无故掉馅饼吗？内蒙古赤峰市公安机关破获一起利用校园贷款平台对大学生实施诈骗的案件，涉案金额达 900 余万元。骗子利用大学生贪小便宜的心理，宣扬只需 800 元就能买到苹果手机，许多大学生都落入了骗子的陷阱。事件经媒体曝光后，警方介入调查，发现这起案件涉及内蒙古赤峰市的三所高校，889 名学生，共 1 000 余部手机。仅仅在这一个小城市，近 900 名大学生深陷骗局，涉案金额达 900 余万元，引发了人们无限深思。

媒体或网民意见

观点一：天网恢恢疏而不漏。

法律是维持社会秩序、保障人民安全的一个重要武器。那些欺骗人的贷款平台能够一直存在并且继续无休止的欺骗人吗？不！法律是不会答应的。随着相应法律的日益完善，这些骗子迟早会被绳之以法，他们不可能逃脱法律所编织成的网。

观点二：以德报怨，何以报德？

作为大学生，虽然没有经济来源，但是已经成年，应该想办法减轻家庭负担，而不是再给自己的家庭增添麻烦。对家长来说，不仅是经济上的损失，而且在精神上受的打击更大，自己费尽心力好不容易培养的一个大学生居然给自己这样的回报，换作谁，恐怕都难以释怀。而作为子女，面对含辛茹苦的父母，自己居然交出这样一份答卷，又有何颜面面对自己的亲朋好友，又如何面对未来的生活？

观点三：吃一堑长一智。

近几年，越来越多关于学生被骗的事件发生，更多的魔爪渐渐伸入校园。学生们没有社会经验，思想比较单纯，思考问题不全面，是一个比较好骗的群体。“豺狼”在校园里设置各种陷阱，只等待着“小绵羊”掉进去。虽然发生了如此多的校园诈骗事件，但是仍然有人熟视无睹，不吸取教训，继续掉入骗子布好的陷阱中。在发生这么多事件后，我们应该认真思考事件的严重性并且吸取教训，避免此类事件再次发生。

分析与评论

随着消费观念的变化，提前消费已成为许多人的生活方式，对贷款的需求也随之大大提高。各金融公司之间的竞争越发激烈，一些金融公司为了开拓市场，在这场博弈之中取得胜利，甚至不惜将手伸至了大学校园，利用大学生单纯并且爱贪小便宜的心理，设置各种各样的陷阱，只等着待宰的“羔羊”落入圈套，坐收渔利。2016 年 3 月，一则《大学生欠债百万元无力偿还留言后跳楼》的新闻将“校园贷”推至了风口浪尖，校园不良贷款平台存在的问题暴露无遗。到底是学生太傻，还是对学生的教育力度不够，又或者是监管力度不够？这引发了我们的思考。

政协委员蔡建国指出：“‘校园贷’犹如一把双刃剑，在帮助大学生创业、助学、理财等方面具有积极意义，但也有部分不良网络借贷平台采取隐瞒实际资费标准、降低贷款门槛等手段，诱导学生陷入‘高利贷’陷阱。究其原因，主要在于：借贷平台唯利是图放纵学生消费；相关部门缺乏监管机制；大学生群体防范意识薄弱。因此，政府有关部门需要加大对校园贷的监管力度，严打不良分子欺诈大学生。”确实应该如此，大学生是祖国未来的希望，是国家的栋梁，应当保护大学生不被欺骗。为减小大学生上当受骗的可能性，相关部门应当加大对校园贷的监管力度。

当前在大学生身上不断发生的一例例诈骗案，引起人们广泛关注。除了加大对校园贷款平台的监管力度外，更应该着重培养大学生关于防骗知识的教育力度。当代大学生不应该是没有思考能力的人，也不应该是只顾读书的当代“孔乙己”，而应当是充满智慧、具有较强生存能力和具有抵御各种风险的新一代，而这些知识、能力应当通过教育来获得，对大学生进行防骗教育，提高大学生的防骗意识是十分必要的，也是十分有效的一种方式。

在丰富学生知识的时候，不应只注重学生的学业成绩，还应该注重学生的德、智、体、美全面发展。关于防骗教育是必不可少的，学校应在思想教育课和有关课程上不断更新、调整、充实教育内容。放手让大学生投身社会实践的大课堂，要有意识地设计训练计划和训练内容，要让大学生努力适应生活，不断增强防骗意识，总结经验，而不只是停留在表面。只有切身体会，才能够更好地运用所学知识，为以后的精彩生活做铺垫。

2016级人力资源管理（3）班　吴于艳

指导老师：张寒梅

3. 大学生的裸贷噩梦

事件概要

近些年来，学生被骗的现象屡屡发生。前段时间，内蒙古赤峰市公安机关破获一起利用校园贷款平台对大学生实施诈骗的案件，涉案金额达900余万元。骗子是用什么手段对大学生诈骗的呢？主要是利用单纯的大学生们贪小便宜的心理。以800元钱的低价购买四五千元钱的苹果手机，其实稍微想想就知道是个陷阱，所以一定要杜绝这种贪小便宜的思想。大学生要时刻警惕，善于辨别传单、电话、网络等各种诈骗伎俩，确保人身及财产的安全，不要轻易相信校园贷，以免受侵害。

媒体或网民意见

银监会：加大对裸贷的处置力度。中国银监会相关负责人近日表示，当前整治“校园贷”将分三步走。首先是完善监管规则，为规范校园贷行为提供制度保障；其次是开展分类整治；最后是在风险处置方面要形成监管合力，加大对“裸贷”等风险事件处置的力度。

中央民族大学法学院教授邓建鹏表示：应加强校园贷平台的信息公开。要求校园贷平台在官方网站上明确披露信息，包括手续费、利息、各种费用和债务催收方法等，主要针对校园贷之前在宣传方面所谓的零利息、低利息、低门槛、零手续费等误导性宣传导致的恶劣后果。邓建鹏还建议，监管部门进一步推动网贷评级机构的发展。中国已经有很多的网贷评级机构，对网贷平台的排名、实力评估、收益描述，对网贷平台有很大的影响，监管者可以推进这些机构针对校园贷做评级和排名，曝光负面行为，可以引导校园贷走向健康发展的道路。

网友：没有虚荣就没有裸贷，被骗的学生不值得同情。裸贷说明当事人也是接受这种方式的，自己做的事自己承担后果。裸贷的责任在哪里？首先，借款人应承担主要责任，裸贷多产生于过度贷款，将贷款贷给无稳定还款能力的人群，用照片作为催收筹码的做法是非法失德的；其次，对放款人来说，应该合法经营，对借款人来说，请自重。

分析与评论

第一，“放款人应合法经营”，虽然任何商业活动都是以营利为目的的，但是也要承担一定的社会责任。贷款是为了满足社会扩大再生产对补充资金的需要，促进经济的发展。校园贷款是为了大学生的正常消费与发展，并不是对大学生进行诈骗。

第二，“大学生不应该贪小便宜，不应该虚荣，要合理消费”，任何消费行为都要与自己的经济条件成正比，要做到理性消费。社会上，有不同的经济阶层，应该有适合自己的消费方式。作为大学生，经济不独立，大多依靠父母，所以更应该理性消费。当代社会，我们应该勤俭节约，树立正确的人生观、价值观和世界观，不应该爱慕虚荣、贪图小便宜。

第三，“国家相关部门应出台相关政策加大对校园贷的管理”，国家政府是一只有形的手，应该运用相关政策控制校园贷的不良行为。社会是一个共同体，只有形成一个良好的风气，才能为大学生、为祖国的花朵建造一个美好的家园，才能构建社会主义和谐社会。

2016级会计（4）班　杨琪

指导老师：罗琼

案例十一　女主播晒中学生信息，孩子父母怒斥其骗钱行径

云在青天水在瓶

事件概要

14 岁中学生小彭在触手 TV 直播平台打赏游戏女主播 16 万元，花光父母十年积蓄。且该主播未经允许，私自将未成年人小彭的个人信息公布到直播间主页。该事件曝光后，小彭父母怒斥其骗钱行径。触手公司法务表示，已经联系让女主播把发布的小彭个人信息删掉，在国庆之后会和彭家联系商量事情的解决方案。①

媒体或网民意见

网友文艺界的小卒：银行卡没有短信通知？而且为啥要让孩子知道你的密码。

网友 LJ_ wen_ ：花十几万元来买这个教训值吗？早知现在，何必当初呢？我们现在的父母对孩子的陪伴真的太少了，从而忽视了孩子，希望父母对孩子不仅仅是爱，也应该多教育，培养孩子树立正确的人生观、价值观。这类事情真的给我们敲响了警钟。

网友爱吃南瓜的山羊：跟主播有什么关系？网络乞丐？逼你送礼物了吗？主播是一份工作，观众喜欢看就看，不喜欢完全可以不看啊！

网友嘿 leventse：家长固然有错，直播平台实名制也是必要的！不是无来由的批评平台，事物总要随着时代潮流进步。直播平台报道了那么多次熊孩子刷礼物，也该反思了吧……

分析与评论

在事件发生的过程中，各个因素环环相扣、相互作用，最终共同推动该事件的发生。在这个过程中，若是其中某一个因素能够“承担起扭转故事悲惨结局的责任”，该事件或者说此类事件的结果应当会有所不同。

作为这个事件的主人公，小彭是个未成年的学生，心智尚未成熟，对于新兴、“时尚”的网络主播认知不清，不能理性地控制自己的行为；同时，小彭这类未成年人对金钱没有什么概念，各种游戏中虚拟钱币得到很容易并且数额大，他并不清楚几十万元要多长时间才能赚到、能买什么。

作为家长，正如网友所言：“小彭的父母常年在外，对孩子疏于管教，对孩子的理财意识严重缺乏培养，才导致孩子犯下如此大错。”首先，我们不能为小彭的父母辩驳什么，他们一定程度上忽略了对孩子的教育，而这种忽略也的确是推动事件发展的因素之一。但是，当我们追根溯源，这种责怪的背后是否还另有隐情呢？首先，小彭以及此类事件中受

---

① 广州日报微博.“打赏门”漩涡中彭氏父子：十几万希望能给孩子买个教训［EB/OL].（2017-10-06）［2018-07-04］. https：//m. weibo. cn/1887790981/4159848801585847.

害者们的父母文化水平普遍偏低，平时都忙于挣钱养家，与孩子相处的时间很少，更有大部分孩子从小与爷爷、奶奶等老一辈的人生活在一起，当爸爸妈妈、爷爷奶奶、外公外婆对于网络直播还无比陌生时，我们如何能苛责他们未能教会孩子抵挡主播的诱惑，管好兜里的钱。总之，监护人普遍低的文化水平导致了对于孩子教育缺失的必然。

面对这类父母文化水平低、孩子心智还不成熟的家庭，当父母无力管教这些青少年时，谁该担负起教育孩子、保护孩子的责任，我认为学校与社会首当其冲。

学校教育对于学生网络教育的缺失。当我们在谴责父母对于孩子理财意识严重缺乏培养时，学校这一教育主体也难辞其咎。该事件的主人公小彭为 14 岁，照理应当是在上中学。对于一个中学生来说，在父母“常识”教育缺乏的情况下，如果学校教授了其基本的理财意识，也不至于孩子被骗这么多钱。

最后，当前网络直播行业监管力度不够也是重要的一个因素。网络直播门槛太低，导致鱼龙混杂，低素质的主播充斥其中。例如，该事件中的女主播在知晓小彭为未成年人的情况下，将小彭个人信息发布于网络，这不仅是违背了职业道德的行为，也是违反了《中华人民共和国未成年人保护法》。随着直播平台不断被曝光的乱象，第三方对直播平台的监管以及直播平台对主播的监管也早已提上日程。但尴尬的是，目前除了制定实名制的方法外，依旧没有更为有效的方式对直播平台以及主播的行为进行管理。

2016 级经济学（3）班　胡晓

指导教师：王仕勇

案例十二　马云成为首富和捐款事件

当“慈善”遇到“道德绑架”

事件概要

2017 年 7 月 17 日，《福布斯富豪榜》发布，马云以 354 亿美元身家排在第 18 位，成为华人首富。此前，浙江大学在杭州对外宣布，浙江马云公益基金会、阿里巴巴 17 位创始人及合伙人、阿里巴巴（中国）有限公司向浙江大学教育基金会捐赠 5.6 亿元人民币，用于支持设立“浙江大学医学院附属第一医院发展基金”。该笔捐款旨在支持浙江大学医学教育、人才培养和科研事业，并限定用于浙江大学医学院附属第一医院余杭院区的医疗设备购置、人才培养与引进、医学研究等。

媒体或网民意见

观点一：认为天津港发生爆炸事故发生，马云应该捐款。

天津港发生爆炸事故以来，不少组织和个人进行了爱心捐款，而马云成为中国首富，引起了大家对他的关注，网友们“攻陷”了马云的微博，在其微博评论里“逼捐”留言：“首富就应该捐 1 亿元。”“你捐了就等于我捐了。”“你不捐款，我就再也不淘宝了”……“马云被逼捐”，甚至还成了当天的微博热搜词。这批网友认为马云有责任和义务为天津事件捐款。我认为这种观点完全属于网友们的道德绑架，马云是中国首富，但也不代表只要国家有困难发生，他就必须捐款。捐款首先应该是出于自愿的原则，网友们不能利用网络暴力的方式逼迫马云捐钱。捐钱是爱心，但不是本分。对于这个问题，马云也提出了自己的想法。他认为，中国企业家资源是有限的，企业家的第一责任是应该把钱花在投资上，创造更多的就业机会和财富，这个没做好把钱捐出去反倒没有好处。

观点二：捐钱需要自愿。

这批网友认为，捐钱应该在自愿的原则上，大家都没有权利去要求任何一位明星和富人捐款。我同意这种观点，我认为我们不能道德绑架要求有钱人捐钱，捐钱是爱心，不是本分。没有法律强制要求有钱人必须捐钱，或者说必须要求有钱人捐的钱必须比穷人要多。我国的捐款都是采用自愿的原则。正如评论里所说，慈善捐款应该是一种量力而行的自觉行为，需要每个社会成员积极参与不断推动，不是为土豪定制的“专利”，扶危济困的善良人性恶化责任担当是慈善捐款的原始动力。马云自己也谈到，捐款是对的，不捐款也是对的，但自己不捐让别人也不捐是错的。我认为，捐款是自愿行为，我们没有理由站到道德的最高点批判不捐钱的有钱人。

观点三：认为天津港发生爆炸事故是政府的责任，不应该要人民来买单

这一种观点认为这次天津港发生爆炸事故属于人祸，认为是事故方和政府失职造成

的，认为此事需要由政府和事故方来承担，人民不需要为此买单。认为政府取之与民就应该用之于民。我认为，虽然这是人祸不是天灾，但是当国家遭遇困难我们给予帮助会很大程度上减轻政府的压力。国家是大家的，不能直接把责任归咎政府事故方，如果自己有能力而且愿意提供帮助政府和国家也是应该的。

分析与评论

要求马云捐款的理由大致有三：你有钱，你应该捐款；人家娱乐明星都捐款了，你更应该捐款；如果不捐钱，迟早你会身败名裂。[①] 有人把网友的这种情绪化反应总结为道德绑架，这有一定的道理。慈善事业本来就是基于道德愿望的事业，人们可以期待一个人成为慈善家，尤其是那些身家惊人的富人。但是，财富并不是慈善与否的凭证。如果认为自己的意图是善良的，就强迫别人做非强制性义务的事情，则最后的结果一定是好心办坏事。所以，即便人们再心急，也应该清楚义务和权利的关系，不能以自己认为正确的方式去绑架别人的行为，去剥夺别人的自由和权利。[②] 显然，“马云最有钱，他为什么不捐?”这种情绪性表达折射出一种社会心态，那就是有钱人就应该多捐。应该说，名人、富人应承担更多的社会责任，但是慈善与财富的多少并没有必然的联系，有钱人可以不慈善，没钱人也可以慈善，这完全取决于个人的道德自觉。把有钱人与必须捐款捆绑在一起，容易造成一种错觉：似乎捐款就是有钱人的事情，这很容易让普通人心安理得做一个慈善的围观者而不是参与者。慈善完全是一种自我的表达，遵循的是自觉自愿。慈善因子的放大，可以通过激励，但绝对非逼迫。网友逼马云捐款，说到底是一种道德绑架。事实上，每次大灾大难之后，对名人、富人的道德绑架也是一而再、再而三地上演。不捐被骂，捐少了也要被骂，逼捐、比捐让名人和富人似乎怎么做都会落下话柄，这些无形之中挫伤的是慈善的积极性。

对于马云成为首富和捐款事件，我认为我们不能站在道德的制高点要求马云捐款，首先这不是他的责任与义务。捐款本身就是一件自愿的事情，慈善捐款应该是一种量力而行的自觉行为，需要每个社会成员积极参与不断推动，不是为土豪定制的“专利”，扶危济困的善良人性和责任担当是慈善捐款的原始动力。正如马云所说，企业家的第一责任是应该把钱花在投资上，创造更多的就业机会和财富，这个没做好把钱捐出去反倒没有好处。所以，首先我对于网民的“轰炸”马云微博事件表示反对。捐钱是自身的权利，大家在量力而行的前提下，如果自己有想法和多余的资金是可以捐出来的，但是一切都是在自愿的原则上，所以网民是没有权利去要求马云捐钱的。关于此次的天津港发生爆炸事故不能把责任全部归咎政府，人民在自愿的原则下，为政府国家提供帮助也是值得提倡的。国家是大家的，当国家遭遇困难的时候，如果有能力的中国公民能给国家提供资金帮助是完全成

① 李劭强. 天津港爆炸事故后马云遭网友逼捐［EB/OL].（2015-08-17）［2018-07-15].http：//finance.sina.com.cn/review/mspl/20150817/083322981878.shtml.

② 文轩. 逼迫马云捐款有违慈善精神［N].苏州日报，2015-08-18.

立的，所以我们不能把责任全部归咎于国家。[①]

马云的慷慨没被“看见”，只能说明一点：常态化的慈善影响力还不够大，或者说被感知得还不够。我们希望看到特殊时刻的爱心涌动，我们更期待常态化的公益慈善在行动。透过马云被逼捐的话题，我们应该矫正慈善中的道德绑架。

2016 级会计（5）班　周冰洁

指导老师：秦筱萌

① 文轩. 逼迫马云捐款有违慈善精神［N］. 苏州日报，2015-8-18.

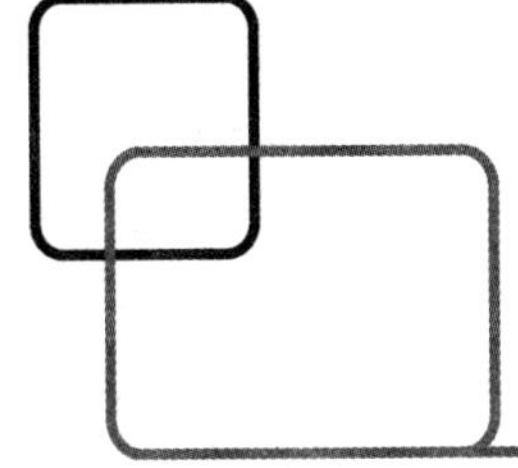

第三部分　感悟使命

红色景点·三峡博物馆

勿忘使命

2017 年 11 月 18 日，我与室友一起参观了三峡博物馆的《抗战岁月》厅，我们全身心地融入了红色文化中，去了解那段艰苦、辉煌的历史。下面，我就浅谈此行的一些心得和感受。

抗战岁月厅由主题文物资料陈列、重庆大轰炸半景画、重庆大隧道惨案场景三部分构成，上百张老照片以及一些文物真实地还原了历史场景。在体验“抗战岁月”厅的过程中，一块炸弹的碎片引起了我和室友的注意。资料显示，抗战期间一户人家幸运地躲过了南京大屠杀来到重庆，却又碰上了重庆大轰炸，一家 20 多口人其中有 18 人遇难。几十年后，家人才将那场灾难中捡到炸弹碎片捐赠给了重庆。看完这段资料后我和室友都不约而同地沉默了，这是一段屈辱、令人愤慨的历史，无数国人生活在国土被外敌侵占的恐惧中。中国共产党自 1921 年 7 月 23 日建立，90 余年来，靠无数革命先烈坚定的共产主义理想信念，无数革命先烈对党的事业无比忠诚，无数革命先烈不怕流血牺牲、敢于夺取胜利的无畏精神，带领人民在中国这片古老的土地上，实现民族独立，并且带领人民书写了人类发展史上惊天地、泣鬼神的壮丽史诗，集中体现为完成和推进了三件大事。第一件大事，我们党紧紧依靠人民完成了新民主主义革命，实现了民族独立、人民解放；第二件大事，我们党紧紧依靠人民完成了社会主义革命，确立了社会主义基本制度；第三件大事，我们党紧紧依靠人民进行了改革开放新的伟大革命，开创、坚持、发展了中国特色社会主义。

随着脚步的移动，我们来到另外一个展区，这里展出的是老照片是关于重庆“11·27”大屠杀的。1949 年 4 月，人民解放军解放了南京，国民党特务便开始分批屠杀狱中革命志士。11 月 27 日，重庆解放在即，国民党反动派逃跑前，对囚禁在白公馆、渣滓洞等监狱的革命者进行了大规模屠杀，制造了屠杀中共党员和爱国民主人士的重庆“11·27”大屠杀事件。“狱中八条”，是《红岩》的主要作者罗广斌从监狱里带出来的，是白公馆、渣滓洞中带出的重要党史文件，是狱中一批中共党员向党表达的《狱中意见》，是烈士们语重心长的“最后嘱托 ”。他们总结历史经验教训，仰望黎明的曙光，寄希望于党：切实加强党的自身建设，防止历史悲剧的重演。看到这里，我不仅想到我们必须学习革命先辈们敢于斗争、敢于胜利的革命精神，始终保持昂扬向上的精神状态，不畏艰难，勇于开拓，善于创新，全面做好改革、发展、稳定的各项工作，在科学发展观的指导下，全面、协调、健康发展。只有这样，才能体现出我们党组织的先进性。

今天，面对蓬勃发展的社会主义事业，面对幸福生活，我们要记住的是革命先烈们用鲜血和生命换来的幸福生活，面对改革开放和市场经济的大潮，我们一定要缅怀革命先辈的英雄事迹，弘扬艰苦奋斗、求真务实的精神，增强责任感和使命感。作为一名共青团员，我们庆幸遇上了今天好的年代。我们一定要以饱满的热情、昂扬的精神状态，积极投身于学校的日常学习生活中，切实以一个共青团员的标准严格要求自己，努力学习，身体力行，埋头苦干，奋发进取，切实做好一名新时代大学生的本职工作，时刻保持一颗积极向上的心，增强自己的责任感和使命感。

2016 年统计（1）班　段炼成

指导教师：屈莲华

黄金的血，红色的历史

——游重庆三峡博物馆有感

2017年十月初二，天气晴，阳光正好，是个令人惬意的日子。我与室友一起乘坐轻轨去了重庆三峡博物馆。三峡博物馆，听名字就知道与三峡大坝有关，可是又与红色景点有什么关系呢？直到我上了第三层。第三层很小，小到几个展厅就能展示完重庆的抗战峥嵘史，小到上千万仁人志士都聚在这里。就算那一个小小的雕像，都能牵动你心里的那根神经，把你带回到战火纷飞、慷慨赴死的岁月里。

重庆，日本入侵中国的重要战略目标。1938—1943年，日本对“陪都”重庆进行了疯狂的轰炸。日本军队的轰炸对重庆造成了巨大的损失。1941年6月5日晚9点左右，日军对重庆进行了长达5个小时的轰炸。因为疏散不及时，大量民众在十八梯大隧道躲避轰炸。谁知就是这次躲避，就使上万人在一段防空洞里苦苦挣扎了10个小时。因为缺氧和踩踏，接近万人在这里永远长眠。逝者安息，存者抗争。当我走在这些雕像面前时我没有拿出手机，我在观察，观察那些雕像的神情，我在想象当时接近万人的绝望。“大隧道惨案”距今77年了，可当我走进这里时，我深深地感到恐惧和悲伤，走出这里时，心中抑制着痛苦。上万人的情绪凝聚在一起，并以纪念馆的形式展现出来，这里的任何一块雕塑都饱含着情感。

在回去的路上，我在想要是自己就是那万人中的一员我会怎么办，我发现自己除了无谓的愤怒以外什么都没有，我做的并不能超越普通人。如果我在这万人中，我没有足够的能力延缓我们的死亡，更没有能力来改变这已成事实的事实。奇迹之所以称为奇迹就在于数量极少，我与你既属于普通百姓的一员，也很难做出伟大的壮举。对此，我深感失落和乏力，但仍有希望和抱负。

说来惭愧，从前的我其实对战争的罪恶并没有太多的了解。可是，今天，在这里，我头一次如此反感战争，如此庆幸自己生活在一个和平年代。

在参观完三峡博物馆后，我们又去了中山四路。由于时间比较晚了，所以大多数公馆都关门了，没有机会进去仔细参观。但放眼中山四路，似乎又回到了那个书生弃笔从戎的时代。无数人在大街上激昂的宣传新思想，探索救国救民的道路。

后来，我曾躺在床上思索人们为什么要精心研究历史：如果把整个已有的世界比喻成一张地图，整张地图无穷无尽，那么历史就是人类已经发现的地图的一部分。研究历史就是为了在地图上做标记，清除迷雾，让人们下次走到这里时不至于迷路。研究抗战的历史也是一样的。

常听说有人晕血。在我看来，这其实只是对某种事物的一种畏惧和恐惧，以至于将心理作用乘数放大击垮身体。但我相信有个时代没有人、也不会有人晕血，因为这个时候的血被赋予了一种神圣的色彩和荣誉——为民族、国家、亲人、尊严而战。

血液主要由血浆和血细胞组成，呈黏稠红色液体状，但万万人的血为了国家和民族就是金色的。历史是无色的，可是全国团结一心共赴国难时就是红色的。勿忘历史，警钟长鸣。

2016 级经济学（1）班　付文

指导教师：沈顺祥

铭往昔峥嵘，携党心前行

70余年前，中华儿女经过艰苦卓绝的浴血奋战，打败了穷凶极恶的日本主义侵略者，赢得了近代以来中国反抗外敌入侵的第一次完全胜利。在参访红色革命根据地过程中，大量记录抗战历程的文献图片等资料向我述说着，在这场关系民族生死存亡的战争中，巴蜀儿女乃至全民族人民艰苦卓绝、奋战到底的抗战历程。革命先驱们不畏艰难、不怕牺牲的气概是取得抗战胜利的精神源泉，也正是他们的牺牲与奉献为神州大地驱除寇患、重添光彩。

三峡博物馆馆藏丰富的历史图片和文物，生动地展示了在中国共产党倡导建立的以国共合作为基础的抗日民族统一战线旗帜下，巴蜀儿女为抗战做出巨大贡献的历史事迹，深深震撼着我的心。“巴蜀的怒吼”主题雕塑、“千秋红岩”纪录片播放平台、重庆大轰炸半景画演示系统、重庆六五大隧道惨案场景、战时重庆街市场景、抗战歌曲收听平台等辅助展品以及大量的图片、书信、衣物等无一不展现着抗战的艰辛和革命先烈们的英勇无畏。该红色展览包括“民族危难，救亡兴起”“国共合作，团结抗战”“川军请缨，不辱使命”“愈炸愈强，同仇敌忾”“生产建设，支援前线”“承续国脉，文化先锋”“共庆胜利，共载记忆”七个单元。

“民族危难，救亡兴起”这一单元，主要讲述了重庆人民通过开展反日斗争，成功收回王家沱日租界以及重庆各界救国联合会迅速成为巴蜀大地群众性救亡运动的核心力量。“国共合作，团结抗战”这一单元，通过对八路军重庆办事处驻地文献图片以及毛主席慷慨言辞的留影等为我们解说着，全面抗战爆发后，重庆成为抗日民族统一战线的重要政治舞台，是中国共产党坚持和发展抗日民族统一战线的前哨阵地。其中，以周恩来为代表的中共中央南方局以及各界爱国人士都做出了卓越贡献。第三单元名为“川军请缨，不辱使命”。川军将士们足迹遍布十多个省，血洒疆场，不辱使命。他们离别乡土、赶赴烽火沙场的照片以及战后留存的川军战役图等都彰显着抗战的艰苦和将士们的英勇无畏精神。第四单元名为“愈炸愈强，同仇敌忾”。日军对川渝地区的实施了近七年无差别大轰炸，对川渝地区造成了重大打击，然而巴蜀儿女仍然表现出坚毅和不可征服的气概。大轰炸暴行的历史图片、防空洞的相关资料以及反空袭斗争的种种记录仿佛让人身临其境，激昂愤慨之心油然而生。重庆大轰炸半景画正“重现”着当年大轰炸的惨痛情形：当那刺耳的警报声响彻云霄，街市的喧嚣声戛然而止，一架架远处而来的轰炸机直奔渝中半岛，炸弹从空中呼啸而下，重庆山城顿时陷入火海之中，硝烟四起，惨绝人寰！在“生产建设，支援前线”单元里，则介绍了抗战时期巴蜀大地承接了中国生产力布局的重大调整，支撑了抗战危局。生活在巴蜀大地的人们不断拼搏、甘于奉献、奋发自强的精神，为抗战最终胜利做出了重大贡献。“共庆胜利，共载记忆”这一单元，反映的是抗战胜利是巴蜀儿女共同的企盼。巴蜀大地完成了作为抗战大后方的神圣使命，抗战精神值得我们铭记。

此外，我还参观了周公馆、桂园和中国民主党派历史陈列馆，进一步了解到以周恩来为代表的革命先烈们以及他们的光辉事迹和卓越贡献。简陋的居住环境、紧张的战争局势、周密的战略布局与誓破敌寇保卫祖国的无畏之心相交织，谱写出一曲中华儿女抗战史诗，突出展现了中国共产党在全民族团结抗战中的中流砥柱作用。

2016 级会计（6）班　陈萍

指导老师：刘朋

访三峡博物馆有感

南北朝有郦道元的“巴东三峡巫峡长，猿啼三声泪沾裳”；唐朝有李白的“两岸猿声啼不住，轻舟已过万重山”。从古至今，三峡里暗藏的诗词故事太多，总是让人不自觉地想去挖掘揭示。一个城市最能体现其文化内涵的无疑就是当地的博物馆，而最能展示三峡文化底蕴的非三峡博物馆莫属。

重庆是一座具有优秀历史文化内涵和光荣革命传统的城市，是我国著名的历史文化名城。三峡博物馆作为收藏、研究、展示重庆历史文化的标志性博物馆，在成为三峡历史文化永久载体的同时，也将成为三峡工程文明形象的不朽丰碑。

在博物馆里，每一件文物都在诉说着一段历史，每一段历史都充满了鲜活的生命。行走在展览玻璃前就像置身于这些文物所展现出的故事中，而这些静止的文物不再是陈设而是故事中不可或缺的一部分，让我更加深入地了解当时的情况。其中，令我印象最深的是抗战岁月这个部分，展厅的核心部分是重庆大轰炸半景画展厅。我坐在动感座椅上，忽然凄厉的警报声响起，天空黑压压的机群由远及近，随之而来炸弹的轰鸣声此起彼伏，房屋倒塌、大火燃烧，人群开始奔逃。在这长达四年的轰炸中，日本帝国主义炸毁了无数的房屋，炸死了无数的中国人民，却炸不毁中国人民抗战的信心。这是一段让人不忍回忆的日子，而我们却不得不直面事实。鲁迅先生说过：真的勇士敢于直面惨淡的人生，敢于正视淋漓的献血。只有正视惨痛的历史，才能坚持创造出美好的未来。

在整个参观过程中，我持续不断地感受着三峡人民的壮举与无私，还有中国共产党的伟大领导。就像这次大规模的移民，在世界水库移民史上是史无前例的，但为了国家的建设，他们义不容辞地迁出故土、迁居他乡。虽然到了新的生活和生产的定居地，许多人语言不通、环境不熟，但他们还是克服了重重困难，在新的居住地创业、发展，融入当地的生活，繁衍发展。在观察了三峡移民百姓生产生活的场景和画面之后，我更加深切地体会到他们背井离乡的艰难和他们对于祖国建设无私的奉献精神与自强不息的创业精神，还有作为三峡人民极强的生存能力，也体会到党为了百姓和国家所付出的心血与努力。

中国共产党是经过历史的沉淀的，是在不断地冲刷中脱颖而出的，它是最适合中国人民的党派。通过这次参观，让我更加坚定了这个观点，要在党的领导下奋勇前进，坚持走具有中国特色的社会主义道路。让过去的惨痛经历成为历史，以史明鉴，从而促使中国不断发展。

2016 级会计（5）班　龚子歆
指导老师：秦筱萌

红色景点·周公馆

坚持初心，继续前进

我们于 2017 年 11 月 3 日参访了位于曾家岩 50 号的周公馆。

在周公馆里，随处可见的历史遗迹都充斥着历史故事，它虽然只是一个两楼一底砖木结构的房屋，但包括南方局文委、妇委、外事组、党派组都设有机构在此，其中周恩来、邓颖超、董必武以及叶剑英等人都曾在此办公并居住过。这些历史遗迹也意味着革命先烈的抛头颅、洒热血才换来了我们现在的生活。同时，周公馆里革命先烈的各种差的生活条件都在警示着现在我们生活的来之不易，而现在我们的这种意识好像在渐渐消失，对社会的一些现象充满了不满，忘了以前的艰苦日子。除此之外，我们的家国意识也在慢慢地淡忘，我们的爱国性质的教育好像也在慢慢减少，在这个世界观、人生观和价值观已经大致养成的时期里，我们似乎有点一意孤行。

光是看着周总理的雕像，我们就能回忆起他们浴血奋战的时光。在我们历经了多场战争、也是几多磨难之后，终于在中国共产党的正确领导之下，我们进行了全新的社会主义革命，我们坚持着始终正确的方向，将我们从那样一个极度贫弱的旧中国逐步变成了一个繁荣昌盛、充满活力与生机的新中国，变成了一个已经能独立做主、自立自强的新中国。这是人民的选择，也是历史的选择，更是绝对正确的选择。

尤其是改革开放以来，在党的正确领导之下，我们国家的变化随处可见，上至国家的各项政策，无论是经济文化还是政治军事方面，都得到了良好的发展，下至我们社会生活的吃、穿、住、行方面，我们的实惠感与幸福感都得到了极大的提升。而在这样的社会，我们应该做些什么呢?

众所周知，我们的综合国力得到了提高。但在我看来，我们想要创造一个更有魅力和幸福感的社会，我们必须奋勇前进，这就要求每个人心中都应该有一种使命感和责任感，才能实现我们的理想。

2016 级会计（3）班　石丹

指导老师：刘朋

感悟赤子初心

这周五我和朋友一起去参观了周公馆（即曾家岩 50 号），颇有感触。周公馆就是周恩来总理在重庆住的房子，坐落在重庆市渝中区中山四路的东端尽头，是抗日战争时期中共南方局和八路军驻重庆办事处在城内的一个主要办公地点。当时，中共南方局考虑到八路军驻重庆办事处住房紧张，而曾家岩地处市区，靠近国民政府，会客访友与各界人士在重庆周公馆接触都很方便，十分有利于开展工作，邓颖超遂以周恩来时任国民政府军事委员会政治部副部长的名义，租用了曾家岩 50 号主楼和三楼的全部以及二楼东边的三间房屋，对外称作“周公馆”，实际上为中共南方局在城内开展统战工作的重要据点。

到达周公馆门前，首先映入眼帘的是伫立在广场中央的周总理的行走立像，他炯炯的目光平视前方，步伐坚定地迈出。看着周总理风雨兼程、辛勤奔走的全身铜像，让我忍不住感叹周总理当年的意气风发。周公馆是一幢两楼一底、具有西班牙建筑风格的楼房，刚走进院落里，一阵古朴的气息袭来，仿佛时光倒流，我又回到了那个斗争激烈的火热年代。

进入周公馆，可以看到前院天井的墙上悬挂着周恩来等中共中央南方局领导成员以及南方局组织机构图，天井里有很多植物，仿佛主人依旧住在这里。周公馆大门左侧是国民党警察局派出所，右行不足百米，就是国民党军统局长戴笠的公馆。想当年，在如此危险复杂的环境中，周恩来等党的领导人却从容不迫，在敌人的眼皮下纵横捭阖，显示出共产党人大无畏的革命精神和极高的斗争艺术。后院是南方局的核心住址，左侧一楼是周恩来和邓颖超的办公室兼卧室。我静静地走过楼梯和阁楼，怀念着那段泛黄的时光。

据史料记载，周总理时任中共南方局第一书记、八路军驻重庆办事处主任。周公馆可以说是内战的第一战场，为日后的开战争取到了最宝贵的时间。但这些都只是停留在书本上的，而这次的红色之旅却让我更接近历史、感受历史。有些历史是不能遗忘的，人虽然不在了，但是住过的地方留下来可以让后人穿越时间去感受那一段不可遗忘的历史。

我一直都十分敬重周恩来总理，他为党、国家、人民和军队建立了丰功伟绩，在政治、经济、军事、外交、统一战线、文化教育和党的建设等诸多领域也做出了重大贡献，但我认为他最令人钦佩的是身上所展现出来的崇高品德和光辉人格。在抗战时期，世事动荡，人民遭遇战乱、饥荒，生活在水深火热之中。而在陪都重庆，一些达官显贵们却生活在纸醉金迷之中，大发国难之财。即便是在这样一个环境中，周总理仍然能保持高尚的品质，出淤泥而不染，时刻顾全大局，一方面广交朋友，全力做好统战工作；另一方面主持我党地下工作，与国民党反动派进行坚决斗争。时至今日，虽然时过境迁，周总理高尚的品质依然值得我们学习和发扬光大。

我和朋友站在曾家岩，遥望嘉陵江两岸，是高楼林立、一派繁荣的景象。心中的感慨油然而生：如果没有周总理等革命先辈的不懈奋斗，我们现在会过着一种怎样的生活呢？今日重庆乃至全中国能这样繁荣昌盛吗？如今国家虽然得到了空前的发展，但未来的路还很长，仍需要我们新一代的不懈努力与奋斗。

2016 级审计（2）班　陈瑶

指导教师：陈刚

红色景点·歌乐山、渣滓洞、白公馆

歌乐山巅的仰望

渣滓洞原是重庆郊外的一个人工开采的小煤窑，位于歌乐山麓，因渣多煤少而得名。1939 年，国民党军统特务逼死矿主，霸占煤窑，在此设立了监狱。关押在此的有上下川东武装起义等失败后被捕的革命者，如江竹筠、徐建业等，最多时达三百多人。

穿梭在渣滓洞错落有致的院落中，首先映入眼帘的就是那内院墙壁上令人注目的标语，如“青春一去不复还，细细想想。认明此时与此地，切莫执迷。”“迷津无边，回头是岸”等。听一位讲解员介绍，这些标语是想要让关押在内院牢房中的那些人服软，从思想上制服他们。而在我看来，国民党的这种想法是可笑的，一心为国的革命志士，可以在危难之时甘愿为革命事业抛头颅、洒热血，又怎会轻易败于一两句言论之下。

转至外院的刑讯室，透过厚重的窗子，可以清楚地看到里面摆放着各种令人胆寒的刑具，有老虎凳、刑台、烙铁、美式手铐、竹筷子、鞭子等，虽然上刑拷问这种事情距离我们现在的生活很遥远，虽然那些形形色色的刑具的用法我还不知道，但只是看着那沁着寒光的粗长的铁链，便能从心底油然而生出一种深深的寒意，一种凉到骨子里的恐惧。它们让我深刻且清醒地意识到那些刑具不是只会出现在文学作品和影视中，而是真实的存在于往昔岁月，真实地让革命志士受尽苦难，那铁链上斑驳的锈迹，仿佛还沾染着无数英烈的鲜血，刺痛了我的双眼。

走进牢房，里面摆放着简单的木板床，墙壁上张贴着英烈的事迹，简简单单，却又无一处不烙印在心上，让人越发地沉重压抑。在这里牺牲了很多人，且英烈不分男女、不论年龄。这里有发出“最后的报告”的胡其芬；有率全家参加武装起义的“双枪老太婆”邓惠中；有变卖嫁妆支持起义的朱世君；更有家喻户晓的江竹筠。她们本是女子，却怀有男儿般坚毅不屈的斗志，她们将热血摇曳成一朵朵艳丽的花，把巾帼之名随着芬芳永洒大地。这里发生过全体绝食斗争，只为想给因病惨死狱中的新四军战士龙光章开一场狱中追悼会；这里上演着难友同敌人的争水斗争，不惧罚戴 30 斤重镣在烈日下暴晒示众；这里宣告了“铁窗诗社”的诞生，传递着无畏牢狱、一心为国的不朽佳话。他们用生命谱写了一曲盛世骊歌，余韵犹响，久至不息。

他们生在了一个动荡的年代，注定了不能独善其身，而一腔爱国热血也由不得他们选择，他们只能用还显稚嫩的肩膀挑起国家栋梁之责，为革命事业探寻奔波，为新中国的诞生披荆斩棘，哪怕遍体鳞伤也不能退缩。他们有的牺牲时只有 13 岁，有的是出生在牢狱的“牢狱之花”，都是花开正好的季节，都是纯真美好的年龄，却在革命道路上过早凋零，甚至陨落的悄无声息。对于革命英烈，敌人可以使其皮肉烧焦，可以令其筋骨尽断，但最后敌人可以得到的，也只有不惧不惊的凌云志。就像最后那场大火，一具具烧焦的躯体之下，则是涅槃重生的革命精神。那首让我感触颇深的为悼念龙光章战士的诗，我想也同样适合所有牺牲在歌乐山麓的革命英烈：死，是永生；死，并不是战斗之火的熄灭。让他永不泯灭的忠魂，在歌乐山巅，仰望黎明！

当晨光染尽层林，当暮色席卷九江，当雾霭与尘埃在岁月沉淀中消长，那些应该铭记的我们自当难忘。今日之和平源于革命烈士他日之苦难，愿革命英烈们芳名不朽，来生安好。

2016级经济统计（2）班

王丹阳

铮铮铁骨红岩魂

烈士墓，位于重庆市沙坪坝区歌乐山麓，面积约为3.5平方千米。1949年11月27日，震惊中外的重庆“11·27”大屠杀在此发生。为纪念殉难烈士，1954年建烈士墓碑和集中营旧址展览馆，现属全国重点文物保护单位。而在今年，我也有幸参加经济学院义工志愿者协会组织的活动，作为一名志愿者前往烈士墓参观，感受铮铮中华魂。或许是为了配合这沉重的氛围，一连数日的好天气也在此日消失不见，取而代之的是朦胧的细雨泛着微凉的空气，天地间不复往日的光彩，烟雨如幕，笼罩在这一方天地。同行的志愿者们也褪去了平日里的嬉笑浮夸，收起游离的情绪，以缅怀的姿态融入这微凉而浓重的气氛中。我们排好整齐的队列，手捧小百花，在先烈们的墓前宣誓，伴着哀悼的乐声，有序地将花圈、小百花依次奉上，向那静卧的铮铮铁骨致敬。在这松柏环绕、绿庭满园的地方，那些革命先烈们留给我们的是一座又一座的冰冷石像，石像上刻着的寥寥术语，是对他们生平种种壮举简单却又不失慎重地介绍。英雄已逝，但他们的光环却闪烁千秋万代。也许正是因为如此，当我们看到一旁新入党的党员在此庄严宣誓的时候，那铿锵有力的誓词回响在墓园上空，那举起的拳头是这朦胧细雨中一道别致的风景，那鲜艳的五星红旗是天地间的第三种颜色——中华血性。

志愿者们在此拍大合照，快门按下的那一刻，大家庄严肃穆的神情一如此刻的心情，沉重而压抑。我想，我一定会将这张合照妥善珍藏，因为它不仅是一张合照，更是一种精神象征。也许在以后某个时刻，当我消极懈怠时，翻开它，就会唤醒自己那深埋在骨子里的洪荒之力——顽强拼搏、自强不息的中华魂。我想，我也会永远记得，此时此刻，自己在心底许下的誓言：此生不求功成名就，但愿做一个对社会有用之人！

移步前往烈士墓的英烈事迹展示厅，在这里展示了烈士们的英勇事迹。为国争光、为国流血、英勇牺牲的烈士，青春碧血献丹青的烈士，用生命谱写英雄赞歌的烈士……各个时代的他们都是时代的先锋、民族的脊梁、祖国的功臣，他们的精神光照千秋、永垂青史。用双眼认真地去看那些黑白影像和文字记录，隔着玻璃去触摸那些经受战争洗礼艰难保存下来的物品，耳边响彻的是馆内负责人徐徐介绍的声音，再看一眼我们如今生活的世界，仿佛时间只是带走了故事，却将精神留在了华夏儿女心田。我们在惊叹祖国日新月异发展的同时，也必须铭记革命先烈们的英勇事迹，以此时刻警醒自己。

烈士业绩垂青史，留得精神在人间。曾几何时，峥嵘岁月，烈士们浴血奋战，为全国人民的解放和发展舍生取义；建设时期，烈士们先人后己，为国家的繁荣富强奉献自我。岁月在奋斗中远去，今日踏上这神圣高洁的土壤，战争年代中的枪林弹雨、和平时代的艰苦奋斗尽在脑海中浮现。在那些环境恶劣的过去，烈士们带着崇高的理想与坚定的信念奉献着自己的青春乃至自己的生命，使得祖国有今天的辉煌成就，使得我们有机会坐在这设施齐全的教室里接受高等教育，我们又怎能忘却那些为了我们而付出和牺牲的人呢？对于今天幸福生活着的我们还有什么理由不去努力创造、积极上进呢？

我相信，作为当代大学生，我们可以继续走前人的路，走得更好、更远。将课堂上所学应用于实践，并为之不断奋斗；积极响应党的号召，牢记党的宗旨。革命烈士的大无畏精神世代相传，永不丢弃。我们要不忘革命精神，把对先烈的无限缅怀和对英魂的不尽敬仰，化为现实中不懈奋进的动力，做一个对社会有用的人！

烈士墓，铮铮铁骨，静卧中华魂；

课堂上，满腔热血，挥斥方遒间。

2016 级贸易经济（3）班　石婷

指导教师：陈松

英勇的人，不朽的魂

——初秋再访渣滓洞

时光如流水般不舍昼夜地逝去，开学时还尚在酷暑天气，转瞬间，已经步入桂香扑面、天高气爽的金秋时节。2017 年 11 月 3 日下午，在桂子的馥郁中，我和我的室友相约参观了位于重庆市歌乐山麓的红色革命景点渣滓洞。

这已经是我第二次造访渣滓洞，第一次造访是在高三毕业之后的暑假。

初次到访渣滓洞，它于我而言，有太多太多的陌生，无论是那些挂在墙上黑白模糊的照片、那些陈列在玻璃柜里面的烈士的遗物，还是那一个个鲜血淋漓的革命事迹，都仿佛一个个梦魇，一段段读来令人惊恐万分的故事，使人不敢也不愿去相信、去接受曾经在我眼前的这个地方，在我双脚踩踏着的土壤之上，发生了那般阴暗、丑陋且血腥的杀戮。然而，那既不是梦也不是故事，那都是发生在那高高围墙内、在我们英勇的革命先烈身上的残酷史实。

再次到访渣滓洞，我已没有了第一次的陌生。怀着沉重和崇敬心，我再次走过那些院落，踏上那些台阶，从那些屋檐望出去，从那些铁窗望出去。在我站立的地方，或许先烈们也同样在那里向外望，我不知道那时他们在思考什么问题，但是我知道他们有一个共同的目标，那就是——新中国！我再次细细读着那些介绍，在一张张黑白模糊的照片前观望，在一件件烈士的遗物前驻足。我缓缓地移动脚步，我的指尖触摸着墙垣，思绪纷飞了一路，而我的双眼，早已噙满了滚烫的泪水。我想，我永远不会忘记这些面孔，不会忘记这些曾经鲜活的生命，英勇的魂！

印象最深刻的，是烈士罗娟华。她是四川抚顺人，她原本是一名普通的家庭妇女。她的丈夫，是一名革命工作者，是她的丈夫让她懂得了人生的价值。从此，协助丈夫王逸平办地下进步刊物，成了她的主要工作。然而，不久之后她被捕，敌特让她说出自己所知道的所有组织的情报。不过，无论是严刑逼供还是利益诱惑，她都始终坚贞不屈、严词拒绝。在1949年重庆“11·27”大屠杀时，她原本只是受伤，她本可以装死来保住自己的性命，但她听到在狱中出生的两个婴儿的啼哭，于是强忍伤口传来的痛楚，以能够达到的最快速度，向两个婴儿爬过去，用自己的身体为他们做掩护。但是，敌人旋即发现她还活着，于是又举起枪向她头部瞄准。最终，她，壮烈牺牲。而她用身体去保护的两个孩子，也还是没能逃脱敌特的魔爪，随她而去。

先烈身虽逝，英魂今犹在。恶魔冷血灭人道，人间地狱皆不容！

2016级物流管理（4）班 秦秋黎

指导教师：邓龙奎

我的国，我的梦

——观看千年历史，梦回中华大地

实际上，这已经不是我第一次参观红色旅游景点了，从小到大，在父母爱国教育理念的指引下，我去过全国各地很多红色旅游景点，从北京的新文化活动纪念馆、中国人民抗日战争纪念雕塑园、军事博物馆、国家博物馆、天安门，到延安革命纪念馆、宝塔山、枣园、中共指挥部旧址，再到西安的八路军办事处、止园（杨虎城纪念馆），最后到重庆的渣滓洞、白公馆、烈士纪念馆。我在这些历史气息浓厚的景点中慢慢地、更加深刻地体会到了中华民族的伟大，同时也更加激发了我的爱国热情。

在刚刚到达歌乐山的时候，我已然能深深感受到此处的忠魂气息，我沿着道路一直向上，先到达的是车耀先、罗世文烈士革命事迹陈列馆。在这里我看了这两位烈士的光荣事迹，看了他们在临终前的最后一封信，看了他们平时的随笔，而这些都是值得我们学习和传承的。我们要向他们致敬，更要学习他们身上不畏强暴、永不退缩、勇往直前的红岩精神。我相信，只要我们能认真体会，这些精神财富也一定能够支持我们成为一个品德高尚的人。

而后，我去了小萝卜头遇害处。我了解到：小萝卜头原名宋振中，1941年生于江苏邳州，1949年9月在重庆被害，遇害时年仅8岁。宋振中8个月的时候，就随父母被带进了监狱。小萝卜头在敌人的监狱里长大，一直不知道外面的世界是什么样的。经过地下党和特务的斗争，他才在监狱里上了学，由地下党员和爱国志士做他的老师。由于他年龄小，特务们对他的看管不是很严，他就经常在牢房之间传递信息和秘密情报，在门口放哨，帮助大人了解入狱同志的情况等。在革命胜利前夕，小萝卜头被敌人残忍杀害。重庆解放后，小萝卜头被追认为革命烈士，他是共和国乃至世界上最小的烈士，他的英名将永远被后人铭记。因此，我觉得爱国是不分年龄的，无论你是稚童还是青年，只要国家需要你，你都应该义无反顾地奉献自己。只有我们尽心尽力地维护、爱护这片生养我们的土地，这片土地才能给我们最终的安乐。

接下来，我去了杨虎城将军遇害处、革命纪念室以及张学良将军和杨虎城将军的革命事迹陈列馆。在这里，我更加深入地了解到了当年“西安事变”的来龙去脉，也更加体会到了张、杨两位将军浓浓的爱国情以及在时事影响下他们的无奈。在那个年代，不论你是国民党还是共产党，抑或是民主人士，都应该一致对外，抗击敌人。那个时候，就应该不计个人得失、党政利益，一心为国，联合对外。因为在举国受到侵略的时候，个人荣辱堪比国家利益，那是微不足道的。所以，杨虎城将军和张学良将军的爱国情怀应当是最高尚的，是值得我们学习的。我们不论何时都要学会审时度势，同时不畏权贵、敢于反抗，只有拥有这样的侠肝义胆，才能更好地身先士卒。我们也要时刻谨记着，无论怎样，无论何时，我们都是堂堂正正的中国人。

紧接着，我又来到了白公馆。白公馆又名香山别墅，是一处缅怀英烈的革命遗迹，原为四川军阀白驹的郊外别墅，白驹自诩是白居易的后代，借用白居易别号“香山居士”，把别墅取名为“香山别墅”。1939 年，军统特务头子戴笠用重金将它买下，改造为迫害革命者的监狱。据悉，抗日爱国将领黄显声、同济大学校长周均时、爱国人士廖承志、共产党员宋绮云、徐林侠夫妇及幼子“小萝卜头”等都曾被囚禁于此，最多时曾有二百多名“政治犯”关押于此。1949 年 11 月 27 日，军统特务对关押在此的革命者进行大屠杀，仅 20 人脱险。白公馆和渣滓洞一并被人们称作“两口活棺材”。在这里，我看到了许多被称为“平室”的关押室，每一个关押室里面都有英烈事迹的介绍，还有革命先烈留下的遗迹。一走进那狭小窘迫的空间，我就感受到了莫名的压抑感。我身临其境，真切地体会到了革命先烈当时所处环境的艰辛，也更加深刻地理解了革命的不容易。这促使我更加珍惜我现在的美好生活，也更加坚定了我作为一名学生想为国家建设奉献的决心。

最后，沿着山路往下走，我来到了渣滓洞，来到了这个古今中外闻名的“监狱”。众所周知的是，1949 年 11 月 27 日国民党特务在溃逃前夕，在渣滓洞策划了震惊中外的大屠杀，仅 15 人脱险。在这里，我看到了许多当时使用过的刑讯工具，在我眼里，这些工具无一不令我恐惧。我似乎还在空气中嗅到了淡淡的血腥味，我似乎在那里感受到了强烈的忠魂气息。我看到的一切，我感受到的一切，都深深地冲击着我，令我的心情久久不能平静，心中那股潜藏的爱国情也极大地迸发了出来。

我想，我的实地参观至少是有结果的，至少它更加坚定了我作为一个中国人的决心，我决心热爱和拥戴我的祖国，我决心成为这万千百姓中最坚定中的一个。

2016级社会学　郑佳茜

指导教师：田妍

红岩魂与民族精神

——观重庆市白公馆有感

此时此刻，坐在图书馆的我在想究竟要怎样写这篇心得体会，因为在观看了白公馆的革命烈士的事迹之后，我的内心受到了极大的触动，心灵实在是为之震撼。我不知道别人有怎样的想法，我只知道千言万语飘过，在我头脑中只存在这样一句话：今天我站立的土地，我引以为豪的中国，我所享受的一切都是革命年代的共产党人用自己的血肉之躯铸就的，牢记他们那个时代，发扬民族精神，跟着共产党人的步伐前进。

在白公馆纪念处陈列着很多革命烈士的事迹，包括车耀先、罗世文、谢葆贞、周从化、张学良、杨虎城等。我们首先参观了罗世文、车耀先烈士革命事迹展览馆，之后去了小萝卜头遇害处，然后参观了杨虎城和张学良将军的革命事迹展览馆，紧接着去了杨虎城将军遇害处。在参观完杨虎城将军事迹展览后，我们去了这趟行程的最后一站——香山别墅，并在这儿观看了刑讯室。在参观的过程中，每一次进入一间展览室，驻足观看那些文字，想象他们的经历就会产生一种无法言说的心酸：我现在拥有的一切都是革命先烈用鲜血换来的，如果没有他们我还能站在这个地方悠闲地看着这些物品吗？而其中令我印象深刻的是那狭小、封闭、漆黑一片的刑讯室，刑具的残酷与锐利早已随着年代的齿轮旋转消散，但当你真正身处那个地方，屏蔽掉闪光灯、咔嚓声和喧闹声，你的内心同样会阵痛无比。或许正是因为那个年代的革命党人在如此残酷的审讯面前依然坚定的维护共产党的信念，以及他们为民族独立而奋不顾身的使命感激励着一代又一代的中国人坚持党的领导，砥砺前行。

习主席曾在参观“英雄史诗 不朽丰碑——纪念中国工农红军长征胜利80周年主题展览”时强调，红军长征这个伟大壮举将永远铭刻在中国革命和中华民族的史册上。红军长征胜利，充分展现了革命理想的伟大精神力量。现在，时代变了，条件变了，共产党人为之奋斗的理想和事业没有变。① 虽然白公馆里的这些先辈们不是长征中的红军，但是他们和这些经历过长征的红军的目标都是一样的，为了人民的幸福和革命的胜利他们视死如归、坚贞不屈、甘愿牺牲一切。

在参观完白公馆之后，我将我的所思所想用文字记录下来，并与我的朋友和家人进行了分享，让更多的朋友了解了这段历史，取得了较好的反响，他们也为这种红岩精神折服。

“这是一种具备爱国、奋斗、团结和奉献的红岩精神，这种精神继承发扬了民族文化

---

① 习近平：铭记红军丰功伟绩 弘扬伟大长征精神［J］. 中国法治文化，2016（10）：6.

中追求理想，忠诚爱国，吃苦耐劳，艰苦奋斗，‘先天下之忧而忧，后天下之乐而乐’等传统美德，兼具了我们中华民族‘精忠报国’‘国之不存，何有家为’的爱国主义传统，有‘愚公移山’、君子以自强不息的奋斗精神，有‘我以我血荐轩辕’的奉献精神。”①

我想无论我们从事什么职业，做什么工作，处在什么样的状态，都能够从红岩精神中汲取奋发进取的精神力量，为社会、为国家、为民族做出自己的奉献。作为当代青年学生的我们，更应该坚定党的信念，努力践行社会主义核心价值观，在跟随党的领导的路上时刻前进着。

2016级社会学　吴焱

指导教师：田妍

吃水不忘挖井人

——参观歌乐山烈士陵园有感

2017年11月24日，我们一行五人前往红色纪念基地——重庆歌乐山烈士陵园参观。24日，天气出奇的好，一反前几天阴沉寒冷的天气，艳阳高照，发散的阳光仿佛前辈英烈的熊熊耀眼的光芒。

那光芒，似火，燃烧着傲人骨气；似春雨，润物细无声，感化俗人；似夏雷，当头棒喝；似秋风，狂扫心里晦暗。

那日的我与往时参观博物馆的我似乎不一样。一脚还未进入烈士陵园，思绪早已飘到那个令民族令国家令人民屈辱难当却又热血沸腾的时代。那个时代，有喜有悲，悲大于喜；有熊有狗，熊多于狗；有苦有难，苦难相当。我，一个生活在21世纪的现代人，绞尽脑汁，也无法想象那个时代的黑暗与昏沉，更无法体会那个时代的人是如何背着如此沉重、病入膏肓于黑暗混沌中寻出一丝光亮，然后继续前行，继续撕破黑暗，继续前进，更别说在即将胜利或部分胜利的情况下，如何再次寻得光亮的方向，继续前行。这些，我无法想象、无法体会，我能做的就是铭记教训，缅怀英雄先烈，在每个纪念日，为他们祝福。

歌乐山烈士陵园是为纪念重庆市解放前夕被国民党反动派残杀的300多名革命志士而修建的。这些革命烈士，为了全中国的解放和人民的幸福生活，他们有的放弃了自己优越的社会地位和生活而投身革命；他们有的牺牲了家庭，牺牲了亲人，然后是牺牲了自己生命；他们有的在国民党的监狱里经受住了严刑拷打，用共产党人的理想信念支撑着自己，时刻牢记自己的入党誓言，体现了共产党人威武不能屈、富贵不能淫的崇高革命气节。

在风雨飘摇的岁月里，这些中国共产党员和革命志士，为了实现民族的独立和解放，力促抗日统一战线的巩固和发展，坚持抗战、团结、进步，反对投降、倒退、分裂，与国民党顽固派展开了有理、有利、有节的斗争。他们在极其险恶的斗争环境中，在特殊的战场上，深怀民族大义，高举爱国主义伟大旗帜，不顾个人安危，不怕流血牺牲、出生入

---

① 王进. 白公馆、渣滓洞烈士的价值观［N］. 北京日报，2000-07-17（010）

死，以实际行动捍卫业已形成的抗日民族统一战线，他们的精神和气节正是中国共产党人战胜各种艰难险阻的原因所在，他们用自己的生命和鲜血铸就了伟大的红岩精神。

他们使人敬佩，甚至令人仰望。他们的背影一定是强大而孤寂的，但他们的背后是我们，我们在他们背后。

他们掘井，我们喝水。此事，我们永铭记！

2016级市场开发与管理（2）班　陶海明

指导老师：赵军峰

渣滓洞秋雨游

爷爷、奶奶有着讲不完的故事，如七夕鹊桥会、十二望娘滩、孝子盗龙肝，给我讲了近20年，故事很少带重样的。在千百个故事中，江姐如崖边傲寒怒放的红梅被深深刻入脑海里，令我隔着遥远的故事折服于她的风采，也记住了这个奇女子和众多英雄人物的遇难地——渣滓洞。

渣滓洞位于重庆市歌乐山下，原是一个小煤窑，1939年国民党军统特务逼死原煤窑主，强占煤窑在此设立监狱用以关押政治犯。因看守者的暴虐，渣滓洞监狱与白公馆看守所被合称为“两口活棺材”。

一到景区的门口就遇到一群刚下旅游大巴的游客，他们戴着红帽子，跟在拿着旗子的导游后面，一边听着导游的介绍，一边慢悠悠的拍照前行。他们带着显眼的红帽子，身高层次显得很明显，最小的还不及我肩膀，小学生般稚嫩模样。年轻人不少，但主力军还是上了年龄的老人们，让我极其动容的是一对老夫妇：老夫人搀着行动不是特别利索的老先生，他似乎对渣滓洞的事情很是熟悉，各种故事信手拈来，慢慢地为老夫人讲述，也引来像我等窃听者。

排队进入内院后，雨下得更大些了，但来游历的人们似乎并未觉得雨对他们有什么影响。我们依旧走在老夫妇的左右，老先生依旧不紧不慢地讲着那个红色年代的故事，随着队伍慢慢移动到放置刑具的房间前，或许是出于对文物的保护，此间并不开放，但努力靠近窗边，透过玻璃，成功看到了那些仿制的刑具（由于历史原因，刑具并未保存下来，此为根据革命者描述仿制而成）：竹筷子、烙铁、狼牙棒虽然岁月的痕迹明显，威势却依旧压人。庆幸的是，此行并未看见《红岩》里扎江姐手指的竹签子，十指连心，那其中的痛苦只是想想就让人感到绝望。

移动到囚室，房间内四周呈列着一些仿制品，墙上挂着在房间里住过的烈士照片，照片里面的他们大多是意气风发的模样，在那样的年龄里，义无反顾的献身于革命，虽非长寿，迸裂的生命之火却猛然划破暗夜，为迷茫的国民照亮前行的路。当年反动派为了消磨他们的斗志故意将他们关在小小的囚室，潮湿、闷臭、狭窄的恶劣环境将他们的身体折磨得不成样子，却更加激发了他们的革命斗志。

最后来到江姐所住的囚室，想到在戏剧《江姐》里，江姐带领狱友绣红旗的一幕令人难以忘怀。革命者们从未见过红旗，照着自己想象的模样绣下一面“五星红旗”，虽然历史上绣红旗的并不是江姐，但那种革命者的乐观精神却在戏剧《江姐》中体现得淋漓尽致，身处险境却能淡然直视生死，揽一腔热血谋国之大道，超然得动人心弦。

2016 级法学（2）班　黄帨

指导老师：兰丽娟

行览渣滓洞

渣滓洞，重庆老少皆知的红色景点之一，坐落于秀丽的歌乐山山麓。

歌乐山下的这场悲剧，开始于 1949 年 9 月、结束于 11 月 29 日，殉难者达三百余人。

据说它原是重庆郊外的一个小煤窑，因渣多煤少而得名。渣滓洞地势隐蔽，三面环山一面为沟。1939 年，国民党军统特务逼死矿主霸占煤窑，在此设立了监狱。监狱分内外两院，外院为特务办公室、刑讯室等，内院一楼一底 16 间房间为男牢，另有两间平房为女牢。关押在此的有上下川东三次武装起义失败后被捕的革命者等，如江竹筠、许建业、何雪松等，最多时达三百余人，此地还曾居住过小萝卜头一家人。

渣滓洞景点里陈列着老旧的木床，令人惊悚的各类刑具，一间间小屋里的各类展板重现着昔日的故事。长官看不到、想不到、听不到、做不到的，我们要替长官看到、想到、听到、做到，当年特务们意图凭借此类标语来侵占革命者们的大脑高地。

深山与灰白的墙隔绝了外面的世界，却浇灭不了革命者的红色激情，内院那一隅缺口向我们展现着革命的斗争，建筑有倒塌的一天，故事，在一代代中流转，革命之花由鲜血浇灌。最终，他们离去了，完成了百年树木，留给了我们一世世阴凉。

那是一段苦难的过往。苦难是一个深渊，人们迎来了抗日战争的结束，却发现，苦难还在继续，眼下的生存仍不是人们朴素渴望着的生存。于是，有人揭竿而起，前仆后继，不畏牺牲，为了生存，为了将来好好地活着。他们红色灵魂中勾画着一份蓝图、一个美好的梦。

今日，故地重游，比起之前的惊讶难受，更是多了一份宁静，即一种在电影谢幕时的宁静。

2016 级经济（2）　魏莱

指导老师：王仕勇

红岩魂

“有的人活着，他已经死了；有的人死了，他还活着”。“红岩”二字，从字面上来说：是指红色的岩石，实质上，这红色并不是由染料染成的，而是由成千上万个烈士的鲜血将那岩石染制而成，颜色会掉，但战士的魂却永驻在那红岩之上，百年不朽，铸就红岩魂。永远活在人们心中。历史是用来铭记、激人奋进的，这次缅怀历史我选择了渣滓洞。

生命就是那样，说长不长，说短又不短，有的人会选择将这短短的一生获得长久，在渣滓洞之中，有许多这样的仁人志士，他们为了国家，为了社会，将自己的生死置之度外，用鲜血将江山打下，换来了今天的中国。作为一名重庆人，距离我家最近的红色革命地点就是渣滓洞和白公馆，这两个地点耳熟能详，但我却从未去过。作为其中一个游客的我，看着熙熙攘攘的人群，还有墙上的照片，诸多简介还有寥寥无几的玻璃柜，里面大多是一些烈士写的家书的复印件，还有一些毕业证，穿过的衣服等。渣滓洞曾经就是一个大煤窑，后来发展成为国民党关押共产党人的一个监狱。在这里，许多革命者未等到新中国成立就献出了自己宝贵的生命，强大的信念让他们为了共产主义事业而奋斗，不悔青春。走进监狱内部，可以看到墙上写着许多话，“命令重于生命，工作岗位就是家庭”。走进屋里，一排排镣铐和刑具引起了我的注意，在屋子的正中央挂着一张蒋介石的相片，两边摆放着当初用于逼问消息的各式各样的刑具，以前只是在电视剧和书籍之中看到，当我将自己置身其中时，不禁阵阵凉意涌上心头，也有一丝害怕，或者是说很害怕，众多刑具中，竹签子引起了我的注意，让我想起了江姐……

上小学时，在课本之中就有江姐的课文，穿着蓝色旗袍，从容不迫地走进刑场，哪怕是敌人用竹签子将她的十根手指头刺破，也没不改变她自己的信念。试问，世间能有几个女子做到如此这般，那种连心的痛并不是常人可以忍受的，在平时，打点滴扎针，有的人都会尖叫，更何况那又长又硬的竹签，十指连心……但江姐即使如此也没有将信息告诉敌人。江姐的一家人都为共产事业做出了贡献。她的先生彭咏梧牺牲之后还被敌人砍下头颅，挂在城楼之上……他们那种坚定的信念，值得后人不断去学习。红岩魂，将永驻我心。

2016 级会计（应本）（2）班　杨黎

指导老师：白琼英

红色景点·鹅岭公园

鹅岭公园位于重庆市渝中区境内，是渝中区科普基地。鹅岭公园中不仅有适宜城市居民普通游玩的景点，也有让大家缅怀先烈、感受烈士精神的苏军烈士墓和辛亥烈士碑。

2017 年 11 月 3 日上午 9 点半从学校出发，乘坐轻轨到达鹅岭，步行五六分钟到达鹅岭公园。入园后，从公园左边的景点开始，环绕一圈，途中经过公园其他景点。慢慢往下行时，映入眼帘的是绿树丛中矗立的一座高高的墓碑，那正是为纪念在中国抗日战争中牺牲的苏军飞行员——卡特洛夫上校和斯托尔夫上校而修建的纪念碑。从远处看，墓碑有两层楼高，碑体呈竖立长方形，上面较窄下面较宽，底座有规则云海饰纹，碑体上刻有用中俄两国文字书写的烈士名字，碑顶是大大的、金色的苏联国徽。走近之后，发现纪念碑旁边还有一块独立的石刻，上面记载着两位烈士的基本情况。环顾四周，纪念碑的四边是用石头砌成的围栏，周边还有茂密的树木，像一群虔诚的守护者时刻陪伴着两位烈士。

接着往下走，便可以看到辛亥烈士碑立在树荫里，周边的十座纪念碑成圆弧形状并排排列。辛亥烈士碑分别纪念了辛亥革命元勋张培爵、周国深、淡春谷、邹杰、张威、程仲汉、席乾元、梁渡、罗绳彦、张启善十人。通过历史学习可以知道，辛亥革命是指发生于中国农历辛亥年（清宣统三年），即公元 1911 年至 1912 年初，旨在推翻清朝专制帝制、建立共和政体的全国性革命。在整个革命时期，无数先进人士为国家献出了自己宝贵的生命，也正因为他们的无私付出，才使得国人觉醒，从而引领最后的成功。

当我准备离开的时候，视线却被一群头戴嫩黄色帽子的小朋友们吸引住。他们的年龄看起来四五岁，脸上还带着稚嫩的神情，却在听老师讲解的时候眼中流露出认真倾听的神色，同时也有模有样地学着父母的动作，对着烈士纪念碑祈祷。他们就像新生的绿苗，吸收着先烈们的精神养分，正茁壮成长着！

我们生活在和平安定幸福的年代，应该时时刻刻牢记自己的责任，为祖国的繁荣富强而更加努力拼搏！作为大学生的我，也更应该清楚地认识到自己的使命，努力学习，以后报效祖国！

2016 级会计（4）班　谭晨

指导老师：罗琼

红色景点·重庆大轰炸遗址

重庆大轰炸遗址参观感想

自 1937 年抗日战争开始，日本在中国的领土侵略逐渐扩大。据记载，1937—1938 年，上海、南京、武汉相继被侵华的日军占领，国民政府沿长江迁移至重庆。此后，重庆不仅成了国民政府的陪都及政治、军事、文化中心而且成为日本实施“以炸迫降”战略企图最主要的空袭目标。据统计，1938—1943 年，日本空袭重庆 203 次，出动飞机 437 批次，9 166架，投弹 17 812 枚。[①] 其间，1939 年的“五三”“五四”大轰炸，日本在重庆市区投弹 300 枚，炸毁房屋 3 700 余栋。1941 年 6 月 5 日晚日机 24 架分三批偷袭重庆，在 5 个多小时的疲劳轰炸中，在重庆三段防空隧道内发生了震惊中外、惨不忍睹的避难民众窒息的践踏惨案，造成伤亡 2 500 人左右。

勿忘国耻，居安思危。我想这就是重庆大轰炸留给我们的历史教训。

20 世纪的前 50 年，是整个中华民族的屈辱史。在这几十年里，千千万万中华儿女饱经战乱，妻离子散，面临着亡国之灾。落后就要挨打的历史教训无时无刻不在警醒着亿万炎黄子孙。

我认为，在中国当前的教育制度的影响下，当说起中国近代的屈辱史，有很多人都能朗朗上口地说出一些战争和中国签过的不平等条约。但是当提及这些历史事件时，少了一种发自内心的感慨和澎湃。人们只是记住了这场战争，但是有多少人能真真切切地感受到这场战争里那些战亡战士们当时的心境？又有多少人能够真正了解这场战争背后的故事？这样的人寥寥无几。所以，现在青年人根本感受不到战士们保家卫国的坚定决心。他们的思想被禁锢在一个条框里面，并未进一步感受到更深层次的东西。因此，作为当代大学生，作为新时代美丽中国的接班人，作为社会主义现代化强国的建设者，我们更应该走进类似这样的历史博物馆，走进这样的抗战遗址，去感受那个战火纷飞的年代，去感受抗战英雄们的热血和气概，去感受在中国共产党的带领下，在五星红旗的照耀下，我们的先辈们，用他们的热血，用他们浓浓的爱国之情，为我们铸造的今日这个焕然一新的中国！

2016 级国贸（4）班　黄洁妍

指导老师：沈顺祥

重庆大轰炸惨案遗址观后感

开学返校后的一个周末，我和室友结伴去了重庆大轰炸惨案遗址。抵达遗址，首先映入眼帘的是遗址建筑上遇难者们狰狞无助的浮雕，眼前的这些场景直戳我的内心，让我回

---

① 罗泰琪. 重庆大轰炸［M］. 北京：中国文史出版社，2005.

想起那段出现在电视荧幕上的场景：日寇对重庆市进行的惨无人道的“疲劳轰炸”。

走进遗址，迈着沉重的脚步，我们看完了墙上挂着的各种还原轰炸惨案现场的照片，如“遭受日机野蛮轰炸的重庆市区在一片火海之中”“六五大隧道惨案遇难者遗体”“幸存者在十八梯口一大堆尸体中寻觅亲属”等。随后，工作人员还给我们讲述了与大轰炸有关的事情。

“陪都”重庆较场口大隧道于 1936 年设计，是一条从地面深挖地底 10 米左右，然后平伸约两千米长，中途分叉成三个洞口进出的大隧道。当时每逢日机空袭，市民如来不及去郊外疏散，均扶老携幼，进大隧道躲避。

1939 年 5 月 3 日，日机正式开始了对重庆的战略轰炸。由汉口起飞的 45 架日机空袭重庆。中国空军虽曾加以阻击，击落 2 架，但未能阻止日机入侵。特别是 1940 年 9 月 13 日的璧山空战，中国空军损失飞机 27 架。这样，重庆市上空的制空权被牢牢地掌握在了日军手中，这种状况一直延续到了 1941 年。

1941 年 6 月 5 日晚上，发生了中国抗战期间在大后方最惨痛的事件。日机 24 架飞机分三批偷袭重庆，在 5 个小时的轰炸中，渝中区十八梯、石灰市和演武厅（现磁器街）三段防空隧道内，由于人多缺氧，气温越来越高，避难的人们呼吸困难，死亡威胁着洞内每一个人，人们不顾一切地挤往洞门口，因窒息、踩踏，造成人员伤亡 2 500 人左右。这样的大隧道惨案，千古仅有，惨绝人寰，给重庆人民带来了无穷的悲痛。

这是我第一次参观红色景点，第一次与历史这么近距离接触。当时的我更多的是内疚与惭愧，因为我只能看着陷入火海且冒着浓烟的楼房和那些无辜的生命躺在我面前的照片里，除了暗自感伤什么也做不了。一想到他们在那段时间里有家不能回，游离在街道、挤在简陋的防空洞内担惊受怕，我的眼眶又湿润了。两千多名同胞躲进防空洞本为逃命，可日机几小时的狂轰使得洞口坍塌，他们因此窒息丧命。我们怎能不控诉法西斯的罪行？怎能不努力让国家变得强大起来？

作为一名大学生，我们承担着社会主义事业接班人的责任，担负着提高个人思想道德和精神境界的重要职责。我们应该正确认知、理性爱国。我们不仅要了解祖国的历史，更要将祖国和人民经历的悲痛苦难牢记于心中，并把这些作为自己前进奋斗的动力。

2016 级人力资源管理（3）班　朱瑜

指导老师：张寒梅

重庆“六五”隧道惨案遗址参观

——永远不能忘记的历史

较场口磁器街繁华的大街旁，有一栋小小的灰色方形建筑，前部被围栏围起，建筑的顶部是一些灰色的浮雕。灰色，使它看起来与周围繁华亮丽大街格格不入，建筑一旁的黑色石碑上的文字却显示出它与众不同的身份——“六五”隧道惨案遗址。

抗日战争期间，重庆成为国民政府的“陪都”及政治、军事、文化中心，因此更成为日军空袭的最主要目标。据有关史料记载，1938 年起，日军便对重庆进行了持续五年之久的空袭。共空袭 203 次，出动飞机 437 批次，9 166 架，焚毁房屋 17 452 栋，造成人员伤亡 2.5 万人。其中最为惨烈的，应该就属 1941 年 6 月 5 日那一天。

1941 年 6 月 5 日，也许是所有经历过的人这一生最黑暗的一天。傍晚时分，本是一家人在一天忙碌后团聚放松的欢声笑语，却被天空中飞机发动机的轰鸣声和炸弹落地的爆炸声所取代。连续 5 个小时的轰炸，大批难民流离失所，渝中区十八梯、石灰市和演武厅（现磁器街）的三段防空隧道内，由于人多缺氧，气温越来越高，人们呼吸困难，不顾一切地挤向洞口，因窒息、踩踏，造成人员伤亡 2 500 人左右。这便是惨不忍睹、震惊中外的“六五”隧道惨案。

“六五”隧道惨案的遗址分为上下两部分。地面上是历史资料的展厅，对公众开放，而下部则是当年两千五百多无辜民众丢掉性命的地方，暂未开放。十几平方米的展厅，排列着一张张反映当年惨状的照片。张张惨烈，戳动人心，不由自主便神情肃穆、驻足思考。其中，给我留下印象最深刻的便是那几张遇难者遗体的照片。照片中，遇难者的遗体可以用堆积如山来形容，数百具遗体堆积在一处，我仿佛也置身在照片中，感受着那悲伤惨烈的气氛。

参观遗址前，我并没有想到闹市中一个小小的纪念馆，会给我带来这么大的震撼。将游览经过和感悟发到朋友圈，才发现去过那里的人，和我有着近乎相同的感悟。

虽然整个纪念馆只有些许照片，我的心情却如照片的黑白色般沉重。为在那场灾难中惨死的同胞们感到悲痛，更因为几十年前国家的弱小而遭人欺凌而感到痛心。

如今，在中国共产党的正确领导下，人们的生活越来越好，生活水平逐渐提高，如今的惨案在以后也再无发生的可能。时间已经证明，是历史选择了中国共产党，她将带领中国走向新的辉煌。

2016 有会计（应本）（2）班　何姝濛

指导教师：白琼英

红色景点·解放碑

和平不易 英雄不朽

转眼已来重庆快两年了，在遥远的家乡时，就听闻解放碑“商圈”是重庆最繁华的地方。但让我遗憾的是，在这个革命圣地求学时，我却从没有好好地去看一看、去用心感悟“人民解放纪念碑”真正所蕴含的历史意义。当我看《紫川》一书时，被里面的结尾深深打动：“你的父亲，还有很多的叔叔和伯伯，他们用鲜血和钢铁，披荆斩棘，为混乱的世界重新铸造了秩序，带来和平，化剑为犁，为蛮荒带来文明，用繁华取代贫瘠。铁血、牺牲和自我奉献，是我们这代人的使命，那些英雄和英雄的故事，在你们的年代将会成为传奇。”是的，我们现在过着和平、无忧无虑的生活，但是这就意味着我们可以平庸的生活吗？这就代表我们可以不缅怀过去吗？

被文字里强大的力量触动后，我立刻坐上了开往解放碑的轻轨，想要用心去接近、感受英雄人民对这个城市、对这个国家抛头颅、洒热血的贡献，现在解放碑在我心里不是繁华的中央商务区、不是一个旅游打卡的景点，而是一座纪念先辈为我们争取和平生活的丰碑。

在去解放碑的轻轨上，我想先了解“解放碑”的历史，原来它曾三次易名：从“精神堡垒”到“抗战胜利纪功碑”，再到“人民解放纪念碑”，名称在易，其特定历史背景也随时代在变，但每一次改名，都是人民群众用血肉战胜敌人的见证。

有人提议改为“抗战胜利纪功碑”，以此提升重庆在国际上的地位以及加强统一战线的思想领导。但我却不这么认为：“人民解放纪念碑”具有人民解放和重庆重生的意义，它是全国范围内唯一一座纪念中国人民解放的纪念碑，也是对全中国人民解放拥有新生活最好的纪念。它作为中国历史的见证者与纪念者，理应被尊重、被保留；它不仅在重庆人民心中是一个精神象征，也是中华民族的精神魂魄的高度凝练。所以“人民解放纪念碑”就是它最好的代名词。

到解放碑后，我的注意力没有再停留在五光十色的橱窗之中，而是直奔我的目的地。在很远之处我便被它吸引着目光，以前挺立在低矮城市中的“精神堡垒”，现在也随着时代的发展，被镶嵌在繁华写字楼的中心，即使没有“木秀于林”的外观，但是它的气场却是周围“GUCCI”“LV”所不能掩盖的。这一次，我走上了中间的小圆台，虽然改建后的解放碑未存原碑文，只保存碑体结构，但是我仍然可以透过它看到过往的那段红色而又热烈的历史。

我一直想着原碑文：“中经八载，赖领袖英断，军民效命，繄盟邦协力，终至日本乞降，乃于三十四年九月三日宣告胜利。寇氛既息，疆宇既复，政府还都南京，而重庆官民爰有伐石著绩之举……余惟抗战之制胜在于同心，建国之期成亦然。民族光荣与夫世界和平之所系，舍是莫由。乃播之铭语，俾行路永歌，以憬国人之思。铭曰：黾勉同心，勿怠勿荒；以成胜利，以建新邦。”字字有力，每一个方块字的组合透出了人民不言败、国家抗侵略的决心。即使在多年以后和平发展的今天，仍然对我们有着极高的警示作用，我们要以史为鉴，居安思危，牢牢地守护着革命家为我们创造的新生活。

我总将自己定义为一个完全积极的爱国主义者，我可以为我的国家付出一切，但是在这座碑前，我仍然感到惭愧而自责，比起先人的境界，我的激情显得微不足道，但这也是我的动力，是我们每一个中华儿女的奋斗目标。我要通过我自己的努力，去激发周围人心底的民族自信心，积极为“中国梦”的实现奉献我的力量。

最后，我想借一直以来都很震撼的一句话结束我的游览：

“埋头苦干的中国人，将尽我们的力量所至，抵抗到底。我们将奋斗到最后的胜利，或最后的惨败。纵使大好河山，悠久历史，都被鲜血染红，或毁灭在熊熊的火眼之中，亦在所不惜。”

2016级法学（2）班 徐雅鑫

指导老师：兰丽娟

游解放碑有感

解放碑之于重庆，就如北京路之于广州，南京路之于上海，春熙路之于成都一般。或许解放碑于山城人民还有着更深刻的意义。解放碑昔日是抗战时期的“精神堡垒”，是山城人民的精神支柱，于重庆人民来说，解放碑的意义非凡。现今解放碑不仅是重庆的CBD地带，也是这座城市的时尚高地、经济的前沿，是繁华的，是热闹的，是喧嚣的，却又是寂寞的。

初来重庆，我游览了重庆的许多美景，奔腾不息的两江汇流，“小香港”之称的南山一棵树，一碧千里的仙女山，风景如画的金佛山……其中，唯有解放碑给我留下了灵魂上的震撼。解放碑，全名为“人民解放碑”，是山城精神的标志，代表着和平与解放。这座凝聚了重庆市无数革命英烈英雄魂的碑，依旧屹立于重庆的经济中心地带，经历半个世纪的日晒雨淋、寒冬酷暑，却丝毫不减它的挺拔与庄严。现今的解放碑，繁华热闹，充满了现代化的城市氛围，随处可见的是欢声笑语、幸福开怀，有的人忙碌于生活，有的人欣赏于美色美景，有的人沉醉于美食，好不热闹。在现今繁华和幸福的背后，却凝聚着无数革命先烈的鲜血与汗水，他们抛头颅、洒热血，迎着烈日、顶着寒冬，不畏艰苦、敢于牺牲，用血与汗为我们博来了安宁与幸福。解放碑的存在，不仅是为了纪念抗日战争的胜利，也是为了使抗日精神长存于世，让坚忍不拔、顽强拼搏、不屈不挠、敢于牺牲的精神融入重庆市人民的骨血之中。解放碑！民族碑！抗日魂！

屠格涅夫曾经说："没有祖国，就没有幸福。每个人必须植根于祖国的土壤里。"如果没有无数革命先烈的顽强抗战，没有大大小小的流血战争，就没有我们今天的新中国，就没有我们的幸福生活，就没有祖国的繁荣昌盛。身为祖国新一代的我们，在一定程度直接享受了革命胜利所带来的好处。所以，我们就更应该珍惜革命胜利的硕果，热爱祖国，将自己深深扎根于祖国的土壤之中，用汗水与泪水，浇灌出美丽新篇章。

生命是有限的。正因为如此，我们更应该珍爱生命，珍重如今的生活。我们美好安宁又幸福的生活，是先烈们用他们宝贵的生命换来的，当爱之、珍之、护之。国家的繁荣与每个人休戚相关，作为学生，我们应该尽自己最大的可能来汲取知识的养分，用先进的知识来武装自己，用科学的理论来指导实践，坚持走中国特色社会主义道路，坚决拥护中国共产党的领导，树立社会主义荣辱观，争做"四有"青年，树立高度的文化自觉和文化自信意识。

梁启超曾说："故今日之责任，不在他人，而全在我少年。"[①] 现今的世界"和平与发展"已经是时代的主题，但是世界并非一帆风顺，仍然存在许多不安全因素，我们要想继续发展，就需要不断努力。奋斗吧，少年，为中华民族的繁荣而努力拼搏吧！

2016级会计（1）班　唐瑞

指导教师：陶建新

从解放碑学习马克思主义，体会革命精神

一天上午，我跟室友坐轻轨去了解放碑。在去解放碑之前，为了更好地了解解放碑，我们在网上查阅了相关资料。1949年11月30日，中国人民解放军攻占重庆主城。1950年10月1日，西南军政委员会主席刘伯承于"抗战胜利纪功碑"所在的广场检阅驻守重庆的武装部队和民众游行队伍时，题词将"抗战胜利纪功碑"改为"重庆人民解放纪念碑"。之后，民众将之简称为"解放碑"。

如今的解放碑已经成了重庆的商业中心之一，但其中树立的那个解放纪念碑，却犹在述说当年革命先辈的英勇事迹，那巍峨的解放碑使我确信，不论时代如何变化，无论过去、现在还是将来，在革命先辈事迹的鼓舞下，我们将接过先辈的旗帜，将革命的的伟大精神代代相传，继承发扬。我们将在中国共产党的领导下，以当代大学生的身份为祖国的建设添砖加瓦，为更加美好的未来贡献自己的力量。纵然无情的岁月打磨了光阴，但当年革命先辈们留下的故事依旧在传唱。在工作中，在学习中，在生活中，把我们的感想、知识运用到实践中，继承革命精神，努力创造更美丽的中国。我们努力再努力，考上大学为的不就是更好的生活吗？不就是为了建设更美丽的国家吗？因此，我们更要继承革命精神，跟上时代的步伐！

通过参观学习，使我切实感受到老一辈革命家们为了国家和广大人民的利益，不怕艰

① 梁启超. 少年中国说［M］. 西安：陕西师范大学出版社，2010.

难困苦，不怕流血牺牲，坚韧不拔，勇往直前的革命精神。我们要不忘初心，把艰苦奋斗、勇于开拓、顾全大局、无私奉献的革命精神沿用至今，运用到实践中去，跟着引领我们方向的党，为建设社会主义国家贡献一份力。相比往昔，我们如今有了安定的生活，有了完善的社会制度，我们不论在哪里都可以自豪的、昂首挺胸地说：我是中国人！

我们如今的条件同革命时期相比有了很大改善，但我们永远都要铭记革命精神，大力弘扬革命精神，使革命精神成为让我们不断进步的动力，推动社会的发展，建设社会主义强国。将革命精神这个民族宝贵的精神财富一代传给一代，一代比一代在继承的基础上完善发扬。

解放碑，犹如民族的革命史与中国的发展史，当年那钟声响起时的声音一定盖过了一切，那是民族自由、重庆解放的钟声！这次参观使我深受革命传统教育，使我感到了如今美好的来之不易。新中国的建立是无数热血儿女用生命为后代铸造的道路，硝烟散去，狼烟消逝，唯有那寂静的烈士坟墓，那屹立在如今繁华地区的解放碑，可以让生活在让先人渴望的新中国的我们回忆起当年的岁月，没有共产党就没有新中国，没有为新中国奋斗的英雄，就没有我们今天幸福的生活！

在参观了解放碑以后，我感悟到作为新时代的中国好儿女，当今的中国需要我们。昨天是今天的过去，明天是今天的未来。当代大学生应该树立正确的人生观、世界观和价值观，开阔眼界，在多元化的大背景下，以时代的眼光不断提升自己，用革命精神不断警醒自己，贯彻党的十九大精神，以中国化的马克思理论作为自己的老师，从小事做起，最终汇聚成巨大的力量，战胜一切艰难险阻，创造幸福的明天。

2016级审计（1）班　田苗燃

指导老师：黄伟

参观人民解放纪念碑有感

解放碑，原名“抗战胜利纪功碑”，是全中国唯一的一座纪念中华民族抗日战争胜利的国家纪念碑，以纪念重庆对国家的伟大贡献。1949年11月30日，中国人民解放军攻占重庆主城。1950年10月1日，西南军政委员会主席刘伯承于“抗战胜利纪功碑”所在的广场检阅驻守重庆的武装部队和民众游行队伍时，题词将“抗战胜利纪功碑”改为“重庆人民解放纪念碑”。

其实我并不是第一次到解放碑，作为一个重庆本地人，我去过解放碑无数次，但我，从来都没有剖析过这座纪念碑的意义，为何它叫人民解放纪念碑？为何它屹立在这里？为何那么多人不远千里只为看它一眼？因为这次作业，我第一次真正地了解了这么多年它的存在。

我记得第一次看到纪念碑时是在我很小的时候。因为我当时太小了，其他细节记不太清了，只记得纪念碑上面有钟，有一些符号，幼小的我还看不懂，后来长大了才知道那些符号是“重庆人民解放纪念碑”九个字。可能出于年少对事物有很强的好奇心，那是我第一次认认真真地观察解放碑，在这之后每一次过去，都只是去逛商场或者吃饭路过而已。重庆人民解放纪念碑是全中国唯一的一座纪念中华民族抗日战争胜利的国家纪念碑，以纪念重庆对于国家的伟大贡献。它不仅仅是纪念中华民族抗日战争胜利，它也缅怀那些在战争中为国家奉献出生命的烈士，它在那里提醒着人们不要忘记历史。

我再一次专注的观察着解放碑，它屹立在商圈的中心，它是伟大、悲壮的。解放碑前有很多人，纷纷掏出手机与解放碑合影，我在猜想或许只是慕名而来，只知解放碑的名，不知解放碑的意。但我现在明白了，我们现在所过的一切安逸美满的生活，都是成千上万的革命先烈用生命换来的。我们不应该忘记过去，不应该忘记纪念碑修建的意义，不要忘记历史。

你所谓的岁月静好，不过是有人替你负重前行。

指导教师：屈莲华

2016 级财务管理（1）班　周锐

红色景点 · 重庆黄山抗战遗迹博物馆

牢记历史，勿忘国耻

——重庆抗战遗址博物馆

战争，这是任何一个时代都不忍提起的敏感性话题。多少人因为战争死去，多少家庭因为战争支离破碎。战争给人们心灵带来的创伤是不可描述的。为揭开二战的神秘面纱，我选择了重庆抗战遗址博物馆去一探究竟，去深入了解抗日战争给重庆这座城市留下的“深刻记忆”。

重庆作为抗战时期国民政府的“陪都”与世界反法西斯战争的远东指挥中心，对那段历史有着深刻的历史记忆，文物、建筑和生活在那个时代的人都在诉说着那段充满哀怨和恐慌的历史。日本军国主义在膨胀的侵略野心的驱使和奴役下，对中国和中国人民进行了惨绝人寰的侵略与迫害。“南京大屠杀”是所有中国人都不能忘却的伤痛，30 万人倒在了日本士兵的军事竞赛的血泊之中，堆积成山的尸体随处可见，血肉模糊难以直视。就重庆而言，“重庆大轰炸”“‘六五’大隧道惨案”，哪个不是日军罪行最真实的见证，日本人对中国人民和中华民族犯下的罪行并不仅仅只有这些，他们应当对他们所犯下的罪行负责，但是目前日本当局却没有认识到他们的错误，否认这段历史的存在，否认“南京大屠杀”，否认他们对中国人民和中华民族的“残暴行为”。他们一直在等待日本人的道歉，有的人甚至死去都没有等到日本当局的道歉与忏悔。对于他们来说，这样的行为是残忍的，是不能理解的，是不能够被原谅的。他们在这场战争中失去了太多的东西，却等不到日本人的道歉。回望过去，那简直就是一场噩梦，在他们的记忆中挥之不去，每每想起他们在当时的境遇，不禁落下泪来，他们是抗战老兵，他们是普通百姓，她们是“慰安妇”，他们是……日军侵华的这段历史是不能够被遗忘的，它需要被人们记住，牢记历史的教训，以史为鉴，珍惜和平。因为和平来之不易，那是革命先烈用鲜血换来的。

记忆特别深刻的是对遗址中参观的一位老者（黄先生）的访问，虽然他不愿意留下姓名与联系方式，但是仍然勾起了我们对那段历史的回忆，不禁更加珍惜现在美好的幸福生活。大抵是那段不堪的历史的见证者吧，每每说到高潮处，不禁哽咽，落下泪来，让人不禁心疼，那是怎样的一段不堪入目的历史呀。黄老先生自己本身就是一名人民教师，在过去的几十年的执教生涯中，常常教导他的学生要“牢记历史，勿忘国耻”。黄先生告诫我们年轻一代一定要牢记那段历史，不要忘记那段历史，要尊重历史事实的存在，以史为鉴。黄先生指出日本人对中国人犯下的罪行是不可饶恕的：日军的侵略野心早就萌生了，1931 年借故对中国进行了侵略，1931 年的“九一八”事变到 1937 年的“卢沟桥”事变，对中国的侵略进一步加强，由东北慢慢扩展到内陆地区，各个地方相继沦陷，中华民族在抗日民族统一战线的领导下，中国各族人民进行了激烈的反抗，在抗战时期，中国人付出了惨痛的代价，作为世界反法西斯战场的主战场，中国为了抗击日本法西斯的侵略，以生命作为交换的代价，将日本法西斯控制在中国地区，为世界反法西斯战争的胜利做出了巨大的贡献。中国能够成为联合国五大常任理事国之一，也是由这样的历史地位所决定的，作为当代的年轻人要牢记这段历史，以示对革命先烈的尊重。

参访过程中也访问过其他不同职业的人，虽然每个人看法略有不同，但是他们拥有共同的夙愿，中华各民族团结起来，珍惜现在的和平生活，珍惜革命先烈为我们争取的美好生活，并且不能忘记日本人对我们犯下的罪行，要牢记那段悲壮的历史。就我个人而言，这的确是一段不能忘怀的历史，我们要牢记中华民族为这段历史付出的代价，要以史为鉴，面向未来，不再对过去的仇恨耿耿于怀。当今世界是一个多元与开放的世界，我们要把握时机，与世界各个民族团结起来，共同构建人类“命运共同体”，共同发展。但这不代表着我们中华民族会忘却这段历史，我们不仅不会忘却而且还会将其牢牢地记在心里，我们会将这段历史作为现实借鉴指导现实，推动我们中华民族奋进。自古以来中国都是爱好和平的国家，我们希望世界再无战争，再无血泪和伤痛存在，我们希望这个世界是美好的。但是日本政府的行为也是让人寒心的，不仅否认这段历史的存在，否认侵华战争的存在，还篡改历史教材，大张旗鼓地参拜靖国神社，大肆宣扬军国主义。他们欠革命先烈和中国人一句道歉，我们希望日本当局能够像德国人一样正视侵略的历史，向被侵略的国家道歉。愿逝者安息，愿世界再无战争，愿这是一个和平的美好的世界。

2016 级策划（2）班　秦绍发

指导老师：杨华

不忘初心

2017 年 11 月 3 日，我和一位同伴起兴去了重庆黄山抗战遗迹博物馆。这一去，我收获颇多。消磨时光的初衷似乎变得没那么重要，更为珍贵的是能在自己的闲暇时光里有这样一次旅行，与来这里缅怀的人交谈，去更进一步了解了抗日战争那段历史。

来到抗战博物馆，我的心境和最初抱着游玩的态度截然不同。来这里的人，大多都是上了年纪的人，他们有着不一样的生活背景，不一样的文化水平，不一样的思想内涵，但对于抗日战争这段历史，他们似乎都会有相似的见解：“中国人一定要铭记历史，勿忘国耻”。

在这里，我有幸遇到了一位老先生，更有幸的是能与他交谈，尽管这一次的话题不是轻松愉快的。老先生坐在石凳上，跟我们聊了一些关于抗战的事。其实，他讲的这些事我大都听过，但听他讲起来又是完全不同的感觉。老先生每每讲到一些关于像南京大屠杀的事件时，都会哽咽，甚至会情不自禁地流下眼泪，我甚至不知道怎么去安慰他。这一幕，似乎直击我内心深处。他总说“抗日战争这段历史中，中国人付出的代价太大了，南京大屠杀的时候，三十万多人呀，就这样没了”。我仿佛看到了尸体堆积如山，四周一片灰暗。老先生还说“中国人在抗日战争中付出的代价太大了，日本人在中国犯下的罪行，你们这些年轻人呀，一定不能忘”。更可笑的是，日本人犯下如此罪行之后，竟不承认这段历史，甚至否认。很难想象，一位白发苍苍的老者，坐在石凳上，仅仅是给我们讲这些过去的事，都会流下眼泪，或悲伤，或愤怒。那么，这段历史，年轻人又怎么敢遗忘，怎么能遗忘呢？我有时候甚至觉得，老先生一定是亲身经历过这一段历史，所以感触才会如此之深。其实我很想问问他，是否有过这样一段经历，但是我始终没问出口，因为我不想让一个如此善良的老人，再去回忆这一段痛苦的经历。

其实现在年轻人对这段历史的感受似乎越来越淡了，因为对于生活在和平时代的他们，那段历史似乎太遥远，他们也只是在历史书上看到过，没有更深入的了解，所以也不会有太深的感受。在如此错综复杂的国际环境之下，没有绝对的朋友和敌人，所有的国家的发展，都是一个有机的整体。但我希望，作为一个中国人，我们每个人都能够主动去认识、了解这段历史，把它刻在心底。不是说我们要记恨谁、去仇视谁，而是要铭记历史、勿忘国耻，以此来鞭策自己不忘初心，砥砺前行。

2016级策划（1）班　鲁欢欢

指导教师：陈刚

红色景点·刘伯承故居

心中充满敬畏，恩情长久铭记

父亲是个有着深沉的爱国心的人，我们每到一个地方，都会去当地的红色景点看看。这些年我们去过韶山毛泽东故居，去过遵义会址，去过刘伯承故居，去过歌乐山渣滓洞等地方。而我小时候大都不明白去那些地方的意义，但每次到那些地方的时候，总能感受到父亲虔诚目光里有抹浓重得化不开的深沉。

我还记得去刘伯承故居那一天。那是寒意正浓的深冬时候，但天气却久违的晴朗，我们到那里的时候大概是晌午，看见梯台上的行人手拿菊花纷纷鞠躬献花，我的心中也肃然起敬，我看看父亲，他的目光里还是经年未改的虔诚。他叫了我一声，然后缓缓说道："今天咱们的好日子都是这些革命老前辈，为我们拿生命换回来的，心中要充满敬意，恩情要长久铭记。"

展馆里有很多刘伯承将军生前用过的东西，当然这些东西好多都比不上现在的饰物时尚好看，但我看着那些陈年旧物，心中却升起了一种神圣的使命感。眼前光影重叠，仿佛又出现了一幕又一幕当年的峥嵘岁月，有那么一群人为了祖国和信仰抛头颅洒热血，吃糠咽菜，马革裹尸，在那炮火声里他们吃了那么多的苦，流了那么多血，用生命在那无边无际的黑暗里创造了一个黎明，才拥有了我们所立足的这个盛世，才有了我们如今的好生活。刘伯承将军的故事我们都知道，但是我明白在那个年代里还有很多的烈士前辈，他们永远都留在了战场上，他们甚至不知道成功是不是一定会到来，他们为革命献出了自己的生命。我却遗憾他们来不及看看他们创造的这个新中国，这个立足于世界之林的强大祖国，如若先烈地下有灵，应当也能为此时的祖国骄傲了吧。

我记得高晓松说过：生活不止眼前的苟且，还有诗和远方。而我想说：只要心中存信念，那又何必要远方。只要你愿意，生活可以每天为你自成一首诗。只要祖国有需要，我们就会出现在祖国需要的任何地方。作为新时代的大学生，我们会更加努力学习，从实现自己的小梦想到慢慢实现大的中国梦。

愿我爱的家乡、我爱的国家都能风雨不扰，万难不侵，岁月风平，衣襟带花。我会永远记得父亲说的话，"心中要充满敬意，恩情要长久铭记。"

2016 级会计（应本）（2）班　邓琪

指导教师：白琼英

红色景点·中国民主党派历史陈列馆

参观中国民主党派历史陈列馆有感

这天的上清寺转盘像往常一样车水马龙、人流如织。离开转盘向北不远处，马路旁一幢灰墙白砖的建筑显得格外安静肃穆。其门上镌刻着“中国民主党派历史陈列馆”几个金色大字，熠熠生辉。我来到这里，穿越多年尘封的旧物，看见历史、触摸历史、感悟历史。

步入大厅，迎面展示的是一群人物雕像，透明的指示牌上红色的大字赫然标记：“1945·毛泽东在重庆”。毛泽东、周恩来、陶行知、郭沫若、宋庆龄、鲜英等18位历史人物雕像栩栩如生，展现了中共领导人与各民主党派人物亲密无间、倾心畅谈的场景。这些人物雕像，有的坐着、有的站着，大家或认真倾听或专注凝望，所有人的目光都聚集到中国共产党领袖毛泽东身上。而此刻，他正慷慨陈词，描述着中华民族的美好蓝图。群雕中间，一位精神矍铄的老人，捋着胡子、若有所思，而他正是民盟创建人——张澜。1945年，国共谈判期间毛泽东曾三顾特园，与民盟主席张澜共商国是。不由地让人想起了三国时期，明君刘备三顾茅庐，终得卧龙诸葛亮，从此如虎添翼。而国共谈判的许多细节正是接受张澜等民主人士建议，从而为中共在谈判中赢得主动。

群雕之后，是一条弧形展示长廊，墙上张贴着历史资料图片，沿着弧形长廊走到尽头便通往楼上展厅。陈列馆共有四层：一层是“中国共产党领导的多党合作和政治协商制度”展区，二、三、四层则展示了民革、民盟、民建、民进、农工党、致公党、九三学社、台盟等八个民主党派的发展历程，以及这些民主党派同中国共产党风雨同舟、荣辱与共的光辉历史。

在二楼展厅，由走廊通往康庄复原陈列区。民主陈列馆的原址是“特园”，是时任川军总司令部行营参谋长鲜英的住宅，由鲜宅、达观楼、平庐、康庄等十余栋建筑物组成，目前保存完整的是康庄。穿行在青砖灰瓦之间，厚重结实、古色古香的木质椅凳，做工精良、图案精美的镂空架子床，磨得发亮的老式电话……每一间房，每一件物，都记录往昔峥嵘岁月。特园简洁有序，古朴大气，也许在70年以前，从外观上看，它跟无数达官显贵的私宅公馆并无特殊之处，然而它却是中国民主政团同盟暨三民主义同志联合会旧址；也是抗战时期中共中央南方局贯彻抗日民族统一战线的重要场所；还是周恩来、郭沫若、张澜、黄炎培、陶行知等共产党和爱国民主人士、社会贤达聚会活动的根据地……

从康庄出来，走出陈列馆，矗立在旁边的是中国民主同盟成立纪念碑，一块石头连接着两块巨大的雪白大理石，恰如统一战线的思想路线，将中国共产党和各个民主党派紧紧相连。

新时代，我们依旧要坚定不移地走中国特色社会主义发展道路，共同开创中国特色社会主义伟大事业的光辉未来。重温历史、记住历史、创造历史。我们新一代青年要珍惜历史财富，追寻伟人足迹。中国共产党与民主党派历史上肝胆相照、荣辱与共，今后更要薪火相传，共创未来。

2016级财务管理（1）班　侯璐萍

指导教师：陈艳宇

红色景点·宋庆龄故居

永远的宋庆龄同志

一天我和室友去了位于两路口中山三路的宋庆龄故居，去之前想象着国母住过的地方会是怎样的不同。

踏进不大的院门，右前方是宋庆龄同志的白色雕像，慈祥肃穆，端庄优雅，手抱时令鲜花，静静浅笑。想起陈廷一先生在《宋氏家族全传》里对宋庆龄同志的描述，如此贴合。我们先去了放映视频的一楼，看到钢琴，看到多项活动留影，看了介绍宋庆龄同志的纪录片。芸芸众生，颠沛流离，心系群众的人从来不会被忘记，毛主席、宋庆龄同志、致力于全力打赢扶贫攻坚战的习近平总书记等多位党和国家领导人，人民将永远铭记，历史也将永远铭记。

顺台阶上到二楼，改装过的客厅墙上挂满了宋庆龄同志的童年、姊妹弟弟以及她在海外求学的图片。

上到三楼，往前走是书房，我在门口想象着宋庆龄同志曾在这里彻夜办公，回复信件，为了新中国的事业照亮微弱烛光；再往前走是挂着宋庆龄与孙中山先生合影的卧室，墙上挂着她穿过的黑色旗袍；出门右手边是会客室，这间小小的会客室里曾接见了周总理等多位鞠躬尽瘁的党和国家领导人。下楼是个改装的小型防空洞，用于战时避难。尽管这种防空洞随处可见，可墙上惨烈的照片让人仿佛身临那段惨痛的岁月。

宋庆龄同志临走前在病榻上最牵挂的依然是能否入党，得知自己成功加入党组织，且早已被当作自己人，开心得像个得到了心爱糖果的可爱女孩，含笑离世。她是革命家，是国家副主席，是一位普通女人，是一位慈祥的老奶奶。宋庆龄永垂不朽。

2016级国际市场营销（2）班　陈晓庆

指导教师：范建明

走近宋庆龄

也许提到宋庆龄，大家大多想到的是高贵雍容的国母，是一位充满激情的战士。但今天，很荣幸，在重庆宋庆龄旧居陈列馆里，我却见到了不一样的她。

抗日战争期间，宋庆龄曾先后两次到重庆。第一次是1940年3月31日至5月9日，共40天；第二次是1941年12月9日至1945年12月，这一次她在山城居住了4年。但在这4年里，宋庆龄的处境却不容乐观，一方面要坚定地开展“保盟”工作；另一方面要面对国民党的刁难，她日常生活的一举一动都被列入《情报辑要》送至蒋介石过目。直到将近四个月之后，经过她的弟弟宋子文不断努力，才为宋庆龄争取到外交部租用的一处新建楼房（今渝中区两路口新村 3 号），才让她得到了一定程度上的自由。此后，这小小的两层楼，成了宋庆龄继续自己的革命征程的新的开始。

从轻轨站一路到宋庆龄旧居陈列馆，重庆发生了很大的变化。这栋小小的庭院，也与周围的高楼大厦格格不入，只有它还铭记着宋庆龄在重庆这一段波澜壮阔的人生。它没有想象中的那么富丽堂皇，即使修缮过后，依然能看出当初岁月斑驳的痕迹。一路青石板，也早已被雨水磨去了尖锐的棱角，代表岁月的青苔也悄悄地覆盖上来。底楼摆设很简单，除了一些捐赠的东西外，现在里面只放映着宋庆龄一生的电影。走上二楼，才窥见宋庆龄生活的一角，里面陈列着宋庆龄以前用过的一些生活用品，如她用过的毛毯等。墙上也贴着很多照片，以此来叙述这个女人不平凡的一生。到了三楼才是她生活的全貌了。印象最为深刻的是她的琴房，现代人为了再现当初宋庆龄当初在此生活的一幕，利用全息影成像技术，再现了她弹钢琴的一幕，只见她迈着优雅的步子，端庄地坐下，又稍微停顿了一下，酝酿了一下自己的情绪，如潺潺流水般的音乐便在她的手中倾泻而出，袅袅地围绕在庭院里，但确实不是一首让人听了高兴的曲子，我知道，她正在为了中国人民的前途而担忧。和其他房间比起来，会客室倒是显得大了许多，桌子上放着许多会客用的茶杯，不过所有的一切都蒙上了一层白布，也掩去了曾经的痕迹。她的书房，精致小巧，她用过的电话也安分地躺在那里，书桌旁能清楚地看到窗外的世界，也许她也曾在这驻足凝望。她的卧室墙上挂着她和孙中山先生在一起的画像和一套她常穿的旗袍。楼下还有一个小小的防空洞，宋庆龄曾经邀请自己的邻居来这里躲避轰炸。这里的宋庆龄不是一个战士，而是一个随心所欲生活的简单女子。但她的生而具有的使命，注定她不会有简单的生活。

美国史学家费正清也曾记述，当年宋庆龄受到国民党诸多限制，“甚至她想离开重庆到中国别处去换换空气也不行，更不用说到国外去了”。但是，这一切并没有吓倒宋庆龄。面对艰难的环境，她最大限度地争取社会各界和国际社会的同情支持，卓有成效地开展多方面工作，竭力突破国民党予以的种种刁难和限制，从而为维护国共合作大局发挥了不可替代的重要作用。她为中国抗战争取国际援助，为民族抗战奔走呼号，最大限度地争取国际社会的道义声援以及资金物资援助，是宋庆龄和她领导的保卫中国同盟的最主要使命。为此，在渝期间，她充分利用个人的特殊地位及影响，广泛开展抗日宣传和募捐活动，将中国抗战的艰难和民众的苦难，通过多种途径真实地告诉国际社会，以争取国际友人与海外华侨对中国抗战的支持与援助，尽可能为坚持抗战提供物资保障。

宋庆龄同志始终坚定地和中国共产党站在一起，为中国人民的解放事业，为妇女儿童的卫生保健和文化教育福利事业，为祖国统一以及保卫世界和平、促进人类的进步事业而竭尽全力，鞠躬尽瘁。

2016 级人力资源管理（2）班　王俐桦

指导教师：白琼英

红色景点·重庆红岩革命纪念馆

星期六一早我就乘车来到红岩革命纪念馆。红岩革命纪念馆坐落于重庆市嘉陵江畔，包括红岩村13号、曾家岩50号等旧址，这些都是共产党进行革命斗争的中心。

走进红岩魂广场我就感觉到一股严肃庄重的气息。这是全国第一个以烈士精神命名的广场，在纪念“11·27”革命烈士殉难50周年之际，在原中美合作所阅兵场的基地上修建而成。踏入馆门，赫然一副铜墙映入眼帘，镌刻着的便是革命志士泣血而成的生命 之歌：“从来壮烈不贪生，许党为民万事轻”“愿以我血献后土，换得神州永太平”“为了免除下一代的苦难，我们愿把这牢底坐穿”！字字铿锵，句句有力，道出铮铮铁骨。

面对纪念馆墙上悬挂的照片，我们不难发现其中有许许多多年轻俊秀的面貌 ——微笑中蕴含着坚毅，眉宇间微透着英气，炯炯有神的眼睛闪烁着希望的曙光。可惜的是，这些灿烂的生命在敌人的蹂躏下都过早地凋谢了。不过，让人记住曾经的他们是那样绚丽地开放过——为了新中国，他们与黑暗抗争，用鲜血铺就一条光明大道！那是共产党人光辉不朽的崇高精神，先烈们早已远逝的呐喊深深震撼着每一位参观者的心灵。

陈列馆里，真实地重现了当年这些共产党人被关押的监狱的状况。大量的照片和文物向世人宣告着国民党反动派对于革命先烈的惨无人道的镇压和迫害。

在革命斗士沈安娜的事迹介绍展板前，我驻足观看了许久。沈安娜，1938—1949年，在周恩来的指派下，打入国民党中央党部当速记员，以国民党特别党员身份做掩护，在蒋介石主持的党、政、军、特高层会议上为党搜集了大量重要情报，并从未暴露过，被誉为“按住蒋介石脉搏的人”。一代巾帼，在波诡云谲风云变幻的年代里，为了党的革命理想和自己内心崇高的革命信仰，甘愿不顾自身安危打入敌人内部，彰显了革命女将的独特风采。与此类似，还有许多英雄为了新中国、为了共产主义、为了黑暗中的那一线光明，用自己孱弱的身躯、不挠的意志，坚持不懈地与敌人周旋，如英勇斗敌、舍己为人的许云峰；大义凛然、坚贞不屈的江姐；视死如归、铮铮铁骨的陈然；天真瘦弱、机智顽强的小萝卜头。还记得在敌人的严刑拷打下江姐曾说：“你们可以打断我的手，杀我的头，要组织是没有的。”“毒刑拷打，那是太小的考验。竹签子是竹子做的，共产党员的意志是钢铁铸成的！”江姐的声音振聋发聩，正是那份坚守崇高的思想境界，坚定理想的革命信念，巨大的人格力量和浩然的革命正气铸成的红岩精神。

参观结束后，我的心情却久久不能平静，对中国人来说，这是重温历史的地方，也许遥远，也许血腥，也许惨烈，但历史是不能忘记的。这次参观使我深刻地认识到我们现在幸福的生活来之不易。历史已经过去，我们缅怀先烈不仅仅是认识历史这么简单。更重要的是，要通过缅怀先烈传承红色经典，发扬革命精神。

2016级会计（1）班 邬婷

指导教师：陶建新

后　　记

《绝知此事要躬行——新时代大学生真情传递、明晰意见与感悟使命》一书包含重庆工商大学马克思主义学院思政课综合实践教学教研部的集体心血。本册学生优秀成果集的面世，离不开任课教师的精心教学。正是老师们认真教学，点点滴滴，如春雨滋润幼苗，浇开了高校实践教学灼灼红花，结出了思想政治教育累累硕果。

2017 年 12 月，在学院统一部署之下，我们编辑组正式开始运作。我们首先对全体任课教师推荐的优秀学生作业进行了筛选。按照分工，罗琼负责“亲情传递”篇，杨小红负责“明晰意见”篇，赵晓曼负责“感悟使命”篇。三位老师完成初选和分类之后，邬勇对全书进行了统稿，并负责分册序言和后记的撰写。

在整个编辑工作期间，四位编辑老师召开了 3 次学生见面会，给学生制定入选稿件的文字工作规范，建立专题 QQ 工作群，收取学生修改稿件，提出修改意见。在整个过程中，学院院长王仕勇教授、书记陈松教授、副院长刘富胜教授多次召开指导和协调会，统一进度和风格。本院思政课综合实践教研部主任陈艳宇老师利用学校综合实践教学网络平台，为本书面世提供了大量的帮助。

本书团队成员先后开展了重庆市高等教育教学改革重点研究项目“高校思想政治理论课‘三支撑’教学体系创新研究与实践”（项目编号：172019）、重庆市教委高校思政课教师择优资助项目“高校思想政治理论课‘问题导向’实践教学模式研究”（项目编号：SZKZY2015005）、2015 年重庆市教育科学规划课题“‘互联网’视野下高校思想政治理论课实践教学质量提升的研究”（项目编号：2015-GX-063）和重庆市高等教育学会高等教育科学研究课题“互联网+思想政治理论课教学模式创新研究”（项目编号：CQGJ15032C），本书是上述项目的阶段性研究成果。

由于综合实践教学运作时间不长，编辑老师的水平有限，大量优秀学生成果，如艺术学院学生的专题宣传海报——都不能在本书中体现。在此，我们谨向没有入选的同学致歉，希望下一本学生优秀成果集能够弥补这些缺憾。

长风破浪会有时，直挂云帆济沧海。我们相信，新时代大学生思政课社会实践教学的步子会越迈越大，道路会越走越远。

编者

2019 年 4 月